南京特殊教育师范学院重点学科“计算机科学与技术”资助出版

面向突发事件应急响应的知识库模型研究

Konwledge Base Model Research for Emergency Response

张艳琼 著

南京大学出版社

前　　言

2013 年 8 月，一个阳光灿烂的日子，我欣喜地收到了南京大学博士录取通知书，成了苏新宁教授的学生。同年，苏老师申请的国家社会科学基金重大项目“面向突发事件应急决策的快速响应情报体系研究(13&ZD174)”顺利立项。苏老师说：“如果许多已经发现的突发事件在情报系统支持下，能够快速获得相关而准确的情报，那么对一些事情的决策处理会不会有更好的解决方案？事件造成的损失会不会减少？甚至有些突发事件本身是否可以避免发生？”这些问题一直深深地吸引着我。在苏老师的引导下，我决定深入研究这个课题，并成为该重大课题的主要研究成员之一。从那时起，我踏上了探索突发事件的研究之路。时光荏苒，日月如梭，我不知不觉地在这条道路上走了近 10 年。

突发事件应急决策的快速响应需要有丰富的数据基础、高超的数据处理技术手段、快速有效的情报流控制机制、科学的情报分析方法以及严密的情报系统组织架构等。我主要负责情报系统组织架构中的知识库研究。现有的大量应急管理案例中蕴含各类突发事件演化过程及相应处置过程的知识，是宝贵的历史经验积累。整合梳理应急管理知识，构建应急响应知识库，为精准捕捉突发事件演化发展动态、快速进行应急决策提供知识服务，具有重大意义。

面向突发事件应急管理知识库是解决突发事件领域相关问题的知识集群，此类知识库体系主要由案例知识库、决策知识库以及在此基础上构建的规则知识库等构成。同时，突发事件类别与级别是突发事件两大重要属性，应急管理过程中，只有及时地评估突发事件的类别、级别，才能有效地采取有针对性的应急措施。突发事件的分类体系也是构建突发事件案例知识库框架结构的重要依据，因此，构建突发事件的分类、分级模型，有效地获取突发事件案例的分类知识、分级知识，是构建面向突发事件应急响应知识库模型的重要组成部分。另外，结合网络舆情应用物联网技术进行突发事件情报采集，既可以保证突发事件情报的正确性，又不失其丰富性。

围绕上述要求进行的系统研究，构建了全书的框架，本书包含 9 章内容。

其中，第 1 章绪论主要阐述了研究背景、研究内容、研究意义、研究思路和研究框架。第 2 章从突发事件演化规律、突发事件采集、突发事件案例知识库、规则知识库、分类、分级、粒计算以及其在突发事件的应用等方面进行文献综述，总结了上述方面的研究现状，指出当前研究中存在的问题与不足。第 3 章对本书用到的粒计算框架下的经典粗糙集、层次粗糙集、云模型、云变换和组织组织中的主题词表、知识分类、知识库等相关内容进行了概述。其后第 4～8 章分别为面向大数据的突发事件物联网数据采集、基于突发事分类体系与演化模型的突发事件案例知识库构建、基于突发事件分类特征词典的突发事件分类模型构建、基于云模型的突发事件分级模型构建、基于层次粗糙集的突发事件规则知识库构建。最后，我们从整体上梳理本书的主要研究内容，并指出了本研究存在的不足之处以及进一步的研究计划。

在进行相关研究和撰写本书的过程中，我得到了许多人的支持和帮助，包括老师、同门和同学等。在此，我要衷心感谢他们并向他们表达最诚挚的敬意。首先，我要感谢我的导师苏新宁教授。本书的选题、设计、实施和写作过程中，都凝聚了苏老师无数的心血和智慧。他的渊博学识、高尚人格、严谨治学的态度和敬业精神给我留下了深刻的印象，并真正让我体悟了何谓言传身教。我还要感谢实验室的杨建林老师、邓三鸿老师、王昊老师、虞为老师和朱慧老师。你们在学习和生活上给予了我巨大的帮助和支持。特别是杨建林老师，您组织的一次次研讨会给了我很多启发，而其中一些想法也形成了本书的内容。感谢我的同门师兄师姐，包括唐明伟、蒋勋、王东波、朱云霞、徐绪堪、沈思、刘喜文等。你们在各方面都给予了我关心和帮助。特别是唐明伟师兄参与了第 4 章的撰写，王东波师兄提供的案例数据对我的论文实证部分起到了重要辅助作用，蒋勋师兄的研究成果给予了我很多启发。感谢我的同级同门陈祖琴博士，你是我学习的榜样，一直督促我不断进步。在这条研究之路上，有了大家的支持与帮助，我才能坚持走到今天。我对你们的贡献深感感激，将永远铭记在心。

张艳琼

2023 年 4 月

摘　　要

突发事件频发，给人类安全和社会发展造成巨大的威胁与损失。突发事件演化过程复杂而难以预测，导致实现面向突发事件的快速响应极具挑战性。同时，大数据环境下，浩瀚的突发事件信息海洋里，“知识匮乏”问题日益突出，因此，亟须对历史突发事件演化发展过程以及突发事件发展各阶段的应急决策进行提炼与描述，研究突发事件演化过程的相关事实、经验等知识以及这些知识间的关系，并在此基础上推演出有价值的规则，构建面向突发事件应急响应知识库，为精准捕捉突发事件演化发展动态、快速进行应急决策提供知识服务。

面向突发事件应急管理知识库是解决突发事件领域相关问题的知识集群，此类知识库体系主要由案例知识库、决策知识库以及在此基础上构建的规则知识库等构成。同时，突发事件类别与级别是突发事件两大重要属性，在应急管理过程中，只有及时地评估突发事件的类别、级别，才能有效地采取有针对性的应急措施。突发事件的分类体系也是构建突发事件案例知识库框架结构的重要依据，因此，构建突发事件的分类模型、分级模型和有效地获取突发事件案例的分类知识、分级知识，是构建面向突发事件应急响应知识库模型的重要模块。

本书以知识组织理论和粒计算相关理论为基础，围绕突发事件案例知识库、突发事件分类模型和突发事件分级模型，进行多层次的知识规则挖掘与提炼，并构建突发事件规则知识库模型。具体研究工作如下。

（1）面向大数据的突发事件物联网数据采集。结合网络舆情应用物联网技术进行突发事件情报采集，既可以保证突发事件情报的正确性，又不失其丰富性。本书首先探讨了突发事件物联网情报采集的可能性和必要性，构建了物联网驱动的突发事件网络舆情验证机制，并以此构建了突发事件的物联网情报源。针对该类情报源，本书研究了基于 ZigBee 协议的物联网情报采集的实现方法，详细描述了物联网的搭建方案；其次，针对采集到的物联网和互联网数据，构建了基于Flume、Kafka和Storm的物联网情报大数据处理框架，探讨了该框架的实时分析方法；最后，针对采集到的离线文件，构建了基于Spark的离线分析框架，并描述了其应用方法。应用本书设计的框架，可以搭建突发事件的物联网情报分析平台，可为突发事件的应急管理提供一种新的方法。

（2）基于突发事件分类体系与演化规律构建突发事件案例知识库。本书借鉴粒计算多层次、多视角的思想，从纵向、横向两视角构建突发事件案例知识库外部结构。纵向角度将突发事件按照突发事件分类体系的层次结构组织，横向角度将突发事件按照演化发展规律将原生、次生、衍生事件链接成整体。同时，通过突发事件的情景划分与策略组织来设计内部机理，将案例情景知识与策略知识组成情景—策略对，因此，从内部组织来看，整个突发事件案例知识库由情景知识库与策略知识库构成。本书构建的突发事件案例知识库，将各类突发事件组织成统一体，可以看到突发事件的全貌，有助于对突发事件进行演化扩展分析，有利于对突发事件进行事前预测、事中处理、事后管理。

（3）基于突发事件分类特征词典构建突发事件分类模型。本书首先构建突发事件分类特征词典，在此基础上，将突发事件文本进行特征矩阵表示，通过机器学习算法，获得分类器，实现对目标突发事件的自动分类。本书构建基于突发事件分类特征词典的突发事件分类模型，实现突发事件案例知识库构建时自动识别类别，获得突发事件分类知识，并按照类别整序，同时，通过识别突发事件文本，追踪突发事件最新信息。

（4）基于云模型构建突发事件分级模型。针对事故危害程度、影响范围和当地控制事态的能力等因素，本书将突发事件分为不同的等级，建立具体的分级指标体系。本书将粒计算具体模型之一——云模型理论引入突发事件分级研究中，提出一种新的突发事件分级模型，实现自动判定突发事件级别，获得突发事件分级知识。此方法较好地解决了分级过程中存在的模糊性与随机性等不确定性特征，适用于突发事件事前预警、事中处理和事后评判，为突发事件应急管理中进行级别的确定提供了科学而有效的方法。

（5）基于层次粗糙集构建突发事件规则知识库。突发事件规则知识库构建包含突发事件知识的获取、存储和维护等方面。其中，如何从海量的突发事件数据中挖掘出有价值的知识，辅助应急管理者做出有效的应急决策，是本书的难点之一。本书将粒计算具体模型之一——层次粗糙集理论应用于突发事件知识的获取，提出一种新的突发事件多层次知识规则的获取方法。首先，分析突发事件属性特征，将突发事件属性值类型分为字符型、语言值型、数值型等类型，针对不同类型分别提出了构建突发事件属性概念层次树的方法。然后，将突发事件数据转化成适于数据挖掘的多维数据模型。在基于多维数据模型的表示下，采用自顶向下的策略，进行数据约简，利用粗糙集技术生成知识规则，从不同抽象层挖掘出规则间的关系。最后，通过突发事件智能检索与预测分类来阐述突发事件规则知识在应急管理中的应用。同时，本书对规则知识的存储和维护进行了研究，设计出规则知识存储的数据结构以及维护的方法。

本书采用了粗糙集、云模型等粒计算模型，对面向突发事件应急响应知识库进行了深入的研究，具有一定的理论意义和潜在的实用价值，但这些研究仅仅是面向突发事件应急决策的快速响应情报体系研究中很小的一部分，而且大多停留在理论探讨阶段，在今后的工作将进一步深入研究。

目　　录

第1章　绪论 …… 1
1.1　问题提出 …… 1
1.2　研究内容及意义 …… 4
1.2.1　研究内容 …… 4
1.2.2　研究意义 …… 9
1.3　研究方法和研究思路 …… 10
1.3.1　研究方法 …… 10
1.3.2　研究思路 …… 12
1.4　本文创新点 …… 12
1.5　内容框架 …… 14

第2章　相关研究综述 …… 16
2.1　突发事件演化研究现状 …… 17
2.1.1　突发事件生命周期研究 …… 17
2.1.2　突发事件演化研究 …… 20
2.2　突发事件数据采集研究现状 …… 22
2.3　突发事件知识库研究现状 …… 24
2.3.1　突发事件案例库与分类、分级研究现状 …… 24
2.3.2　突发事件知识与知识库研究现状 …… 33
2.3.3　突发事件决策与策略库研究现状 …… 37
2.4　粒计算及其在突发事件的应用 …… 40
2.4.1　粒计算的研究现状 …… 40
2.4.2　粒计算在突发事件的应用 …… 41
2.5　相关研究述评 …… 43

第3章　相关理论概述 …… 46
3.1　粒计算 …… 46
3.1.1　粗糙集模型 …… 46
3.1.2　云模型 …… 50
3.1.3　多粒度云模型 …… 54
3.2　知识组织 …… 56
3.2.1　主题词表 …… 56
3.2.2　知识分类 …… 56
3.2.3　知识库 …… 57

第4章　面向大数据的突发事件物联网数据采集 …… 58
4.1　物联网驱动的突发事件网络舆情验证机制 …… 58
4.2　突发事件物联网情报采集 …… 59
4.2.1　突发事件情报源的物联网构建 …… 59
4.2.2　物联网和大数据协同驱动的突发事件情报采集 …… 60
4.2.3　大数据驱动的突发事件分析 …… 63
4.3　本章小结 …… 65

第5章　基于突发事件分类体系与演化模型的突发事件案例知识库构建 …… 66
5.1　突发事件案例的特点 …… 67
5.2　突发事件案例知识库设计原理 …… 68
5.2.1　突发事件案例知识库纵向层次结构组织 …… 69
5.2.2　突发事件案例知识库横向结构组织 …… 71
5.2.3　突发事件案例知识库组织结构关系 …… 72
5.3　突发事件案例编码与组织 …… 74
5.3.1　突发事件分类体系编码规则 …… 74
5.3.2　突发事件案例组织 …… 75
5.3.3　突发事件演化关系表示与组织 …… 78
5.4　案例知识库构建过程 …… 79
5.5　突发事件案例知识库构建示例 …… 80
5.6　本章小结 …… 85

第 6 章 基于突发事件分类特征词典的突发事件分类模型研究 ………… 86
6.1 突发事件分类模型设计 …………………………………………… 87
6.1.1 突发事件分类的特点 ……………………………………… 88
6.1.2 突发事件分类模型思路设计 ………………………………… 89
6.2 构建基于分类特征词典的突发事件分类模型具体步骤 ………… 90
6.2.1 构建突发事件分类特征词典 ………………………………… 90
6.2.2 基于突发事件分类特征词典的分类方法的确定 ………… 92
6.3 实例分析 ……………………………………………………………… 94
6.4 本章小结 ……………………………………………………………… 98

第 7 章 基于云模型的突发事件分级模型 …………………………… 99
7.1 我国突发事件分级规定与分级影响因素分析……………………… 100
7.2 基于云模型的突发事件分级模型…………………………………… 101
7.2.1 基于云模型的突发事件分级的思路 ……………………… 101
7.2.2 突发事件分级模型具体步骤 ……………………………… 102
7.3 实例分析……………………………………………………………… 107
7.4 本章小结……………………………………………………………… 110

第 8 章 基于层次粗糙集的突发事件规则知识库构建 …………… 111
8.1 基于层次粗糙集的突发事件规则知识库构建思路………………… 112
8.2 突发事件属性概念层次树构建……………………………………… 112
8.2.1 构建字符型属性概念层次树 ………………………………… 115
8.2.2 构建语言值属性概念层次树 ………………………………… 115
8.2.3 构建数值型属性概念层次树 ………………………………… 116
8.3 数据转化……………………………………………………………… 124
8.4 层次知识规则挖掘…………………………………………………… 127
8.4.1 数据约简 ……………………………………………………… 127
8.4.2 层次决策规则分析 …………………………………………… 128
8.5 突发事件规则知识库的应用………………………………………… 130
8.5.1 应用一突发事件智能检索 …………………………………… 130
8.5.2 应用二突发事件预测分析 …………………………………… 134
8.5.3 应用小结 ……………………………………………………… 141

8.6 突发事件规则知识库的规则存储 …… 142
8.7 突发事件规则知识库的规则维护 …… 144
8.8 本章小结 …… 145

第 9 章 总结与展望 …… 146
9.1 本书的主要研究内容总结 …… 146
9.2 本书存在的不足 …… 147
9.3 进一步的研究工作展望 …… 148

参考文献 …… 150

附录 1 国家突发公共事件总体应急预案 …… 172

附录 2 中华人民共和国突发事件应对法 …… 181

图目录

图 1－1　面向突发事件应急响应的知识库逻辑结构图 ……………………… 8
图 1－2　面向突发事件应急响应知识库的研究思路 ……………………… 12
图 3－1　正态云模型(25,3,0.3)的云图 ……………………………… 51
图 3－2　左半云和右半云(25,3,0.3) ………………………………… 51
图 3－3　梯形云模型(20,25,3,0.3)与期望曲线 ……………………… 52
图 3－4　半梯形云(20,25,3,0.3) …………………………………… 52
图 3－5　云发生器示意图 ……………………………………………… 53
图 3－6　云模型形成的 ArnetMiner 用户多粒度概念 ………………… 55
图 4－1　物联网驱动的突发事件网络舆情验证机制 ……………………… 59
图 4－2　突发事件物联网情报源架构 …………………………………… 59
图 4－3　物联网情报采集应用架构 ……………………………………… 61
图 4－4　物联网情报的大数据处理框架 ………………………………… 62
图 4－5　突发事件大数据离线分析应用框架 …………………………… 64
图 5－1　突发事件发生发展过程 ………………………………………… 69
图 5－2　突发事件基本演化方式 ………………………………………… 72
图 5－3　突发事件案例知识库组织结构关系 …………………………… 73
图 5－4　突发事件分类体系编码 ………………………………………… 74
图 5－5　突发事件案例组织逻辑结构 …………………………………… 75
图 5－6　突发事件链实例 ………………………………………………… 78
图 5－7　图 5－6 的存储结构表示 ……………………………………… 79
图 5－8　案例知识库构建过程 …………………………………………… 79
图 5－9　冰雪灾害事件链 ………………………………………………… 84
图 6－1　突发事件分类特征词典构建思路 ……………………………… 91
图 6－2　类目特征矩阵 …………………………………………………… 92
图 6－3　面向突发事件的层次分类方法 ………………………………… 94

图 6 - 4　突发公共卫生分类体系 …………………………………………… 95
图 7 - 1　突发事件分级影响因素 …………………………………………… 101
图 7 - 2　基于云模型的突发事件分级模型流程图 ………………………… 102
图 7 - 3　死亡人数的标准指标等级云 ……………………………………… 104
图 7 - 4　恐慌程度的标准指标等级云 ……………………………………… 104
图 7 - 5　可观测性指标集隶属于第 j 等级的确定度的计算方法图 …… 105
图 7 - 6　不可观测性指标 d_i 在第 j 等级的标准指标等级云的确定度的计算方法图 …………………………………………………………… 107
图 8 - 1　基于层次粗糙集的突发事件规则知识库构建思路 ……………… 112
图 8 - 2　"日期"型属性的概念层次树 ……………………………………… 114
图 8 - 3　"时间"型属性的概念层次树 ……………………………………… 114
图 8 - 4　突发事件地点属性的概念层次树(省略了市、县、镇等) ……… 114
图 8 - 5　"受影响人群年龄分布"概念层次树 ……………………………… 114
图 8 - 6　突发事件属性概念树构建 ………………………………………… 115
图 8 - 7　基于多类型云模型的云变换算法流程图 ………………………… 118
图 8 - 8　原始数据曲线分布图 ……………………………………………… 122
图 8 - 9　变换后数据的曲线分布图 ………………………………………… 122
图 8 - 10　基于多类型云模型的数据分布图 ……………………………… 122
图 8 - 11　基于正态云模型的数据分布图 ………………………………… 122
图 8 - 12　经过概念合并后得到的 12 个不确定性概念 …………………… 123
图 8 - 13　经过概念合并后得到的 5 个不确定性概念 …………………… 123
图 8 - 14　概念云的合并过程 ……………………………………………… 123
图 8 - 15　三个突发事件属性概念层次结构的多维数据模型表示 ……… 125
图 8 - 16　经典粗糙集的一张关系表扩展到层次粗糙集 n 张关系表 …… 126
图 8 - 17　层次决策规则挖掘算法流程 …………………………………… 129
图 8 - 18　属性 city 的概念层次树 ………………………………………… 131
图 8 - 19　电网覆冰主要影响因素 ………………………………………… 136
图 8 - 20　约简后的属性集 ………………………………………………… 138
图 8 - 21　部分突发事件预警分类规则 …………………………………… 138
图 8 - 22　部分条件属性层次概念树 ……………………………………… 140

表目录

表 5－1　突发事件概要表的数据结构 ………………………………… 76
表 5－2　突发事件情景知识库的数据结构 ……………………………… 76
表 5－3　突发事件策略知识库的数据结构 ……………………………… 77
表 5－4　突发事件概要表 ………………………………………………… 81
表 5－5　四次天气变化过程 ……………………………………………… 82
表 5－6　案例情景 ………………………………………………………… 82
表 5－7　情景对应的策略表 ……………………………………………… 83
表 6－1　公共卫生突发事件分类词表中截取部分 ……………………… 89
表 6－2　词汇词性标注 …………………………………………………… 94
表 6－3　训练集特征向量矩阵的部分数据 ……………………………… 96
表 6－4　突发事件分类实验结果 ………………………………………… 97
表 6－5　支持向量机(SVM)自动分类实验结果 ………………………… 97
表 7－1　死亡人数按照等级划分 ……………………………………… 103
表 7－2　恐慌程度按照等级划分 ……………………………………… 103
表 7－3　可观测性指标分级等级划分标准 …………………………… 108
表 7－4　不可观测性指标分级等级划分标准 ………………………… 108
表 7－5　各指标云模型的数字特征 …………………………………… 108
表 7－6　各指标的确定度 ……………………………………………… 109
表 8－1　属性“日期”与符号的对应表 ………………………………… 124
表 8－2　属性“地点”与符号的对应表 ………………………………… 124
表 8－3　属性“受影响人群年龄分布”与符号的对应表 ……………… 125
表 8－4　GTD 数据库部分记录 ………………………………………… 130
表 8－5　部分 city 属性值与 region 的映射关系 ……………………… 132
表 8－6　气温等级划分 ………………………………………………… 136
表 8－7　合并后的气温等级划分 ……………………………………… 137

表 8-8　降水量等级划分 …… 137
表 8-9　风速等级划分 …… 137
表 8-10　相对湿度等级划分 …… 137
表 8-11　日照时长等级划分 …… 137
表 8-12　过滤后部分突发事件预警分类规则 …… 139
表 8-13　部分知识规则 …… 140
表 8-14　雪灾导致电网灾害预测分类结果 …… 141
表 8-15　知识规则表数据结构 …… 143
表 8-16　知识规则中前提条件数据结构 …… 143
表 8-17　知识规则中结论属性数据结构 …… 144

第 1 章　绪论

1.1　问题提出

在气候变化、经济全球化、技术变革、城市化以及政治和经济不稳定各种因素的影响下，突发事件频繁发生，如 2013 年的山东输油管线爆燃事故①、2014 年上海外滩踩踏事件②、2015 年“东方之星”沉船事件③和天津滨海新区发生爆炸④、2016 年盐城龙卷风袭击事件⑤、2017 年四川九寨沟地震事件⑥、2019 年超强台风“利奇马”事件⑦等。这些突发事件影响面宽广、破坏性巨大、态势演化迅速，给人类安全和社会发展造成巨大的威胁与损失，引起了国内外高度重视。

2005 年 1 月 22 日，减少灾害问题世界会议通过了《2005—2015 年行动纲领：加强国家和社区的抗灾能力》；2015 年 3 月 18 日，世界减灾大会再次召开，此次大会对《2005—2015 年行动纲领：加强国家和社区的抗灾能力》的执行情况进行了评估，并通过了 2015 年后全球减灾领域新的行动框架——《2015—2030 年仙台减轻灾害风险框架》。该框架预期聚焦于人及其健康和生计，力求

---

① 山东输油管线爆燃事故[EB/OL].[2016 - 12 - 24]. http://news.sohu.com/20140111/n393346554.shtml.

② 外滩拥挤踩踏事件调查报告[EB/OL].[2016 - 12 - 24].http://news.xinhuanet.com/legal/2015 - 01/21/c_1114075965.htm.

③ 东方之星客轮翻沉事故调查报告[EB/OL].[2016 - 12 - 24].http://news.sina.com.cn/c/2015 - 12 - 30/181432681495.shtml.

④ 天津滨海新区发生爆炸[EB/OL].[2016 - 12 - 24].http://news.qq.com/zt2015/tjbz/.

⑤ 盐城龙卷风袭击事件[EB/OL].[2016 - 12 - 24].http://yuqing.people.com.cn/n1/2016/0624/c209043 - 28477243.html.

⑥ 四川九寨沟地震事件[EB/OL].[2016 - 12 - 24].http://news.cctv.com/special/jujiao/2017/745/index.shtml.

⑦ 超强台风“利奇马”事件[EB/OL].[2016 - 12 - 24]. https://baijiahao.baidu.com/s? id＝1641552404494194135&wfr＝spider&for＝pc.

大幅减少生命、生计和健康灾害风险和损失。[①] 2015 年 9 月 14 日，由我国政府与联合国外空司（UNOOSA）共同主办的“联合国利用天基技术进行灾害管理—推动落实 2015—2030 年仙台减灾框架国际会议”在我国北京举行开幕仪式，吸引了来自美国、加拿大、英国等 17 个国家以及外交部条约法律司、亚太空间合作组织等 13 个国际性组织的专家学者代表出席了此次会议。[②] 2019 年 4 月 22 日，经中国地震局党组 2019 年第 9 次党组会议审议通过《新时代防震减灾事业现代化纲要（2019—2035 年）》，大力推进新时代防震减灾事业现代化建设，面向经济社会发展需求，面向国际科技前沿，在实现 2020 年防震减灾事业发展目标基础上，进一步明确 2035 年基本实现防震减灾事业现代化的总体目标和主要任务。[③] 一系列的举措足以证明减轻灾害风险战略已纳入世界范围内的各个国家和各个地区的可持续发展战略之中。因此，研究突发事件的应急管理，不仅仅是学术问题，更应该是维护整个国家的安全与社会的稳定以及民众生计的迫切需要。为了显著提高应急管理效率，维护国家、社会、民众的利益，实现面向突发事件快速响应的应急决策极其关键。[④] 快速响应的应急决策需要以高效的数据采集、数据处理、数据组织、数据分析等技术为支撑，以畅通、精准的知识流为基础，以此来控制突发事件带来的损失以及及时而准确地为应急决策提供有效的信息保障。[⑤] 由于突发事件演化过程极其复杂、难以预测，导致实现突发事件的快速响应困难重重。面向突发事件应急决策时，如果能根据感知到的实时突发事件情景从同类历史突发事件案例中迅速挖掘出类似的情景，能快速推演出当前情景可能演化发展的各种情景趋势，并能根据情景演化趋势提供对应的应急决策，就能大大减少复杂突发事件快速响应的难度。随着互联网技术发展的突飞猛进，海量的突发事件历史数据资源与实时的突发事件数据资源构成突发事件的大数据，但大数据本

① 范一大.我国灾害风险管理的未来挑战——解读《2015—2030 年仙台减轻灾害风险框架》[J].中国减灾，2015，07：18 - 21.

② “联合国利用天基技术进行灾害管理—推动落实 2015—2030 年仙台减灾框架国际会议”在京开幕[EB/OL].[2016 - 12 - 24].http://www.jianzai.gov.cn/DRpublish/sytpgd/0000000000013462.html.

③ 新时代防震减灾事业现代化纲要（2019—2035 年）[EB/OL].[2019 - 11 - 27].https://www.cea.gov.cn/cea/zwgk/5500823/5502360/index.html.

④ 徐绪堪，钟宇翀，魏建香，等.基于组织—流程—信息的突发事件情报分析框架构建[J].情报理论与实践，2015，38(4)：70 - 73.

⑤ 蒋勋，苏新宁，刘喜文等.突发事件驱动的应急决策知识库结构研究[J].情报资料工作，2015，(1)：25 - 29.

身具有的体量巨大、多源异构、繁缛复杂、动态性等特点，为有效挖掘提炼有价值的知识增设了巨大的障碍。“知识匮乏”与“信息海洋”形成鲜明的对比，尽管知识获取技术不断进步，也难以有效地解决这一大难题。因此，亟须对历史突发事件演化发展过程以及突发事件发展各阶段的应急决策进行提炼与描述，研究突发事件演化过程的相关事实、经验等知识以及这些知识之间的关系，并在此基础上推演出有价值的规则知识，构建面向突发事件应急响应知识库，为精准捕捉突发事件演化发展动态、快速进行应急决策提供知识服务。

在大数据环境下，对突发事件数据采集与检测技术手段的不足以及测量误差、统计误差等客观因素与人为因素，导致突发事件数据的不确定性尤其显著，因此，突发事件本身具有的不确定性问题使得从大数据环境中发现有用知识具有极大的挑战。近年来，人工智能新兴的研究领域——粒计算理论，是智能信息处理的一种新的计算范式，为处理动态性、模糊性、不确定性、不完备性等的海量信息提供了一种新的处理方式。粒计算理论中具体计算模型有：粗糙集模型、云模型、商空间理论等。其中，粗糙集模型是处理不确定性信息的有力工具，它从数据粒度结构角度，利用上、下近似集对不确定性信息进行近似描述，可以刻画出不同的粒度结构，能有效地适应大数据环境。① 云模型是处理定性概念与定量数据描述的不确定性转换模型，是有效处理自然语言处理、智能决策、数据挖掘等领域中复杂问题的有力武器。② 粒计算理论提供的基于信息粒化的求解复杂问题的理论框架，可为大数据环境中处理突发事件不确定性问题提供重要的理论依据。

本书以粒计算理论和知识组织理论为基础，深入研究突发事件应急管理知识库模型，为高效地辨识、掌握突发事件的时空发展格局、演化规律以及内在运行机制等提供知识保障，是构建面向突发事件应急决策的快速响应情报体系的关键环节之一，有利于政府部门、公众群体等对突发事件情报知识信息的有效获取，更有助于及时而准确地分析和使用突发事件知识信息，辅助相应的政府部门制定应急决策。

---

① 李天瑞.大数据挖掘的原理与方法[M].北京：科学出版社，2016.

② 李德毅，刘常昱，杜鹢，等.不确定性人工智能[J].软件学报，2004(11)：1583－1594.

1.2 研究内容及意义

1.2.1 研究内容

知识库是一个面向某领域问题求解的知识集群，知识库中的知识一般由常识知识、事实知识、经验知识以及运算推理的规则知识等组成。面向突发事件应急管理知识库是解决突发事件领域相关问题的知识集群，此类知识库的知识一般有突发事件领域常识知识、案例知识、决策知识以及在此基础上推理出的规则知识等。因此，面向突发事件应急管理知识库体系主要由突发事件领域相关常识知识库、案例知识库、决策知识库、规则知识库等构成。由于突发事件领域相关常识知识库涉及的范围比较广，不在本书讨论的范围内，因此，本书主要研究突发事件案例知识库、决策知识库和推理产生的规则知识库。

突发事件快速响应的首要前提在于能够在第一时间准确地掌握突发事件的情报。而在互联网高度普及的当代，突发事件一旦发生，其状况便会经由互联网迅速传播，并在短时间内产生海量数据。这些数据便于获取，并且包含了突发事件的特征及发展过程，是目前突发事件数据分析的主要对象。然而，在数据大爆炸的“互联网＋”时代，这些数据体量巨大、类型繁多、价值密度低，传统的数据分析方法已不足以应对汹涌的海量数据。同时，互联网中又充斥着大量的虚假信息，其真实性并不能够得到有效保证，这均为突发事数据分析增加了难度。因此，如何高效、准确地采集突发事件数据资源成为目前应急管理迫切需要解决的问题之一。

突发事件是一个动态的发展过程，每一例突发事件粒都遵循自己的生命周期，经历潜伏、发生、发展、演化和死亡等阶段。在突发事件案例知识库中，每一案例知识记录都相应地由若干连续或并存的案例片段(即案例情景知识)组成，而决策知识一般针对某特定的突发事件情景才能发挥作用，因此突发事件情景知识与相对应的决策知识一起存放，构成“情景—决策”对，因此，本书研究的突发事件案例知识库是由突发事件情景知识库与突发事件决策知识库组成。在突发事件案例知识属性中，突发事件的类别知识与级别知识比较特殊，它们无法通过对突发事件文本数据特征的提取来直接获取，但它们是突发事件案例的非常重要的属性特征，准确而及时地对突发事件分类、分级是面向突发事件应急管理的重要保证，应急管理者只有使用正确的分类、分级方法，及时地评估正在发生突发事件的类别、级别，才能有效地采取有针对性的应急措施，继而控制突发事件，降低突发事件带来的重大损失。[①] 因此，构建突发事件的分类模型、分级模型，有效地获取突发事件案例的分类知识、分级知识，是构建面向突发事件应急响应知识库的重要组成部分。

科学而合理的突发事件案例知识库的构建，不仅仅是为了记录过去，更重要的是服务于当下与未来。在庞大的突发事件案例知识库的基础上挖掘并提炼出更有价值的规则知识，促进知识的再生长，是面向突发事件应急响应知识库研究的更高追求。因此，构建在突发事件案例知识库之上的突发事件规则知识库是本书研究的重点内容之一。

经过上述阐述可知，本书研究的主要内容为突发事件数据采集、突发事件案例知识库的构建、突发事件分类模型、突发事件分级模型以及突发事件规则知识库。在本书的研究过程中，粒计算作为一种粒化的思维方式及方法论，贯穿在突发事件知识库体系研究的各个方面，给出一套适应于突发事件知识组织领域的哲学思想、方法论与信息处理方式。具体研究概括为以下几个方面。

(1) 突发事件数据采集

目前国内外对突发事件情报采集进行的直接研究并不多见，多是作为突发事件应急管理的基础环节展开。本书结合网络舆情应用物联网技术进行突发事件情报采集，既可以保证突发事件情报的正确性，又不失其丰富性。本书首先探讨了突发事件物联网情报采集的可能性和必要性，构建了物联网驱动的突发事件网络舆情验证机制，并以此构建了突发事件的物联网情报源。针对该类情报源，本书研究了基于 ZigBee 协议的物联网情报采集的实现方法，详细描述了物联网的搭建方案；其次，针对采集到的物联网和互联网数据，构建了基于 Flume、Kafka 和 Storm 的物联网情报大数据处理框架，探讨了该框架的实时分析方法；最后，针对采集到的离线文件，构建了基于 Spark 的离线分析框架，并描述了其应用方法。

(2) 突发事件案例知识库的构建

突发事件类型多样，如何有效而科学地将其组织起来，具有一定的挑战性。本书在粒计算的多层次、多视角粒结构核心思想的指导下，将整个突发事件看作最粗粒，单个突发事件案例看作突发事件原始粒，通过粒化准则划分突

---

① 王微.基于模糊决策的突发事件分级评估算法的改进研究[D].北京：北京工商大学，2009.

发事件粒层，由不同的突发事件粒层构成突发事件粒结构，从而实现突发事件案例知识库结构框架的搭建。具体从两方面来阐述：一，从纵向角度考虑，以突发事件整体概念为出发点，建立合理可调解的突发事件分类层次结构，所有的案例知识库将按照这个层次结构组织起来；二，从横向角度考虑，以突发事件演化发展的路径为出发点，使不同类型的原生、次生、衍生的突发事件有效链接起来，将存在次生、衍生现象的复杂突发事件案例的演化关系体现出来。这样的多层次粒结构能充分体现出突发事件粒与粒、粒与层及层与层之间的关系，每一层由相同粒度或相似特征的突发事件粒组成，不同层按其粒度粗细的不同构成偏序关系。同时，从突发事件粒的内部结构考虑，本书构建的案例知识库是由情景知识库与决策知识库组成。

(3) 突发事件分类模型构建

分类的类与粒计算的粒具有相似的特征和结构，本书构建的突发事件分类模型从某种程度上说，就是粒计算中粒结构粒化的一次具体应用。从知识组织的角度考虑，本书构建的突发事件分类模型为构建突发事件案例知识库自动识别突发事件类别提供方法，将杂乱无章的突发事件信息资源，按照其不同的特征划分为不同的类别，使之规律化、有序化；从构建技术来看，本书构建的突发事件分类模型是基于突发事件分类特征词典将突发事件进行多层次分类。首先分析突发事件分类体系，构建突发事件分类特征词典；分析已分类的突发事件文本，从中提取能够描述突发事件内容的基本特征词汇，根据特征的重要程度赋予不同权重，以特征词汇作为突发事件文本表示特征向量，构建特征矩阵；然后采用基于机器学习的算法进行学习，获得分类器；最后将分类器用于待分类的突发事件文本进行分类，得到分类结果。

(4) 突发事件分级模型的构建

突发事件分级其实就是按照突发事件危害程度的分类，因此也需要采用粒度的思想。我国于2006年发布的《国家突发公共事件总体应急预案》，将突发公共事件分为四级，即Ⅰ级(特别重大)、Ⅱ级(重大)、Ⅲ级(较大)和Ⅳ级(一般)，对何种等级应达到何种条件做了相应的规定。从分级等级的表述和各等级的划分标准可以看出，定性概念具有模糊性、缺乏量化指标、分级工作操作性不强等特点，比较适合于事后评估，追究相关责任。本书根据某类型突发事件的特征，分析影响突发事件分级的因素，建立合理的指标体系。在突发事件分级研究中，引入在定性与定量转化方面具有明显优势的云模型，提出一种新的突发事件分级模型，通过分析具体突发事件分级指标属性来评估突发事件的分级等级的确定度，客观地反映突发事件的不可预测性、随机性和模糊性等，弥补了以往分级方法不能综合考虑指标随机性和模糊性的缺陷。

(5) 突发事件规则知识库的构建

对数据进行多角度、多层次的分析，可以辅助突发事件应急决策者实现数据到信息、信息到经验、经验到知识的认知过程，从而可以透过数据的表象，掌握事物的本质，进行科学的决策。本书将层次粗糙集用于突发事件规则知识库的构建中，实现智能知识获取、知识发现及归纳推理、预测分析等功能。首先，分析突发事件属性值的数据类型，根据其不同的数据类型，提出不同的突发事件属性概念层次树的构建方法。将突发事件案例知识库看作信息系统，当突发事件属性概念层次树构建完成后，就可以根据问题的需要来选择任意的属性层次，每组选定的属性层次就能唯一性地确定一个信息表，根据选择的属性层次的不同，就可以得到不同抽象层次的信息表。将选定的数据转化为数据仓库的多维数据结构模型表示法，多维数据结构模型提供沿着一个或多个维度提升或泛化数据的工具，可以产生不同的数据集。在不同的数据集上，进行数据约简，再利用粗糙集方法生成规则知识，通过分析不同抽象层挖掘出的规则知识间的关系，获取符合要求的规则知识放入知识库。

各部分研究内容的逻辑关系，如图 1－1 所示。

图 1－1 显示出一个四层结构：数据资源层、数据采集层、业务逻辑层和知识服务层。

数据资源层是整个突发事件应急管理的数据基础，是构建面向突发事件应急响应知识库的底层数据，为实现由粗粒度到细粒度、由细粒度到粗粒度知识转化与推理提供数据来源。此层的数据主要包括：突发事件文献数据、突发事件监测数据、突发事件应急处理决策数据、突发事件相关的规范标准数据、现场灾害数据和网络舆情数据等。

数据采集层主要实现对突发事件数据的采集，为后续突发事件分析提供数据支撑和技术支持。数据采集的数量与质量直接影响突发事件分析的效率与准确度。

业务逻辑层主要实现突发事件数据有序化、数据知识化和知识再生，是本书研究的主旨。这一层通过对突发事件数据进行有效处理、有序化组织，使之有序、可用，在此基础上，完成数据关联，将突发事件数据资源升格为突发事件

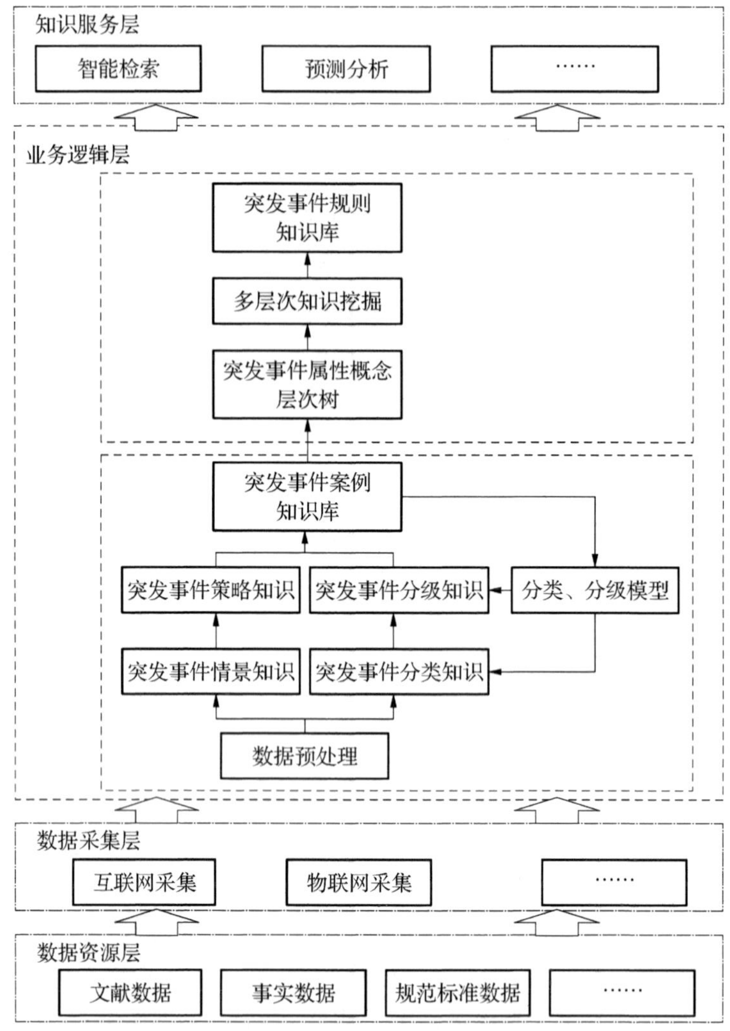

图 1-1　面向突发事件应急响应的知识库逻辑结构图

知识资源，是突发事件知识服务的重要保证，为突发事件发生前的预测、发生中的处理和事后的后期处理工作提供解决预案。本书基于粒计算的思想，实现信息粒化和知识粒化。从信息层面上，将整个突发事件数据看作为最粗粒度的数据，通过突发事件分类体系进行粒度划分，构建突发事件信息粒结构，形成从顶到底、从粗到细的突发事件分类结构。从知识层面上，将突发事件特征属性概念划分为概念层次树，从多层次、多角度进行知识挖掘，形成不同粒度的知识，根据不同用户的需求，通过聚合或细化，提供适合问题求解粒度的知识。从图1-1可以看出，突发事件案例知识库中的知识由四大部分组成，即，突发事件情景知识、突发事件策略知识、突发事件分类知识和突发事件分级知识。突发事件情景知识含有时间、地点、事件主体等，突发事件策略知识含有策略制定机构、策略内容等，这些特征属性属于事实知识，可以通过观测、调研或对文本数据进行特征提取而获得。突发事件分类知识和突发事件分级知识需要通过突发事件分类模型计算与分级模型计算而获得。本书构建的数据库业务逻辑层的主要工作包括：突发事件案例知识库的构建、突发事件分类、分级模型的构建和突发事件规则知识库的构建等。

突发事件知识服务层是实现用户需求和突发事件知识库联系的接口层，是用户和突发事件知识系统之间的纽带，即知识服务平台。突发事件知识服务层的主要工作包括：突发事件智能检索、突发事件预测分析、知识发现和语义匹配系统等。本书将在最后部分，通过突发事件智能检索、突发事件预测分析两项知识服务实例来阐述突发事件规则知识库的应用。

1.2.2 研究意义

本书从知识服务的需要出发，借鉴知识组织与粒计算的思想，对面向突发事件应急管理知识库进行深入研究，通过对突发事件知识资源进行整序，确保应急管理部门有效利用知识资源，辅助应急管理人员制定出科学合理的应急决策，具有重要的研究意义。具体体现在以下几个方面。

(1) 拓展了知识服务应用领域，丰富了知识组织理论的研究

本书提出的突发事件应急管理知识库不同于原来建立在文献情报研究基础上的知识库，它是一种以大数据环境为基础、以信息情报技术为手段、以知识流控制为策、以应急决策为目标的新型结构体系，相关理论与实践研究将会形成一套以信息情报技术为主导的知识服务、知识组织理论。

(2) 有助于提高政府突发事件应对能力，为相关部门应急决策提供支撑与依据

本书面向突发事件应急决策获取的突发事件相关信息并创建突发事件案例知识库、规则知识库等，实现对潜在突发事件的预测，捕捉处于不同生命周期的突发事件动态，确保及时跟踪事件的最新进展，实现对突发事件进行及时处理，提高了政府对突发事件处理效率。同时，本书建立的突发事件案例知识库、规则知识库等信息基础资源为学术界建立突发事件理论模型，为政府制定突发事件法律法规、拟定应对策略和建立预警机制提供了支撑与依据。

（3）丰富情报体系的研究，促进多学科之间的融合

本书以面向突发事件应急管理知识库模型的构建为研究内容，将数据挖掘、机器学习、自然语言处理、粗糙集、云模型、大数据处理等技术有效地融入面向突发事件应急决策的情报体系中，通过整合粒计算技术最新研究成果，形成一套有效的处理模式，拓展情报体系研究领域，丰富其研究方法。同时，促进信息科学、管理科学、数学等多个学科的有效交叉融合。

（4）从一定程度上促进大数据产业的发展

本书研究的知识库是完全基于数据流的整体模式进行的，这与面向大数据的数据处理在一定程度上是基本吻合的，从某种程度上能为大数据的研究提供一定的借鉴。本书通过网络媒介所获取的突发事件和经过加工形成的案例知识库、规则知识库及各种计算模型，为大数据研究处理非结构化文本数据积累了丰富的经验。同时，本书从基于粒计算的视角来研究海量突发事件数据的处理，为大数据挖掘提供了新的思路。

1.3 研究方法和研究思路

1.3.1 研究方法

本研究是多个学科领域的交叉融合，为了确保研究成果的科学性，在研究过程中，从不同的专业角度入手，运用了多个学科领域的研究方法，具体如下。

（1）云模型

云模型是用自然语言值表示的定性概念与其定量数据表示之间的不确定性转换模型，主要反映客观世界中事物或人类知识中概念的模糊性和随机性，并把两者完全集成在一起，构成定性概念和定量数据相互间的转换，深刻揭示了客观对象具有的模糊性和随机性。[①] 本书在第 6 章构建突发事件分级模型时用到此方法。

（2）层次粗糙集模型

将经典粗糙集中的每个属性扩展为一棵概念层次树，得到一个粗糙集的扩展模型——层次粗糙集模型。该模型能有效地实现从多角度、多层次上分

① 李德毅，刘常昱，杜鹢，等.不确定性人工智能[J].软件学报，2004(11)：1583－1594.

析和处理问题，是一个具体的、可操作的粒计算模型。① 本书第 7 章构建突发事件规则知识库时用到此方法。

(3) 云变换

云变换是一种从连续的数值区间到离散的定性概念的转换过程，并且，每个离散的定性概念用云模型来表示。② 本书第 7 章将此方法应用到数值型突发事件属性概念层次树构建中。

(4) 机器学习

机器学习是用已知数据得出适当的模型，并利用此模型对新的情境给出判断的过程。本书在第 5 章构建基于突发事件分类特征词典的突发事件分类模型研究中用到此方法，从已标注好的突发事件文本中学习分类模式，构造分类器。

(5) 人工内省的方法

为了确保突发事件在信息处理过程中的准确性，在信息处理时离不开人工的分析判断，如突发事件分类、分级、情景知识库、策略知识库处理过程中等都需要加入人工因素。

(6) 文献调研

通过国内外相关的文献检索系统和 Web 搜索引擎收集目前已有的有关突发事件知识组织、粒计算等各种文献资料，了解国内外关于突发事件知识库的研究进展。

(7) 专家咨询

以当面访谈、电子邮件以及网络聊天等方式向应急管理、知识库结构、数据挖掘等研究领域的专家进行咨询，以了解目前已有的突发事件情报体系及其实现机制、知识库结构和数据挖掘算法的实际应用情况。

(8) 德尔菲调查法

德尔菲调查法是采用匿名或背靠背的方式，吸收专家参与预测，使得参与的每一位专家独立做出自己的判断，经过几轮反馈，使得专家的意见逐渐趋同。突发事件策略是一个复杂的问题，涉及面广，德尔菲调查法在突发事件预测、突发事件严重程度判断、决策中发挥重要作用。

---

① Feng Q, Miao D, Wang R. Multidimensional model-based decision rules mining[J]. Chicago, 2009.

② 李德毅，杜鹉.不确定性人工智能(第 2 版)[M].北京：国防工业出版社，2014.5.

1.3.2 研究思路

本书从知识组织角度，吸收信息技术、数学、情报学、新闻传播学、社会学和经济学等相关理论，综合运用数据挖掘、自然语言处理、机器学习和粒计算等多项技术与方法，对突发事件案例库知识库和规则知识库等信息资源建设进行深入的研究，具体的研究路线如图 1－2 所示。

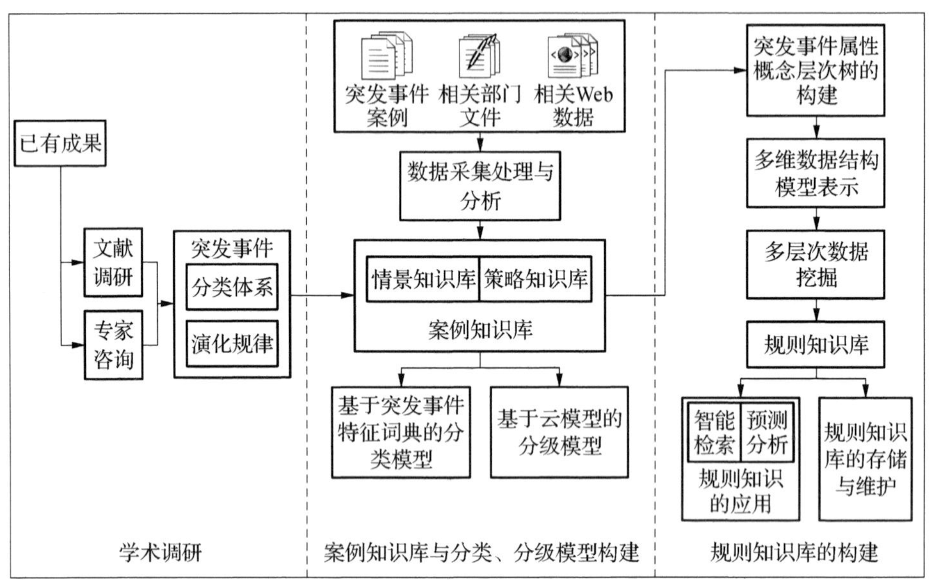

图 1－2 面向突发事件应急响应知识库的研究思路

1.4 本文创新点

人工智能是对人的思维、意识、认知等过程的模拟，是研究、模拟、延伸和扩展人的智能的一门新的技术科学，粒计算是智能信息处理研究领域中一种新的概念和计算范式。① 目前将粒计算运用到情报学的研究尚不常见，本书将粒计算的理论、方法与技术引入面向突发事件应急响应知识库研究，将粒计算的思想贯彻到突发事件知识库的各部分，具有一定的创新意义，主要体现在以

① 苗夺谦，张清华，钱宇华，梁吉业，王国胤，吴伟志，高阳，商琳，顾沈明，张红云.从人类智能到机器实现模型——粒计算理论与方法[J].智能系统学报，2016，(06)：743－757.

下几个方面。

（1）基于信息粒化的思想，设计突发事件粒层结构，从纵向、横向两视角构建突发事件案例知识库。相比现有可访问的突发事件案例知识库以及相关文献论述的基于本体[①]、基于利益相关者理论[②]等的突发事件案例知识库构建模型，本书设计的案例知识库的特色非常明显，突出表现在：纵向，遵守信息粒化准则，按照突发事件分类体系，以从顶到底的思路，设计出突发事件粒层结构；横向，遵守突发事件演化规律，将复杂突发事件原生、次生、衍生事件链接起来成为统一体。整个突发事件案例知识库中不仅通过情景知识点存储了大量的详细、关键的突发事件案例片段，而且还可以通过策略知识表将应急策略知识与对应的情景知识联系起来存储。本书设计的突发事件案例知识库最为突出的优势是可以通过分析历史突发事件的演化扩散机理，估计目标突发事件的演进，及时提供防护措施和建议，减少突发事件带来的损失，这是现有突发事件案例知识库无法比拟的。

（2）从知识的多粒度角度，提出一种基于层次粗糙集理论的突发事件规则知识库的构建方法。相比相关文献论述的突发事件规则知识库构建方法，本书提出的构建方法充分考虑了知识的多粒度表示，体现了知识融合的思想，实现多层次规则知识的挖掘，从不同粒度层挖掘出粗细不等的知识，可以满足不同层次用户的需要。

（3）充分考虑突发事件的模糊性、随机性等不确性特点，提出一种基于云模型的突发事件分级模型。对于突发事件危害等级的划分，《国家突发公共事件总体应急预案》做出的官方描述适用于事后评估，不足以适用突发事件事中的应急处理，本文提出的突发事件分级，引入定性与定量数据不确定性转换模型——云模型，综合考虑突发事件的各种复杂因素，具有一定的普适性，可以适用于突发事件事前预警、事中处理和事后评判，为突发事件应急管理中分级级别的确定提供了科学而有效的方法。

---

① 唐明伟，苏新宁，姚兴山.本体驱动的突发事件案例知识库[J].情报理论与实践，2016，(09)：123-127.

② 邓三鸿，刘喜文，蒋勋.基于利益相关者理论的突发事件案例知识库构建研究[J].图书与情报，2015，(03)：1-8.

1.5 内容框架

全书共分为九大章，各章的主要内容如下。

第1章“绪论”简要概述本书的研究背景、研究内容、研究意义、研究思路和主要创新点，并介绍本书的研究方法、制定本书研究的技术路线，规划本书的研究框架。

第2章“相关研究综述”从突发事件演化规律、突发事件案例知识库、规则知识库、分类、分级、粒计算以及其在突发事件的应用等方面进行文献综述，总结了上述方面的研究现状，指出当前研究中存在的问题与不足，提出基于粒计算和知识组织理论的突发事件应急管理知识库模型研究的思路。

第3章“相关理论概述”介绍了粒计算和知识组织理论等。对本书用到的粒计算框架下的经典粗糙集、层次粗糙集、云模型、云变换和组织组织中的主题词表、知识分类、知识库等相关内容进行了概述。

第4章“面向大数据的突发事件物联网数据采集”研究物联网和互联网数据的验证和补充机制，据此构建突发事件物联网情报采集框架，并利用大数据技术对其数据的采集、存储和利用进行研究。

第5章“基于突发事件分类体系与演化模型的突发事件案例知识库构建”分析了突发事件案例知识库的特征，从突发事件案例知识的纵向层次组织结构、横向演化过程两方面阐述了突发事件案例知识库的设计原理，研究了突发事件案例知识库的组织模型以及案例知识库的构建过程。

第6章“基于突发事件分类特征词典的突发事件分类模型研究”从整体上设计突发事件分类模型，自动构建突发事件案例库，将杂乱无章的突发事件信息资源进行整序，构建了基于突发事件分类特征词典的突发事件分类模型。

第7章“基于云模型的突发事件分级模型”分析了我国突发事件分级规定与影响因素，利用云模型在处理概念模糊性与随机性的良好表现，将云模型利用引入到突发事件分级研究中，提出一种新的突发事件分级模型。

第8章“基于层次粗糙集的突发事件规则知识库构建”分析突发事件属性值类型特点，提出突发事件属性概念层次树的构建方法，根据层次粗糙集特点，将突发事件案例知识库建立成符合层次粗糙集要求的信息系统；然后，将信息系统的数据用适于挖掘操作的多维数据模型表示，探讨基于粗糙集的多层次知识获取方式，构建基于层次粗糙集的规则知识库；最后，以突发事件智能检索和突发事件预测分析为例，对规则知识库中规则知识的应用进行了阐述。

第 9 章“总结与展望”从整体上，梳理本书的主要研究内容，并指出了本研究存在的不足之处以及进一步的研究计划。

第 2 章 相关研究综述

突发事件是一个覆盖面较广的概念，是我国约定俗成的名词，在学术界也没有一个统一的定义。[①] 通过对国外文献的调研，发现没有与“突发事件”直接对应的英文翻译。“突发事件”常用的英文翻译有 emergencies event、unexpected Event 和 sudden event 等，“非常规突发事件”可翻译为 extreme event，但是这些英文词组都不能准确表达中文语境中的突发事件，其中 Emergencies Event 通常是指小规模事件，unexpected event 和 sudden event 主要强调事件的不可预见性。国外与突发事件相近的概念还有危机事件(crisis event)、灾难(disaster)、暴动(riot)和恐怖行动(terrorist actions)等。Hearit K. M. 从社会学角度考虑，指出突发事件只会出现在人类社会，人类所从事的种种活动导致了种种突发的危险，对人类生存带来巨大威胁。[②] Day B. 等通过对 SARS 案例的分析，认为突发事件是一种需要人类调用非常规手段来应对的特殊情形，打破以往的陈规，在社会机制上进行创新。[③] 李明强、岳晓指出，突发事件是一个模糊的概念，不同国家对这一概念有着不同定义和分类。[④] 我国 2006 年发布的《国家突发公共事件总体应急预案》[⑤]与 2007 年发布的《中华人民共和国突发事件应对法》都对“突发事件”的含义进行阐述，虽描述不同，但其内涵和性质有共通之处。本书采用《中华人民共和国突发事件应对法》的规定：“突发事件是指突然发生，造成或者可能造成严重社会危害，需要采取应急处置措施予以应对的自然灾害、事故灾难、公共卫生事件和社会安

---

① 朱力.突发事件的概念、要素与类型[J].南京社会科学，2007，11：81－88.

② Hearit K. M. Crisis management by apology：Corporate response to allegations of wrongdoing[M]. Routledge，2006.

③ Day B.，Burnice McKay R.，Ishman M.，et al. “It will happen again” What SARS taught businesses about crisis management[J]. Management Decision，2004，42(7)：822－836.

④ 李明强，岳晓.透视混沌理论看突发事件预警机制的建设[J].湖北社会科学，2006，01：45－47.

⑤ 国家突发公共事件总体应急预案[EB/OL].[2016－12－24].http://www.gov.cn/yjgl/2006－08/07/content_21048.htm

全事件。”[①]突发事件研究涉及的范围较为广泛，来自信息科学、地理科学、新闻传播学、公共管理学等不同学科的研究者从各自的角度对这一领域进行了研究探索，积累了一定的研究成果。本书以粒计算和知识组织为理论基础，开展了以下主要研究：面向大数据的突发事件物联网数据采集；遵循突发事件分类体系与演化规律构建突发事件案例知识库，此案例知识库是由情景知识库与决策知识库组成；为获取突发事件分类知识、分级知识构建突发事件分类、分级模型；在突发事件案例知识库的基础上进行多层次知识挖掘，从而构建突发事件规则知识库。因此，与本书研究工作相关的突发事件领域包括：(1) 突发事件的演化规律；(2) 突发事件采集研究；(3) 突发事件信息、知识、决策等组织研究与突发事件分类、分级研究；(4) 粒计算研究现状以及其在突发事件中的应用。本章将对上述列举的突发事件相关领域的研究现状进行文献梳理，为本书研究提供必要的基础和参考。

2.1 突发事件演化研究现状

突发事件内部是一个动态发展的过程，随着时态的改变往往呈现不同的特征，突发事件的前一阶段的发展状况时常会影响着同一突发事件后一阶段发展轨迹[②]，而且突发事件之间也存在相互作用与渗透的关系，突发事件在内部与外部环境作用下，极易发生次生、衍生突发事件，从而形成极为复杂多变的突发事件连锁式反应。突发事件的生命周期与演化机理是突发事件应急管理知识库构建的依据。本章将从突发事件内的生命周期模型与不同突发事件间的演化机理两方面来阐述其研究现状。

2.1.1 突发事件生命周期研究

通常来说，突发事件遵循一定的生命周期，每一类型、每一级别的突发事件都经历其发生阶段、发展阶段、高潮阶段、减缓阶段、结束阶段等，针对每一突发事件阶段都需要采取相应的应急管理措施。[③] 下面将梳理国内外对突发

---

① 中华人民共和国突发事件应对法[EB/OL].[2016-12-24].http://www.gov.cn/flfg/2007-08/30/content_732593.htm.

② 陈刚，谢科范，刘嘉，等.非常规突发事件情景演化机理及集群决策模式研究[J].武汉理工大学学报(社会科学版)，2011，24(4)：458-462.

③ Coombs W. T.. Ongoing Crisis Communication: Planning, Managing and Responding[M]. 1999.

事件生命周期的研究现状。

国外主要相关研究如下。Turner 通过对突发灾害进行相关调查分析，将突发灾害发展过程分为：开始期、孵化期、急促期、爆发期、救援和援助期、社会调整期等几个阶段，灾害的应急处理需要根据不同阶段采取不同的措施。① Fink S.提出关于危机的 F 模型，将危机划分为潜伏期（Prodromal）、爆发期（Break out or Acute）、蔓延期（Chronic）、结束与恢复期（Resolution）四个阶段，即四阶段生命周期模型。② Shaluf I. M.等描述了灾害确定的标准，总结出技术灾难发展模型。③ 罗伯特·希斯（Robert Heath）等率先提出危机管理 4R 模式，即缩减力、预备力、反应力、恢复力。④ 诺曼·R.奥古斯丁（Norman R. Augustine）等将危机管理过程划分成六个不同的阶段过程：预防、准备、确认、控制、解决、总结。⑤ Burkholder B. T.根据突发事件发展过程，将突发事件的演化发展过程分为三个阶段：前期、晚期、后期，同时，要求紧密结合突发事件的阶段特征，制定不同阶段目标，采取相应的阶段措施。⑥

国内主要相关研究如下。戚建刚将根据突发事件的生命周期分为预警期、应急期、缓解期和重建期四个阶段。⑦ 谢科范等将网络舆情突发事件划分为潜伏期、萌动期、加速期、成熟期、衰退期五个阶段，基于生命周期原理，提出了网络舆情突发事件应对集群决策的原理与方法。⑧ 刘志明等基于 Aging theory 模型，以突发事件预警为主要目的，构建出面向突发事件的微博民众负面情绪的生命周期模型。⑨ 鲍丹等从全生命周期法的角度出发，与高校突发事

---

① Turner B. A.. The Organization and Inter Organization Development of Disasters [J]. Administrative Science Quarterly. 1976, 21(3): 378.

② Fink S.. Crisis Management: Planning for the Inevitable[M]. New York: American Management Association, 1986: 20 - 21.

③ Shaluf I. M., Ahmadun F., Mustapha S.. Technological disaster's criteria and models [J]. Disaster Prevention and Management, 2003, 12(4): 305 - 311.

④ 罗伯特·希斯等.危机管理[M].北京：中信出版社，2004.

⑤ 诺曼·R.奥古斯丁等著，危机管理[M].北京：中国人民大学出版社，2001.

⑥ Burkholder B. T., Toole M. J.. Evolution of complex disasters: The Lancet[J]. Lancet, 1995, 346(8981): 1012 - 1015.

⑦ 戚建刚.突发事件管理中的“分类”“分级”与“分期”原则——《中华人民共和国突发事件应对法（草案）》的管理学基础[J].江海学刊，2006，(06)：133 - 137.

⑧ 谢科范，赵湜，陈刚，蔡文静. 网络舆情突发事件的生命周期原理及集群决策研究[J].武汉理工大学学报（社会科学版），2010，(04)：482 - 486.

⑨ 刘志明，刘鲁.面向突发事件的民众负面情绪生命周期模型[J].管理工程学报，2013，(01)：15 - 21.

件应急管理实践经验相结合，将高校突发事件生命周期划分为减轻、就绪、响应、恢复。① 郭倩倩将突发事件演化发展周期分为四个阶段，即危机潜伏阶段、事件爆发阶段、危机蔓延阶段和事件恢复阶段，并阐述了每一阶段突发事件的发生特征、发生时间、表现特征等。② 方付建以突发事件网络舆情为研究对象，以网络舆情演变为核心议题，运用生命周期理论，将突发事件网络舆情演变分为孕育、扩散、变换和衰减四个阶段。③ 周焕以生命周期理论为基础，将突发事件分成孕育期、突发期、蔓延期和恢复期。④ Wei J. C.提出了一种扩散模型，通过整合灾害信息模型，利益相关者模型和利益相关者存储模型来衡量利益相关者的灾难感知的演变，共同描述信息流的过程。⑤ Song K.等通过网络文本分析对该领域的学术文章进行分析，将文本挖掘结果转换为网络分析数据，以识别演化路径中的关键词和主题。⑥ Li J.等开发一种用于描述灾害演变过程的模型，特别是用于具有周期链的灾害因果网络的模型，以提高准备和预期灾难响应管理。⑦ Li B.等基于代理的模拟方法研究群体情绪演变和干预策略效果，通过采用计算实验方法，将群体情感演化构建为一个复杂的系统。⑧ 为了更好地发挥情报体系在突发事件应急决策中的作用，苏新宁等运用生命周期的理论和方法，探讨了应急情报体系的基础理论，构建了应急情报体系的理论模型：基于组织角度的链状模型、基于情报内容角度的环状模型和基于应急决策角度的 V 状模型。⑨ 突发事件带来的网络危机舆情严重影响了社会的安全

---

① 鲍丹，路威铭，刁雅静.基于全生命周期理论的高校突发事件应急管理研究[J].改革与开放，2013，(19)：52 - 54.

② 郭倩倩.突发事件的演化周期及舆论变化[J].新闻与写作，2012，(07)：9 - 12.

③ 方付建.突发事件网络舆情演变研究[D].武汉：华中科技大学，2011.

④ 周焕.基于生命周期理论的监狱突发事件应急管理研究[D].湖南大学，2014.

⑤ Wei J. C.，Wang F.，Lindell M. K.. The evolution of stakeholders' perceptions of disaster: A model of information flow[J]. Journal of the Association for Information Science and Technology, 2016, 67(2): 441 - 453.

⑥ Song K.，Kim D. H.，Shin S. J.，et al. "Identifying the Evolution of Disasters and Responses with Network-Text Analysis", in 2014 IEEE International Conference on Systems, Man and Cybernetics (New York: Ieee, 2014), pp.664 - 671.

⑦ Li J.，Chen C. K.. Modeling the dynamics of disaster evolution along causality networks with cycle chains[J]. Physica a-Statistical Mechanics and Its Applications, 2014, 401: 251 - 264.

⑧ Li B.，Sun D. Y.，Guo S. Q.，et al. Agent Based Simulation of Group Emotions Evolution and Strategy Intervention in Extreme Events[J]. Discrete Dynamics in Nature and Society, 2014: 17.

⑨ 苏新宁，朱晓峰，崔露方.基于生命周期的应急情报体系理论模型构建[J].情报学报，2017，36(10)：989 - 997.

以及正常的社会公众秩序，梁冠华等结合灰色统计法以及 AHP 分析法构建网络舆情演化周期各阶段的风险指标体系，分析计算各个风险指标的权重系数。[①] 郭捷等基于新型冠状病毒事件背景，构造了突发事件生命周期与管理周期的双周期曲线模型，探讨了不同危机管理阶段科学技术的重要作用。[②]

2.1.2 突发事件演化研究

突发事件在一定的环境下，可能诱发一系列意想不到的次生、衍生事件。只有掌握突发事件的演化机制，才能科学、有效地开展应急管理工作，切断突发事件发展过程中的连锁反应，减少突发事件给社会、民众带来的损失。

Cheung K. F.等对有热带气旋产生的暴风雨引起的洪水灾害的发生、演化模型进行研究。[③] 于海峰构建突发事件系统中的事件知识元和承灾体知识元模型，并剖析突发事件系统的共性结构，研究突发事件系统熵变过程，辨识系统的演化规律。[④] 程泽军梳理了现有演化机理的四种模式：转化、蔓延、衍生、耦合，并分别对其进行了案例分析。[⑤] 赵廷彦对于转型期东北区域社会突发事件的生成原因及演化机制进行研究，并在此基础上提出了社会突发事件应对治理的建议。[⑥] 于海峰以突发事件演化网络为研究对象，充分考虑事件演化对情境的依赖，分析了演化网络的组成要素，构建了基于情境的突发事件演化网络模型，该模型包括突发事件集、承灾载体集、关联关系集和情境四个变量。[⑦] 张明红和佘廉从情景研究的视角，对青岛“11·22”事故的演化发展路径与演化驱动要素开展了深入的探讨，进一步分析了基于情景的事件演化模型，这有助于丰富和拓展突发事件演化研究的思路，为提高应急响应水平提供了新知识。[⑧] 陈长坤等运用复杂网络的相关理论知识，深入研究了冰雪灾害危机事件

---

① 梁冠华，鞠玉梅.基于舆情演化生命周期的突发事件网络舆情风险评估分析[J].情报科学，2018，36(10)：48-53.DOI：10.13833/j.issn.1007-7634.2018.10.009.

② 郭捷，杨立成，孙子旭.基于科技视角与双周期模型的我国突发事件危机管理研究——以新型冠状病毒危机事件为例[J].科技进步与对策，2020，37(14)：8-13.

③ Cheung K. F., Phadke A. C., Wei Y., et al. Modeling of storm-induced coastal flooding for emergency management[M]//Elementary information theory/. Clarendon Press; 2003：1353-1386.

④ 于海峰.基于知识元的突发事件系统结构模型及演化研究[D].大连：大连理工大学，2013.

⑤ 程泽军.基于突变理论的非常规突发事件演化机理研究[D].大连：辽宁师范大学，2013.

⑥ 赵廷彦.转型期东北区域社会突发事件生成原因及演化机制研究[D].长春：吉林大学，2009.

⑦ 于海峰，王延章，王宁等.基于情境的突发事件演化网络约简研究[J].情报杂志，2012(11)：1-4.

⑧ 张明红，佘廉.基于情景的突发事件演化模型研究——以青岛“11·22”事故为例[J].情报杂志，2016，35(5)：65-71.

演化与衍生链。① 肖盛燮揭示了自然状态偏离人类活动的成灾链式规律实质，构建反映崩裂滑移链、周期循环链、支干流域链等链式理论模型。② 范海军等从数学与系统理论的角度考虑，构建出自然灾害链式效应的数学关系模型。③ 杨志等基于“情景—应对”模式并结合“8·12”天津港爆炸事故，运用了演化博弈理论方法研究突发网络舆论事件中网络舆论传播者与网络舆论引导者群体策略选择的演化过程。④ 闻畅等针对现有突发事件关系抽取研究多集中于因果关系抽取而忽略了其他演化关系的问题，为了提高应急决策中信息抽取的完备性，应用一种基于注意力机制的双向长短时记忆(LSTM)网络模型进行突发事件演化关系抽取。⑤ 王兴鹏等分析了突发灾害事件网络演化机理，基于超图理论构建了突发灾害事件演化网络模型，通过分析超图的拓扑特性对承灾体的关联性、暴露性以及事件的衍生性、危害性和重要性进行了评估，并基于超图生成的线图对灾害事件的关键演化链进行了描述。⑥ 刘雅姝等基于知识图谱方法，选取网络舆情突发事件评论数据构建舆情话题图谱，利用LDA方法对图谱中实体的话题属性进行划分，从Neo4j图数据库中提取话题图谱实体的话题、时间属性，以多维特征融合分析视角全方位追踪舆情话题的演化情况。⑦ 郭捷等基于新型冠状病毒事件背景，构造了突发事件生命周期与管理周期的双周期曲线模型，探讨了不同危机管理阶段科学技术的重要作用。⑧ 针对突发事件演化结果预测方法智能化程度不高，过分依赖决策者主观设定的特征权重、检索模板，复杂、准确性低且应用性较弱，朱广宇等基于知识图谱(KG)和关系图卷积神经网络(R-GCN)模型提出了一种城市轨道交通突发事

---

① 陈长坤，孙云凤，李智.冰雪灾害危机事件演化及衍生链特征分析[J].灾害学，2009，24(1)：18-21.

② 肖盛燮.生态环境灾变链式理论原创结构梗概[J].岩石力学与工程学报，2005，25(S1).

③ 范海军，肖盛燮，郝艳广等.自然灾害链式效应结构关系及其复杂性规律研究[J].岩石力学与工程学报，2006，25(S1)：2603-2611.

④ 杨志，祁凯.基于“情景—应对”的突发网络舆论事件演化博弈分析[J].情报科学，2018，36(2)：30-36，94.

⑤ 闻畅，刘宇，顾进广.基于注意力机制的双向长短时记忆网络模型突发事件演化关系抽取[J].计算机应用，2019，39(06)：1646-1651.

⑥ 王兴鹏，桂莉.基于超图的突发灾害事件演化网络研究[J].数学的实践与认识，2019，49(12)：61-69.

⑦ 刘雅姝，张海涛，徐海玲等.多维特征融合的网络舆情突发事件演化话题图谱研究[J].情报学报，2019，38(08)：798-806.

⑧ 郭捷，杨立成，孙子旭.基于科技视角与双周期模型的我国突发事件危机管理研究——以新型冠状病毒危机事件为例[J].科技进步与对策，2020，37(14)：8-13.

件演化结果预测方法。①

2.2 突发事件数据采集研究现状

目前国内外对突发事件情报采集进行的直接研究并不多见，多是作为突发事件应急管理的基础环节展开。

国外主要从网络上收集突发事件情报，但也出现了部分利用传感器进行采集的研究。Vasileios Lampos 等利用关键词搜索的方式，从网络社交网站中采集突发事件原始信息进行分析和识别。② Nor Surayahani Suriani 等从监控视频中采集环境数据，以监测和识别潜在突发事件。③ Sang-Hyun Cho 等在人群密集场合部署 Agent 传感器，采集和分析人群活动数据，以识别人群中的异常行为。④ 以 Daniela Pohl 为中心的团队自 2012 年起，围绕网络社交媒体进行了一系列突发事件识别方面的研究，团队使用网络爬虫从网络社交媒体中采集数据，使用在线索引方法进行数据整理，再通过聚类分析识别事件。⑤⑥⑦⑧ Mariagrazia Fugini 等创建了基于 Web 的危机事件识别与预防系统，该系统采取类似网络爬虫的方式从 Web 页面中采集基础数据。⑨ Hiroki Onuma 等通

① 朱广宇，张萌，裔扬.基于知识图谱的城市轨道交通突发事件演化结果预测[J].电子与信息学报，2023,45(03):949-957.

② Vasileios Lampos, Nello Cristianini. Nowcasting Events from the Social Web with Statistical Learning[J].ACM Transactions on Intelligent Systems and Technology, 2012, 3(4):565-582.

③ Nor Surayahani Suriani, Aini Hussain, Mohd Asyraf Zulkifley. Sudden Event Recognition: A Survey[J]. Sensors, 2013, 13(8):9966-9998.

④ Sang-Hyun Cho, Hang-Bong Kang. Abnormal behavior detection using hybrid agents in crowded scenes[J].Pattern Recognition Letters, 2014, 44(8):64-70.

⑤ Daniela Pohl, Abdelhamid Bouchachi, Hermann Hellwagner. Supporting Crisis Management via Detection of Sub-Events in Social Networks[J]. International Journal of Information Systems for Crisis Response and Management, 2013,5(3):20-36.

⑥ Daniela Pohl, Abdelhamid Bouchachi, Hermann Hellwagner. Social media for crisis management: clustering approaches for sub-event detection[J].Multimedia Tools & Applications, 2013, 74(11):1-32.

⑦ Daniela Pohl, Abdelhamid Bouchachi. Propagation Phenomena in Real World Networks[M]. Switzerland: Springer International Publishing, 2015:293-309.

⑧ Daniela Pohl, Abdelhamid Bouchachi, Hermann Hellwagner. Online indexing and clustering of social media data for emergency management[J].Neurocomputing, 2016, 172(C):168-179.

⑨ Mariagrazia Fugini, Mahsa Teimourikia, George Hadjichristofi. A web-based cooperative tool for risk management with adaptive security[J]. Future Generation Computer Systems, 2016, 54:409-422.

过互联网调查的方式采集了日本 20726 个家庭应对突发事件的准备情况，用于灾难风险评估。① Vincenzo Torretta 等从 GIS 中采集地形和公路网数据，以对危险物品运输中的风险进行评估。②

国内的研究也基本与国外保持一致。夏彦等从互联网中采集突发事件新闻语料，利用决策表规则和最短向量距离相结合的方法对事件主体进行识别。③ 姚占雷等使用改进的 TF－IDF 算法，以新闻报道中关注的突发事件词元为检索对象，从互联网中采集突发事件。④ 李纲等指出大数据、智慧化、物联网将成为突发事件情报采集与事件识别的未来关键技术。⑤ 苏新宁等构建了面向突发事件应急决策的快速响应情报体系，并指出应用大数据技术，从新闻到政府公文、从空间基础信息到灾情一线信息等方面采集突发事件的海量信息。⑥ 裘江南等对从微博网络舆情中采集突发事件数据，并使用时间扫描统计量的方法进行网络舆情的检测。⑦ 陈祖琴利用特征词典分类方法，从突发事件分类和通报等信息中采集突发事件分类特征，设计编码规则，建立突发事件分类词表。⑧ 吴鹏等使用网络爬虫抓取新浪微博数据，并使用 Agent 建模技术研究了突发事件网络舆情中网民群体的行为演化。⑨ 唐明伟等借鉴“互联网＋”的思想，设计了基于物联网的突发事件主体监控和事件元素的采集方法。⑩ 陈

---

① Hiroki Onuma, Kong Joo Shin, Shunsuke Managi. Household preparedness for natural disasters: Impact of disaster experience and implications for future disaster risks in Japan[J]. International Journal of Disaster Risk Reduction, 2017,12:148－158.

② Vincenzo Torretta, Elena Cristina Rada, Marco Schiavon, Paolo Viotti. Decision support systems for assessing risks involved in transporting hazardous materials: A review[J].Safety Science, 2017,92:1－9.

③ 夏彦，何琳，潘运来，欧阳辰晨.基于规则与统计相结合的互联网突发事件识别研究[J].现代图书情报技术，2010,(10):65－69.

④ 姚占雷，许鑫.互联网新闻报道中的突发事件识别研究[J].现代图书情报技术，2011,(4):52－57.

⑤ 李纲，李阳.情报视角下的突发事件监测与识别研究[J].图书情报工作，2014,58(24):66－72.

⑥ 苏新宁，朱晓峰.面向突发事件应急决策的快速响应情报体系构建[J].情报学报，2014,33(12):1264－1276.

⑦ 裘江南，杨书宁，翟劼.基于扫描统计量的微博中突发事件舆情动态监测方法[J].情报学报，2015,34(4):414－423.

⑧ 陈祖琴.面向应急情报采集与组织的突发事件特征词典编制[J].图书与情报，2015,(3):26－33.

⑨ 吴鹏，杨爽，张晶晶，高庆宁.突发事件网络舆情中网民群体行为演化的 Agent 建模与仿真研究[J].现代图书情报技术，2015,(Z1):65－72.

⑩ 唐明伟，蒋勋，姚兴山.“互联网＋”环境下面向公共安全的突发事件快速响应系统[J].情报科学，2016,34(11):154－159.

雪龙等则使用粒计算理论对突发事件进行情景要素的标注和采集。[①] 瞿志凯等从理论上探讨了使用大数据背景下突发事件情报源的构建及采集。[②]

2.3 突发事件知识库研究现状

应急管理者依赖于及时、准确的信息，迫切期望从繁杂的数据中及时提取有价值的知识，以提高应急指挥及决策部门的应急反应和处置能力，这对突发事件知识库提出了更高的要求。突发事件知识库成为国内外学者、专家关注的重要课题之一。通过阅读文献发现，突发事件知识库研究主要与突发事件数据与案例库、突发事件知识与知识库与突发事件决策与决策库等三方面有关，因此，下面将从这三方面进行文献梳理。

2.3.1 突发事件案例库与分类、分级研究现状

新的数据源，如在线社交媒体，已经成为最重要的信息载体之一，提供越来越多的数据，但很难将数据收集重点放在信息需求上，并将相关信息纳入决策。针对这个问题，Horita F. E. A.等提出观察感知的决策模型和符号(oDMN)，它连接任务、信息、数据源和决策，基于标准化模型和符号以及领域特定的信息模型，进而支持更好的决策。[③] Basu M.等认为，诸如Twitter和Facebook等在线社交媒体中的帖子大多是非结构化的，并且从这样的非结构化帖子中提取有意义的信息是非常困难的。为了缓解这个问题，其提出了一个决策支持框架，通过使用来自灾难现场的“人群”的手机短信服务(SMS)进行交互式群众来收集情境信息，并总结这些响应，以了解关于损害或需求的情况适当决策评定。“人群”的短信被用来形成灾后形势分析的核心信息库。[④] Kureshi I.等提出一个信息共享建模系统的框架，使用网络物理传感器来协助

① 陈雪龙，卢丹，代鹏.基于粒计算的非常规突发事件情景层次模型[J].中国管理科学，2017，25(01)：129－138.

② 瞿志凯，兰月新，夏一雪，刘媛，刘冰月.大数据背景下突发事件情报分析模型构建研究[J].现代情报，2017，37(01)：45－50.

③ Horita F. E. A.，Link D.，Albuquerque J. P. D.，et al. oDMN：An Integrated Model to Connect Decision-Making Needs to Emerging Data Sources in Disaster Management[C]//Hawaii International Conference on System Sciences. IEEE，2016：2882－2891.

④ Basu M.，Bandyopadhyay S.，Ghosh S.. Post Disaster Situation Awareness and Decision Support Through Interactive Crowdsourcing[J]. Procedia Engineering，2016，159：167－173.

决策。使用在现场与传感器通信的虚拟命令和控制中心，可以在动态反馈回路中并入地面现实的最新信息。该框架自适应地管理数据资源的异构收集，并使用基于代理的模型来创建假设情景以便确定最佳行动方案。①

案例数据库建设研究，我国的《"十二五"国家自主创新能力建设规划》②指出："加快应急管理基础数据库建设，推进重要技术资料、历史资料收集管理和共享，为妥善应对各类突发公共事件提供可靠基础数据。"曾经发生过的突发事件案例是极其珍贵的资源，世界各地不同组织机构投入了大量的人力物力，积极建设数据库。自然灾害方面，全世界每年发生数以百计的自然灾害，这些灾害夺走了人们宝贵的生命，造成了巨大的经济损失。最致命的灾害是由地震造成的：苏门答腊地震（2004 年）之后的海啸和海地地震（2010 年）分别夺走了 22 万多人的生命。2011 年 3 月 11 日的东日本大地震是有史以来最昂贵的自然灾害，总损失达 2 100 亿美元。2005 年的"卡特里娜"飓风是第二严重的自然灾害，总损失达 1 400 亿美元（2010 年价值）。为了确保能够进行高质量的自然灾害分析，必须以专业的方法来收集、检查和管理数据。科学家、政府和非政府组织以及金融业等建立了一些包含自然灾害损失的全球数据库。其中，较著名的有慕尼黑再保险公司灾害数据库 NatCatSERVICE 和瑞士再保险公司数据库 Sigma。NatCatSERVICE (Munich Re)是世界上最全面的自然灾害损失数据库，包含大约 37 000 条数据记录，每年记录和分析大约 1 000 个事件。整理的信息可用于记录和执行关于世界各地各自然灾害事件的程度和强度的风险和趋势分析。③ Wirtz A.等概述了如何运作全球性数据库的标准和定义以及如何确保与国际公认的数据管理标准一致，并介绍了 NatCatSERVICE 数据库的基本概念和方法，指出了与数据采集和数据管理相关的许多挑战。④ Witham C. S.提出了一个由火山活动引起人类死亡率、致病率和民事撤离的新数据库，目的是量化 20 世纪火山现象对人类的影响。数据包括死亡、受伤、疏

---

① Kureshi I, Theodoropoulos G, Mangina E, et al. Towards an Info-Symbiotic Decision Support System for Disaster Risk Management[C]//Ieee/acm, International Symposium on Distributed Simulation and Real Time Applications. IEEE, 2015:85 - 91.

② "十二五"国家自主创新能力建设规划[EB/OL].[2016 - 12 - 24].http://www.chinanews.com/gn/2013/05 - 29/4871462.shtml

③ NatCatSERVICE(Munich Re)[EB/OL].[2016 - 12 - 24]. https://www.munichre.com/en/reinsurance/business/non-life/natcatservice/index.html

④ Wirtz A., Kron W., Löw P., et al. The need for data: natural disasters and the challenges of database management[J]. Natural Hazards, 2014, 70(1):135 - 157.

散人员和无家可归者的人数以及相关的火山现象的性质。此数据库的编制强调了包括火山事件的现有 CRED EM－DAT 灾难数据库的完整性和准确性的一些问题。该数据库由参与风险管理的一系列组织使用，旨在作为今后分析的资源。① Widyani Y.等介绍了灾害数据的初步设计，作为以前的研究的延续，将灾害数据作为时空数据进行建模，支持不可预测的数据。灾害数据是根据印度尼西亚的灾害数据标准设计的，由 BNPB（Badan Nasional Penanggulangan Bencana）定义。BNPB 是负责管理印度尼西亚灾害信息的正式机构。使用时空数据作为灾害数据的表示被认为是提供了更完整和更有价值的灾害信息。所有活动都记录了三个阶段：（1）灾前；（2）灾害实际发生时的应急响应；（3）灾后。② Li C.等通过来自消防局和旅游局的 1990—2010 年数据，研究自然灾害和旅游数据库，了解极端天气事件对旅客抵达的影响，通过多层感知器分析，估计极端天气事件和旅游者到达之间的关系。③ Gall M.探讨灾害损失数据库是否适合记录气候变化的影响，特别是与极端天气和缓慢发生事件相关的影响，目标是在诸如洪水、热带气旋、干旱等对气候敏感的灾害背景下，阐明灾害损失指标的效用、质量和相关性。④ Ding H.等从遥感（RS）、地理信息系统（GIS）和 GPS 技术的角度，吸收了国内外设计建造的地质灾害数据库系统的成功经验，采用层次分析法（AHP），模糊综合评价模型和建立三维模型的方法，构建了辽宁省地质灾害数据库系统，可以对辽宁省地质灾害进行管理和监测，为分析辽宁省地质灾害提供了有力支持。⑤ Blahut J.等介绍了关于意大利北部瓦尔泰利纳-迪蒂拉诺山区城市自然灾害（山体滑坡和洪水）和随之而来的灾害的现有历史信息的研究结果，设计了一个地理参考数据库，并简要概述了研究区自然灾害造成的历史灾害。研究表明，收集和利用历

---

① Witham C. S.. Volcanic disasters and incidents: A new database[J]. Journal of Volcanology & Geothermal Research, 2005, 148(3－4):191－233.

② Widyani Y., Laksmiwati H. Preliminary design of spatio-temporal disaster database in Indonesia to support emergency response[C]//International Conference on Electrical Engineering and Informatics. IEEE, 2015:517－522.

③ Li C., Hsia P. F.. The Integration of Nature Disaster and Tourist Database: The Effect of Extreme Weather Event on the Seasonal Tourist Arrival in Taiwan[C]//International Conference on Multidisciplinary Social Networks Research. Springer Berlin Heidelberg, 2015:94－105.

④ Gall M.. The suitability of disaster loss databases to measure loss and damage from climate change[J]. International Journal of Global Warming, 2015, 8(2): 170－190.

⑤ Ding H., Sun L. S., Wang J. L., et al. Design and Realization of 3S Technology-Based Geological Disaster Database System in Liaoning Province[J]. Applied Mechanics & Materials, 2014, 580－583.

史信息来定义假设情景和评估领土威胁是处理未来紧急情况的基本知识来源。[①] 社会安全事故方面，比较著名的数据库有全球恐怖主义事件数据库(GTD)，此数据库是一个开源数据库，包括自 1970 年至 2016 年世界各地恐怖主义事件的信息(不断更新)。与许多其他事件数据库不同，GTD 包括在这段时间内发生的国内和国际恐怖主义事件的系统数据，现在包括 15 万多起案件，每个案件记录都有空间信息(所有记录的国名和某些记录的城市名称)、时间戳(即年、月和日)和几个其他领域(例如战术、武器类型、目标类型、死亡和伤害)。[②] Lafree G.等介绍研究团队实时验证并扩展了全球恐怖主义事件数据库(GTD)的数据，描述了数据收集工作，并提供了关于这个新资源的内容的描述性统计。[③] Guo D.等针对全球恐怖主义事件数据库(GTD)引入了一个统一的可视化环境，能够呈现各种类型的模式，从而便于从不同的角度探索事件数据。分析人员可以检索聚合事件的特征(在目标类型、战术或其他多变量向量方面)，同时感知多变量特征如何随时间变化和在空间上变化。[④] Gruenwald L.等介绍恐怖主义事件数据库系统的实现，并展示如何利用本体的表达力，通过扩展 Oracle 文本的知识库来提高搜索和文档检索。[⑤] 公共卫生方面，Ereifej K. I.介绍了粮食产品、成分食品数据库的历史、发展和现状以及食品生物恐怖主义威胁时推荐的解决方案。[⑥] 刘耀龙等以互联网灾害数据库节点资料为基础，系统调研国内外已建成的 40 多个灾害数据库，从灾害数据库名称、时间跨度、数据来源、检索条件、收录标准等方面进行分类、比较、分析，研究灾害数据信息共享建设现状。[⑦] 严丽军等从元数据标准、数据源、灾损数据记录、数据收录标准、灾害链、空间信息存储与检索、数据质量监控和评价以及数据库框架模

---

① Blahut J., Poretti I., Amicis M. D., et al. Database of geo-hydrological disasters for civil protection purposes[J]. Natural Hazards, 2012, 60(3):1065 - 1083.

② 全球恐怖主义事件数据库[EB/OL].[2016 - 12 - 24]. http://www.start.umd.edu/gtd/

③ Lafree G., Dugan L.. Introducing the Global Terrorism Database[J]. Terrorism & Political Violence, 2007, 19(2):181 - 204.

④ Guo D.,Liao K.,Morgan M.. Visualizing patterns in a global terrorism incident database[J]. Environment and Planning B-Planning & Design, 2007, 34(5): 767 - 784.

⑤ Le G., Mcnutt G., Mercier A.. Using an Ontology to Improve Search in a Terrorism Database System[C]//International Workshop on Database and Expert Systems Applications, 2003. Proceedings. IEEE, 2003:753 - 757.

⑥ Ereifej K. I.. Establishing Database for Food Products and Ingredients to Strengthen Readiness in Food Terrorism Attack[M]//Advances in Food Protection. Springer Netherlands, 2011:137 - 153.

⑦ 刘耀龙，许世远，王军等.国内外灾害数据信息共享现状研究[J].灾害学，2008,23(3):109 - 113.

型设计等多方面系统分析国内外著名灾害数据库特点和运行机制，研究目前灾害数据库建设方面存在的主要问题与不足，探讨灾害数据库建库原型、发布管理机制与信息共享机制，为国家级数据库统一框架和数据技术平台建设作参考。① Yan L. J.等比较和分析国内外灾害数据库的框架设计、元数据标准、档案、灾害链、损失统计、空间信息的搜索和质量控制等方面的服务的特点和存在问题：结果无法进行数据共享，数据准确性和完成度低，难以进行全面的数据分析。②

关于案例知识库建设技术层面研究，于峰等认为，面对多主体、多阶段、多目标的复杂突发事件灾情，单一领域的突发事件案例库系统难以满足应急管理的需求，需要构建跨越多个领域的集成突发事件案例库。其团队通过引入生物分类学方法与案例相似度概念，设计案例库族谱结构，分别结合情景演化考虑突发事件的事件链与情景的相似度，阐述了突发事件案例族谱横向、纵向两个维度及其关系，基于这一架构理论，设计出深圳市突发事件案例库的族谱结构。③ 郑远攀等认为，突发事件案例是各种类型的非常规突发事件发生后的突发事件演变过程、应急处置和事后恢复与总结的真实记述。基于突发事件案例的特征和应急平台人工智能技术对案例的复用要求，根据系统工程的思想，设计了突发事件案例元模型、案例库组织模型、案例库主题词表、数据库系统及其高级应用方案。④ Zhou Y. X.基于 GIS 的方法来表示，组织和获取灾害信息，包括用于表示灾难性事件的逻辑数据模型，用于数据库实现的对象关系方法，以及支持多模式（包括基于映射）的数据库查询和用于生成报告的灵活设施的基于互联网的用户界面。⑤ 具有不同空间、频谱和时间分辨率的多源遥感数据被广泛应用于减灾和救灾（Disaster Mitigation and Relief，DMR）（例如灾害警告、快速响应、损失评估和重建等），并且已经成为 DMR 数据库中的主

---

① 严丽军，温家洪，颜建平等.国内外灾害数据库比较与分析[C]//中国灾害防御协会风险分析专业委员会年会.2012.

② Yan L. J., Wen J. H., Yan J. P., et al. "Comparing and Analyzing of Disaster Databases from Domestic and Abroad", in Innovative Theories and Methods for Risk Analysis and Crisis Response, ed. by C. F. Huang and G. F. Zhai (Paris: Atlantis Press, 2012), pp.114 - 120.

③ 于峰，李向阳，孙钦莹.突发事件情景应对案例库族谱设计[J].系统工程理论与实践，2015，(10)：2596 - 2605.

④ 郑远攀，金保华，苏晓珂.面向省级应急平台的突发事件案例库系统设计[J].安全与环境学报，2012，(03)：248 - 251.

⑤ Zhou Y. X., Liu G. J., Fu E. J., et al. "An object-relational prototype of GIS-based disaster database", in Proceedings of the International Conference on Mining Science & Technology, ed. by S. Ge, J. Liu and C. Guo (Amsterdam: Elsevier Science Bv, 2009), pp.1060 - 1066.

要数据源。Zhang J.等提出了一种新颖的快速集成搜索策略(FISS),并设计了一组网格索引,以将具有多时间、多光谱和多空间分辨率的多维图像数据投影到 2-D 空间。对于任何获取的日期、光谱和空间分辨率,在不同位置处的所需图像数据可以由不同的维度索引快速搜索,与传统的搜索技术进行比较,结果表明 FISS 可以加快搜索速度,缩短灾害应急响应时间。[①] 灾害是跨地理、组织和其他人为或自然边界的事件。因此,灾害管理要求各种地理空间数据生产者和用户以特别的方式一起协作,忽略他们不同的背景,Bakillah M.描述了一种支持地理空间数据库的 ad hoc 网络中的实时语义互操作性的新方法,可以满足灾害管理的需求。[②] 唐明伟等针对突发事件发生的突然性与难以处理性,利用本体的概念及关系描述能力,设计出基于本体驱动的突发事件案例知识库。[③] 邓三鸿等将利益相关者理论融入案例知识库的组织,利用利益相关者理论对地震中的组织或个人进行分类并建立利益相关者矩阵,且介绍了案例知识库的一般构建过程。[④]

关于突发事件分类、分级研究,T. P. Martin 等使用分层分类法来组织信息(或对象集合),对对象进行粒度化操作,并显示如何使用扩展的质量分配框架来提取电影数据库和恐怖事件数据库模糊类别之间的关联规则。[⑤] Esfeh M. A.等使用美国国家海洋和大气管理局(NOAA)数据库来解决地震灾害的严重程度。[⑥] Zhou Z. Q.等建立了基于灰色系统理论(GST)的最优分类方法,

---

① Zhang R., Chen X., Cai X., et al. An fast integrated searching strategy and application in multi-source massive image database for Disaster Mitigation and Relief[C]//Geoscience and Remote Sensing Symposium, 2007. IGARSS 2007. IEEE International. IEEE, 2008:4769-4772.

② Bakillah M., Mostafavi M. A., Isprs. "A REAL TIME SEMANTIC INTEROPERABILITY FRAMEWORK FOR AD HOC NETWORK OF GEOSPATIAL DATABASES: DISASTER MANAGEMENT CONTEXT", in 2010 Canadian Geomatics Conference and Symposium of Commission I, Isprs Convergence in Geomatics—Shaping Canada's Competitive Landscape (Gottingen: Copernicus Gesellschaft Mbh, 2010).

③ 唐明伟,苏新宁,姚兴山.本体驱动的突发事件案例知识库[J].情报理论与实践,2016,(09):123-127.

④ 邓三鸿,刘喜文,蒋勋.基于利益相关者理论的突发事件案例知识库构建研究[J].图书与情报,2015,(03):1-8.

⑤ Martin T. P., Shen Y., Azvine B.. Granular Association Rules for Multiple Taxonomies: A Mass Assignment Approach[C]//Uncertainty Reasoning for the Semantic Web I, ISWC International Workshops, URSW 2005-2007, Revised Selected and Invited Papers. DBLP, 2008:224-243.

⑥ Esfeh M. A., Caldera H. J., Heshami S., et al. The severity of earthquake events—statistical analysis and classification[J]. International Journal of Urban Sciences, 2016:1-21.

并用于准确预测水涌入的发生概率，考虑评价指标的权重，应用改进的公式计算灰色关系等级。① Musaev A.等提出了一种使用随机显式语义分析（RS - ESA）的快速文本分类的新方法，并应用在来自社交媒体的自然灾害的滑坡数据分类。② Ilyas Q. M.等提出了一种基于本体的文档分类技术，用于灾害管理系统中的自动数据收集。③ Gernand J. M.等利用公开可得的 MSHA 数据库提出的违规和可报告事件，训练机器学习分类和回归树（CART）和随机森林（RF）模型，预测是否在随后的 12 个月内发生致命或严重的致残性损伤。④ Zhang Y.等基于对湖南省目前环境灾害状况的分析，建立环境灾害分类系统，此系统有助于减少环境危害对人类的影响。⑤ Liao L.等针对洪水灾害分类标准的制定问题，提出了一种处理模糊聚类迭代模型和混沌差分演化算法的方法。⑥ Yang Y. M.提出了基于多源数据融合（MSDF）和多重对应分析（MCA）的分层灾害图像分类（HDIC）框架，以帮助灾害响应情况下的应急管理人员。⑦ 袁辛奋、胡子林系统地分析了突发事件的定义和基本特征，在此基础上对突发事件进行了分类，总体上分为基本分类和非基本分类两种，并指出突发事件的正确分类对于科学地制定突发事件应急预案具有指导意义。⑧ 杨静等从系统的角度，研究了应急管理过程中突发事件分类、分级的思路与方法，突出了时间因素对突发事件分类、分级的影响，并把突发事件的分类分级与应急资源保

---

① Zhou Z. Q., Li S. C., Li L. P., et al. An optimal classification method for risk assessment of water inrush in karst tunnels based on grey system theory[J]. Geomechanics and Engineering, 2015, 8(5): 631 -647.

② Musaev A., Wang D., Shridhar S., et al. Fast Text Classification Using Randomized Explicit Semantic Analysis[C]//IEEE International Conference on Information Reuse and Integration. IEEE, 2015:364 - 371.

③ Ilyas Q. M.. A Disaster Document Classification Technique Using Domain Specific Ontologies[J]. International Journal of Advanced Computer Science and Applications, 2015, 6(12): 124 - 130.

④ Gernand J. M.. Machine Learning Classification Models for More Eeffective Mine Safety Inspections[C]//International Mechanical Engineering Congress and Exposition. 2014.

⑤ Zhang Y.,Xiang Y. B.,Yu G. H.,et al.Classification of environmental disaster in Hunan Province[J]. Disaster Advances, 2012, 5(4): 1756 - 1759.

⑥ Liao L.,Zhou J. Z.,Liu Y.,et al. "Formulation of Flood Disaster Classification Standards based on Fuzzy Clustering Iterative Model and Chaotic Differential Evolution Algorithm", in 2012 Asia-Pacific Power and Energy Engineering Conference (New York: Ieee, 2012).

⑦ Yang Y., Ha H. Y., Fleites F., et al. Hierarchical disaster image classification for situation report enhancement[C]//IEEE International Conference on Information Reuse and Integration. IEEE, 2011:181 -186.

⑧ 袁辛奋，胡子林.浅析突发事件的特征、分类及意义[J].科技与管理，2005，(02)：23 - 25.

障程度紧密联系起来。[①] 杨丽英等通过分析突发事件新闻的特点、建设突发事件新闻语料库的目的和意义，对突发事件新闻语料的分类体系和编码进行了研究。[②]《中华人民共和国突发事件应对法》充分体现出突发事件的“分类”“分级”和“分期”原则，这是我国当前突发事件管理的研究成果之一。“分类”原则主要是指根据突发事件的性质，将其分为事故灾难类、自然灾害类、社会安全事件类、公共卫生事件类和经济危机类。“分级”原则是指根据政府的应对能力、突发事件的影响范围、紧急程度和损失后果等标准，将突发事件分为一般、较大、重大和特别重大四级。[③] 李燕凌、李丽君根据农村社会突发事件分类基本原则，以农村社会突发事件实际损害形成变动过程为基础，构建了农村社会突发事件分类模型。[④] 张永奎、李红娟对突发事件新闻领域的文本自动分类问题进行了研究，提出了一种基于类别关键词的分类方法。[⑤] 姜卉、黄钧等以不确定性、罕见性为分类维度，将突发事件分成四大类，对这四大类的特征进行了分析，并提出针对这大四类突发事件，都有最适合的应急处置范式与之对应。[⑥] 郑魁等根据公共安全网络舆情研究的需求，提出了基于 TFIDF 分类方法的突发事件引发的网络舆情信息分类方法。[⑦] 蔡华利等为了提供对突发事件 Web 新闻分类的精确度，对发事件 Web 新闻的多层次自动分类方法进行了研究。[⑧] 夏华林、张仰森等将规则方法与统计方法相结合，提出一种新的 Web 突发事件新闻多层次自动分类方法：首先提取类别关键词形成规则库，然后利用分类规则将突发事件分成四大类，再用朴素贝叶斯分类方法将各大类突发

---

① 杨静，陈建明，赵红.应急管理中的突发事件分类分级研究[J].管理评论，2005，(04)：37－41＋8－64.

② 杨丽英.突发事件新闻语料分类体系研究[A].中国中文信息学会.中文信息处理前沿进展——中国中文信息学会二十五周年学术会议论文集[C].中国中文信息学会：2006：7.

③ 戚建刚.突发事件管理中的“分类”“分级”与“分期”原则——《中华人民共和国突发事件应对法(草案)》的管理学基础[J].江海学刊，2006，(06)：133－137.

④ 李燕凌，李丽君.我国农村社会突发事件分类研究[J].农业经济问题，2007，(08)：11－18＋110.

⑤ 张永奎，李红娟.基于类别关键词的突发事件新闻文本分类方法[J].计算机应用，2008，(S1)：139－140＋143.

⑥ 姜卉，黄钧.突发事件分类与应急处置范式研究[J].中国应急管理，2009，(07)：22－25.

⑦ 郑魁，疏学明，袁宏永，金思魁.突发事件网络舆情信息分类方法研究[J].计算机应用与软件，2010，(05)：3－5＋37.

⑧ 蔡华利，刘鲁，王理.突发事件 Web 新闻多层次自动分类方法[J].北京工业大学学报，2011，(06)：947－954.

事件新闻进行细分，从而形成了基于规则与统计的两层分类模型。[①] 牛宏睿等总结分析了广州地铁突发事件响应分级的情况，根据地铁现状，提出了按处置层级分级的方法，然后根据广州地铁的应急预案，结合国家四级分类方法，提出了轨道交通突发事件的分类方法。[②] 薛耀文等从时间和空间角度出发将社会性突发事件划分为四类：超空间、短时间；超空间、超时间；超时间、近空间；近空间、短时间。[③] 曹学艳等通过分析网络舆情监测平台提供的舆情情况，提出一种基于网络舆情热度的突发事件动态分类、分级的方法，并分析了其具体因素如持续时间、热度分值、转折点和舆情内容等。[④] 近年来，随着对突发事件分级研究的深入，新的相关文献更多地考虑了突发事件发展的动态性和不确定性。吴凤平等针对突发事件爆发时的模糊性等特点，提出了一种改进的灰色定权聚类方法，以三角模糊数表示分级指标的判断信息，利用白化权函数进行灰色聚类，对突发事件进行分级判定。[⑤] 宋莎莎等针对传统的突发事件分级缺乏对灾害事件救援和治理过程中的动态分析，难以准确地量化分级，难以为实际的工作提供科学的指导等问题，以某地区旱灾为例，采用模糊层次分析法结合聚类分析对突发事件进行分级研究。[⑥] 刘佳等采取模糊决策相关理论与方法，提出动态模糊分类、分级模型。[⑦] 范珉等利用突变理论对公共场所集群事件预警级别进行研究，运用尖点突变和蝴蝶突变模型进行突变级数的分析和评价，得到突发事件预警分级突变级数的大致范围。[⑧] 王微基于模糊决策理

---

① 夏华林，张仰森.基于规则与统计的Web突发事件新闻多层次分类[J].计算机应用，2012，(02)：392－394＋415.

② 牛宏睿，李秋明，王超，常慧辉.轨道交通突发事件的分级分类方法研究[J].铁路计算机应用，2012，(05)：26－28.

③ 薛耀文，杨元勋，甄烨，高键.基于时空维度的社会性突发事件分类研究[J].重庆工商大学学报(社会科学版)，2013，(06)：82－86.

④ 曹学艳，宋彦宁，李仕明.基于网络舆情热度的突发事件动态分类分级研究[J].电子科技大学学报(社科版)，2014，(02)：24－27.

⑤ 吴凤平，程铁军.基于改进的灰色定权聚类分析的突发事件分级研究[J].中国管理科学，2013(S1)：110－113.

⑥ 宋莎莎，戴锋，卫保璐.基于模糊层次分析法和聚类分析的突发事件分级研究[J].科学决策，2010(10)：68－72.

⑦ 刘佳，陈建明，陈安.应急管理中的动态模糊分类分级算法研究[J].管理评论，2007(3)：38－43＋64.

⑧ 范珉，刘晓君.基于突变理论的公共场所集群事件预警分级[J].中国安全科学学报，2010(2)：171－176＋181.

论，动态综合评估突发事件未来级别。[①] 季学伟等采用多级模糊综合评判的方法给出预警等级。[②]

2.3.2　突发事件知识与知识库研究现状

突发事件知识在应急决策中具有重要的作用，减少灾害风险方面，需要知识才能做明确的决策和协调一致的行动。

关于知识融合与共享的研究，Weichselgartner J.通过分析“2015—2030 年仙台减少灾害风险框架”与知识有关的问题，阐述了知识在减少灾害风险方面的关键作用，并建议进一步将各种知识来源和不同学科更好地纳入灾害风险研究，以增加其在政策和实践中对决策者的影响，提高行动者和领域之间的一致性和知识共享。[③] Reyers B.从减少与洪水、野火、风暴和干旱相关的灾害的风险的角度，开发出基于社会生态系统研究的知识共生方法，此方法通过汇集多个学科、部门和利益相关者，共同生产理解和管理复杂系统所需的知识，为改进生态系统服务与决策的整合提供了有效的途径。[④] Thomas T. N.分析知识与信念的准备对家庭减灾准备的影响，旨在鼓励家庭备灾行为的风险沟通信息和战略应包括将导致更高水平的备灾知识的方法。[⑤] Sitas N.等认为让不同利益相关者参与协作过程，将环境信息纳入决策过程是重要的，需要在知识类型之间，跨越不同价值系统、规范和心理模型的复杂环境；利用定性、归纳的方法，分析了一个跨学科项目的观念和产出，该项目旨在为南非基于生态系统的灾害管理提供新的知识、意识和行动。[⑥] Hilhors D.等从本地社区本身的角

---

① 王微.基于模糊决策的突发事件分级评估算法的改进研究[D].北京：北京工商大学，2009.

② 季学伟，翁文国，倪顺江，范维澄.突发公共事件预警分级模型[J].清华大学学报（自然科学版），2008，08：1252－1255.

③ Weichselgartner J.，Pigeon P.. The Role of Knowledge in Disaster Risk Reduction [J]. International Journal of Disaster Risk Science，2015，6(2)：107－116.

④ Reyers B.，Nel J. L.，O'Farrell P. J.，et al. Navigating complexity through knowledge coproduction：Mainstreaming ecosystem services into disaster risk reduction [J]. Proceedings of the National Academy of Sciences of the United States of America，2015，112(24)：7362－7368.

⑤ Thomas T. N.，Leandergriffith M.，Harp V.，et al. Influences of Preparedness Knowledge and Beliefs on Household Disaster Preparedness.[J]. Mmwr Morbidity & Mortality Weekly Report，2015，64(35)：965－971.

⑥ Sitas N.，Reyers B.，Cundill G.，et al. Fostering collaboration for knowledge and action in disaster management in South Africa[J]. Current Opinion in Environmental Sustainability，2016，19：94－102.

度探讨土著知识(Indigenous Knowledge)对减少灾害风险的价值。[①] Cutter S. L.等认为,灾害风险研究人员的群体很小,分散到专注于单一自然灾害的学科,迈向综合灾害风险研究,将学科集中在特定问题和社会需求上填补了这一空白,提倡应建立一个基于科学的减少灾害风险评估程序,以提供健全的知识,为决策提供信息,并协助全世界各国各地区政府制定政策和目标。[②] Hiwasaki J. A.等将地方和土著知识与科学结合起来,用于沿海和小岛屿社区的水文气象灾害风险减少和适应气候变化的进程。[③] Kumar J. A.等分析了个人隐性知识与有限的意识在管理决策中的关系。[④] Mercer J.等认为,应越来越多地提倡利用土著知识和科学知识,但目前还没有明确的框架来证明如何将这两者结合起来,以减少社区面对环境危害时的脆弱性。因此,他们提出了这样一个框架,采用参与式方法,可以纳入相关的土著和科学知识,以减少社区面对环境危害时的脆弱性,并分析了这种框架的必要性以及纳入土著知识的困难。[⑤] Lubitz Dkje von 等认为,日益复杂的灾害需要利用传统上在灾害管理领域中存在的领域以外的知识。为了在操作上有用,这种知识必须被提取,与灾害本身产生的信息结合,并转化为可操作的知识。[⑥] Karanikola P.等认为斯波拉德群岛经常受到灾难性自然现象的影响,通过向岛屿居民提供可识别的信息知识,要求居民评估自然灾害的风险,这具有非常显著意义,对未来自然灾害的管理和沟通有着重要影响。[⑦] Reichel C.基于在瑞士阿尔卑斯地区进行的比较

---

① Hilhorst D., Baart J., van der Haar G., et al. Is disaster "normal" for indigenous people? Indigenous knowledge and coping practices[J]. Disaster Prevention and Management, 2015, 24(4): 506-522.

② Cutter S. L., Ismail-Zadeh A., Alcántara-Ayala I., et al. Global risks: Pool knowledge to stem losses from disasters[J]. Nature, 2015, 522(7556):277-9.

③ Hiwasaki L., Luna E., Syamsidik, et al. Process for integrating local and indigenous knowledge with science for hydro-meteorological disaster risk reduction and climate change adaptation in coastal and small island communities[J]. International Journal of Disaster Risk Reduction, 2014, 10: 15-27.

④ Kumar J. A., Chakrabarti A.. Bounded awareness and tacit knowledge: revisiting Challenger disaster[J]. Journal of Knowledge Management, 2012, 16(6): 934-949.

⑤ Mercer J., Kelman I., Taranis L., et al. Framework for integrating indigenous and scientific knowledge for disaster risk reduction[J]. Disasters, 2010, 34(1):214.

⑥ Lubitz Dkje von, Beakley J. E., Patricelli F.. "All hazards approach" to disaster management: the role of information and knowledge management, Boyd's OODA Loop, and network-centricity[J]. Disasters, 2008, 32(4): 561-585.

⑦ Karanikola P., Panagopoulos T., Tampakis S., et al. Perception and Knowledge about Natural Disasters in the Sporades Islands of Greece[J]. Journal of Environmental Protection and Ecology, 2015, 16(2): 498-509.

人类学实地考察，涉及与气候变化相关的自然灾害的可持续环境知识，研究如何利用当地知识来提高受影响社区抵御气候相关风险的能力，以此来补充风险管理的规范性和技术性做法。① Othman S. H.认为及时的知识共享在知识管理(DM)中至关重要，DM 过程中涉及的角色通常跨越许多组织边界，并且是动态的，所涉及的知识是巨大的和多样的。它包括与各种灾害、角色描述、计划和操作有关的信息，并且不同地区和政府的做法也可能不同。通过提出基于知识的系统方法来促进结构化，存储和重用 DM 知识，为应对知识共享挑战做出了重要贡献，提出了一种适用于各种分布式知识共享设置的基于元模型的架构。② Wang J. H.等通过分析灾后高分辨率遥感图像，选择诸如道路亮度、标准偏差、矩形性和纵横比的特征以形成知识模型，提出了一种基于知识的道路损伤检测和评估方法。③ Thanurjan R.等研究和探索知识管理在灾后住房重建中的参与程度以及知识管理对斯里兰卡灾后住房重建的影响。④ Kaklauskas A.等认为，灾后管理是共享的、有目的的活动，利益相关者产生个人和集体决定，有助于灾后管理成功，通过使用先进的知识和开发的模型帮助灾后管理者找到最合理的解决方案，并介绍了基于多标准决策理论的灾后管理知识模型，此模型涉及六个阶段，通过评估灾害后管理的生命周期、利益相关者、微观和宏观环境、帮助确定理性的灾后管理备选方案。⑤ Kaewkitipong L.等采用结构化视角，利用社交媒体，通过定性案例研究，探讨当地社区的知识共享活动，以应对 2011 年 7 个月的泰国洪灾危机。⑥

关于知识库构建研究，Othman S. H.实现了灾害管理知识库(DMKR1.0)，

---

① Reichel C., Fromming U. U.. Participatory Mapping of Local Disaster Risk Reduction Knowledge: An Example from Switzerland[J]. International Journal of Disaster Risk Science, 2014, 5(1): 41 - 54.

② Othman S. H., Beydoun G.. A metamodel-based knowledge sharing system for disaster management[J]. Expert Systems with Applications, 2016, 63: 49 - 65.

③ Wang J. H., Qin Q. M., Zhao J. H., et al. Knowledge-Based Detection and Assessment of Damaged Roads Using Post-Disaster High-Resolution Remote Sensing Image[J]. Remote Sensing, 2015, 7(4): 4948 - 4967.

④ Thanurjan R., Seneviratne Ldip. The role of knowledge management in post-disaster housing reconstruction[J]. Disaster Prevention and Management, 2009, 18(1): 66 - 77.

⑤ Kaklauskas A., Amaratunga D., Haigh R.. Knowledge Model for Post-Disaster Management[J]. International Journal of Strategic Property Management, 2009, 13(2): 117 - 128.

⑥ Kaewkitipong L., Chen C. C., Ractham P.. A community-based approach to sharing knowledge before, during, and after crisis events[M]. Elsevier Science Publishers B. V. 2016.

不仅存储和检索观察和测量的数据，而且还解释和推断灾害管理知识的信息。① Lauras M.等认为，收集和利用关于给定危机情况的所有知识和信息是一个关键要求，提出了一种基于元模型和本体的收集知识的软件解决方案。② Xu Z.等认为社交媒体上的众包可用于检测和分析城市突发事件，提出了基于众包的知识库模型，并将时间信息添加到所提出的知识库模型中。③ Raman M.探讨了使用知识管理系统支持马来西亚参与灾害规划和响应（DPR）工作的想法。④ Reid E.等描述了一种先进的知识发现方法来解决恐怖主义威胁。⑤ Guthrie S.等讨论了一种基于知识的分配方法（KBAM），开发了 KBAM 的数学框架，其将知识库与网络流算法相结合以在识别过程期间解决冲突，用于在法医鉴定过程中为法医科学家提供决策支持。⑥ Bizid I.等认为，及时提供地理空间信息对决策进程至关重要，需要整合各种组织在不同项目下固有地分布和创建的异质空间数据库，提出一个框架：Web 服务和本体集成异构空间数据库。⑦ Liu J.等将计算机技术与遥感技术和 GIS 相结合，构建灾害背景信息数据库，实现各种背景数据的管理，通过使用 3D 技术，为决策和管理提供了一个 3D 可视化刺激环境。⑧ 吴锋、张红强针对民族因素突发事件高发多发的现实，

---

① Othman S. H., Beydoun G.. A metamodel-based knowledge sharing system for disaster management[J]. Expert Systems with Applications, 2016, 63:49 - 65.

② Matthieu L., Sébastien T., Frédérick B.. Towards a better management of complex emergencies through crisis management meta-modelling[J]. Disasters, 2015, 39(4):687 - 714.

③ Xu Z., Zhang H., Hu C. P., et al. Building knowledge base of urban emergency events based on crowdsourcing of social media[J]. Concurrency and Computation-Practice & Experience, 2016, 28(15): 4038 - 4052.

④ Raman M., Dorasamy M., Muthaiyah S., et al. Knowledge Management for Social Workers Involved in Disaster Planning and Response in Malaysia: An Action Research Approach[J]. Systemic Practice and Action Research, 2011, 24(3): 261 - 272.

⑤ Reid E., Qin J., Chung W., et al. Terrorism Knowledge Discovery Project: A Knowledge Discovery Approach to Addressing the Threats of Terrorism[C]//Intelligence and Security Informatics, Second Symposium on Intelligence and Security Informatics, ISI 2004, Tucson, AZ, USA, June 10 - 11, 2004, Proceedings. 2004:10 - 11.

⑥ Guthrie S., Manivannan S.. A Knowledge-based Assignment Methodology for Personal Identification in Mass Disaster[J]. Information and Decision Technologies, 1992, 18(5): 309 - 322.

⑦ Bizid I., Faiz S., Boursier P., et al. "Integration of Heterogeneous Spatial Databases for Disaster Management", in Advances in Conceptual Modeling, Er 2013, ed. by J. Parsons and D. Chiu (Berlin: Springer-Verlag Berlin, 2014), pp.77 - 86.

⑧ Liu J., Fan X. T., Chen L., et al. "DESIGN AND IMPLEMENTATION OF DISASTER BACKGROUND DATABASE AND VISUALIZATION SYSTEM", in 2013 Ieee International Geoscience and Remote Sensing Symposium (New York: Ieee, 2013), pp.597 - 599.

对已经发生的相关案例进行梳理，构建一套指标体系，运用文献检索和互联网搜索引擎技术，结合人工核查，建成了首个民族因素突发事件案例知识库，覆盖31个省、自治区、直辖市，共202件案例。[①] 预警系统(EWS)是专门用于保护人们免受灾害损害的信息和知识系统，此类系统旨在整合来自各种来源和行为者的数据、信息和知识。Arru M.介绍了预警系统EWS决策支持设计中的知识含义，并讨论了数据，信息和知识之间的沟通过程。[②] Othman S. H.等认为，灾难管理(DM)是一个广泛的知识领域，提出了一个灾难管理元模型，作为灾难管理(DM)的代表层，此元模型可以更好地实现知识共享和促进组合和匹配不同的DM活动。[③④] 南京大学在国家社会科学基金重大项目“面向突发事件应急决策的快速响应情报体系研究”的支持下，对突发事件知识库进行了深入的研究，如，蒋勋等构建了适应突发事件演化发展规律的突发事件知识表示模型[⑤]；设计了适应突发事件快速响应应急决策的突发事件知识库结构框架[⑥]；在突发事件驱动下，构建了突发事件信息语义组织与协调处理模型。[⑦]

2.3.3 突发事件决策与策略库研究现状

Yu D. J.采用基于softmax函数的运算符的多标准决策方法，并应用于洪水灾害风险评估问题，以中国浙江省五个城市(杭州、宁波、温州、绍兴和湖州)

---

① 吴锋，张红强. 我国民族因素突发事件案例统计评析与应对策略——基于1980—2015年中国大陆民族因素突发事件知识库的研究[J]. 情报杂志，2016，(01)：122 - 128.

② Arru M., Negre E., Rosenthal-Sabroux C., et al. “Towards a Responsible Early-Warning System: Knowledge Implications in Decision Support Design”, in 2016 Ieee Tenth International Conference on Research Challenges in Information Science, ed. by S. Espana, J. Ralyte and C. Souveyet (New York: Ieee, 2016), pp.399 - 410.

③ Othman S. H., Beydoun G.. Model-driven disaster management[J]. Information & Management, 2013, 50(5):218 - 228.

④ Othman S. H., Beydoun G., Sugumaran V.. Development and validation of a Disaster Management Metamodel (DMM)[J]. Information Processing & Management, 2014, 50(2): 235 - 271.

⑤ 蒋勋，徐绪堪，唐明伟，苏新宁. 适应突发事件演化的知识表示模型研究[J]. 情报理论与实践，2016，(03)：122 - 124+134.

⑥ 蒋勋，苏新宁，刘喜文. 突发事件驱动的应急决策知识库结构研究[J]. 情报资料工作，2015，(01)：25 - 29.

⑦ 蒋勋，毛燕，苏新宁，王波. 突发事件驱动的信息语义组织与跨领域协同处理模型[J]. 情报理论与实践，2014，(11)：114 - 119+123.

的实例来说明拟议决策方法的可行性。① Shook E.等认为，社交媒体越来越被认为是一个有用的数据源，用于了解实时和事件后分析中对危害事件的社会响应，建立了社交媒体增强型决策支持系统（SME - DSS），以探索利用社交媒体进行决策支持的机遇和挑战。② Paul J. A.开发了一个随机建模框架，以确定应急储存配送中心的位置和能力，从而提高备灾能力，并开发了一种进化优化启发式辅助创新的混合整数规划模型，快速生成高效的高质量解决方案。③ Nowak M.认为，预测是不确定的，对于严重问题，必须考虑多个标准，提出多种风险下的多准则决策问题的技术。④ S - HELP（保障—健康紧急学习规划）项目的目标是制定一个决策支持工具集，以支持跨境紧急情况下的多机构决策，支持在紧急管理生命周期的所有阶段（即缓解、备灾、响应和恢复）的快速有效的决策。⑤ Li L.为了满足提高铁路应急处置能力的需要，应用了与决策支持系统（DSS）集成的铁路应急管理决策过程，以开发铁路紧急智能决策支持系统（REIDSS），用于预防和减少铁路灾害突发事件的发生。⑥ Ai F. L.等以地理信息系统为中心，基于社交媒体的动态决策支持系统（GIS - SM - DDSS）的设计和开发，该系统将地理信息与 Twitter 技术相结合，使自组织信息网络能够支持决策和集体行动紧急情况。⑦ Jin Z. H.提出了渤海海冰综合服务和专家援助决策系统的总体框架，其中六个子系统包括海冰多源信息采集子系统、海

---

① Yu D. J.. Softmax function based intuitionistic fuzzy multi-criteria decision making and applications[J]. Operational Research, 2016, 16(2): 327 - 348.

② Shook E, Turner V. K.. The socio-environmental data explorer (SEDE): a social media-enhanced decision support system to explore risk perception to hazard events[J]. Cartography & Geographic Information Science, 2016.

③ Paul J. A., Macdonald L.. Location and capacity allocations decisions to mitigate the impacts of unexpected disasters[J]. European Journal of Operational Research, 2016, 251(1):252 - 263.

④ Nowak M.. Solving a Multicriteria Decision Tree Problem Using Interactive Approach[M]// Knowledge, Information and Creativity Support Systems: Recent Trends, Advances and Solutions. Springer International Publishing, 2016.

⑤ Neville K., O'Riordan S., Pope A., et al. Towards the development of a decision support system for multi-agency decision-making during cross-border emergencies[J]. Journal of Decision System, 2016, 25(sup1):381 - 396.

⑥ Li L., Wang F. Z., Wei Q., et al. A Framework Research on Railway Emergency Intelligent Decision Support System(REIDSS), in Proceedings of the 28th Chinese Control and Decision Conference (New York: Ieee, 2016), pp.4507 - 4512.

⑦ Ai F. L., Comfort L. K., Dong Y. Q., et al. A dynamic decision support system based on geographical information and mobile social networks: A model for tsunami risk mitigation in Padang, Indonesia[J]. Safety Science, 2016, 90: 62 - 74.

冰综合信息数据库、海冰综合信息综合子系统、海冰专家助理决策子系统、海冰产品释放子系统和海冰灾害损失评估子系统，为中国海冰综合服务和专家援助决策体系建设提供参考。① Xie Z. H.等加强数据仓库的建设和构建各种强大的模型库和方法库，充分利用决定性信息处理灾难性社会风险。② Way S.等提出了一个上下文感知多方协调系统的一般框架，扩展了动态决策支持系统的动态决策和功能的概念，以响应大规模复杂事件，通过将多方关系管理和基于任务的协调组件合并到上下文感知多方协调系统的框架中来解决。③ Li N.等将紧急情况下的群体决策制定为多属性群体决策（MAGDM）问题，针对专家之间的共识建模，提出一种新的方法来达到理解应急响应计划与利益最大化，在决策过程中达成共识。④ Shi S. G.等基于所涉及的化学品的污染介质、危险特性和性质，使用事件树方法来创建 54 个不同的化学污染事故场景，针对每种化学事故，建立了可行的应急处理技术方案，包括了污染源控制、污染物不扩散、污染物清除和废物处置等领域。同时，为了发生化学污染事故时从计划库中获得最佳的应急处置技术方案，他们基于群体决策改进的分析层次过程（AHP）开发了技术评价指标体系。⑤ 陈祖琴、苏新宁针对突发事件的复杂性及相似案例的稀缺性，提出了基于情景划分构建突发事件应急响应策略库的方法。⑥

---

① Jin X. F., D. L. Guo, S. Wang, et al. "A Framework Study of Bohai Sea Ice Comprehensive Service and Expert Aid Decision-making System", in International Conference on Engineering Technology and Application, ed. by J. Y. Li, T. Y. Liu, T. Deng and M. Tian (Cedex A: E D P Sciences, 2015).

② Xie Z. H., He Z., "The Study on the Development of Decision Support Systems in Response to Catastrophic Social Risks", in Proceedings of the 3rd International Conference on Computer Science and Service System, ed. by A. Datta (Paris: Atlantis Press, 2014), pp.461 - 464.

③ Way S., Yuan Y. F.. Transitioning From Dynamic Decision Support to Context-Aware Multi-Party Coordination: A Case for Emergency Response[J]. Group Decision and Negotiation, 2014, 23(4): 649 - 672.

④ Li N., Sun M. H., Bi Z. M., et al. A new methodology to support group decision-making for IoT-based emergency response systems[J]. Information Systems Frontiers, 2014, 16(5): 953 - 977.

⑤ Shi Z. M., Cao J. C., L. Feng, et al. Construction of a technique plan repository and evaluation system based on AHP group decision-making for emergency treatment and disposal in chemical pollution accidents[J]. Journal of Hazardous Materials, 2014, 276: 200 - 206.

⑥ 陈祖琴，苏新宁. 基于情景划分的突发事件应急响应策略库构建方法[J]. 图书情报工作，2014，(19)：105 - 110.

2.4 粒计算及其在突发事件的应用

粒计算(granular computing)是当前人工智能研究领域中模拟人类思维和解决复杂问题的计算新范式,学术界对粒计算并没有统一的公认的定义,它的研究范围特别广泛,涵盖了所有与粒度有关的理论、方法和技术,能有效地解决数据挖掘和不确定性信息处理等问题。①

2.4.1 粒计算的研究现状

大数据的规模性、多模态性与增长性给传统的数据挖掘方法带来了挑战。梁吉业等探索大数据分析的粒计算理论与方法,为应对这些挑战提供了新的思路和策略。② 苗夺谦等分析了模拟人脑智能的粒计算模式与方法,总结了粗糙集、云模型等典型的粒计算模型,展望了粒计算求解模式在大数据时代的机遇与挑战。③ 徐计等讨论了粒计算应用于大数据处理的可行性与优势,并深入地探讨了在大数据的粒计算处理框架中需要解决的各个关键问题。④ Hu Q. H.等对大数据时代基于机器学习的粒计算进行了深入的研究。⑤ Zhou D. C.等提出了基于粒计算的粒化分析方法应用于切削刀具材料的合理选择。⑥ Xie X. L.等通过分析当前智能交通与大数据之间的关系,提出了基于粒度计算的智能交通数据挖掘模型,在数据挖掘理论优势中利用粒度计算,通过构建新的数据挖掘模型,解决了智能交通海量数据的规模、复杂性、不确定性和模糊性问题。⑦ Skowron A.讨论了一种基于交互粒度计算(IGrC)的复杂自适应系统

---

① 徐久成,孙林,张倩倩.粒计算及其不确定信息度量的理论与方法[M].北京:科学出版社,2013.

② 梁吉业,钱宇华,李德玉,胡清华.面向大数据的粒计算理论与方法研究进展[J].大数据,2016,(04):13-23.

③ 苗夺谦,张清华,钱宇华,梁吉业,王国胤,吴伟志,高阳,商琳,顾沈明,张红云.从人类智能到机器实现模型——粒计算理论与方法[J].智能系统学报,2016,(06):743-757.

④ 徐计,王国胤,于洪.基于粒计算的大数据处理[J].计算机学报,2015,(08):1497-1517.

⑤ Hu Q. H., Mi J. S., Chen J. S.. Granular Computing Based Machine Learning in the Era of Big Data[J]. Information Sciences, 2017, 378: 242-243.

⑥ Zhou D. C., Dai X.. A granulation analysis method for cutting tool material selection using granular computing [J]. Proceedings of the Institution of Mechanical Engineers Part C-Journal of Mechanical Engineering Science, 2016, 230(13): 2323-2336.

⑦ Xie X. L., Gu X. F.. Research on Data Mining Model of Intelligent Transportation Based on Granular Computing[J].International Journal of Security and Its Applications, 2016, 10(7): 281-286.

(CAS)执行的计算建模方法。[①] Panda M.等提供基于粒计算的模式分类中的信息粒化的概念,用于处理来自数据集视图的不完全、不可靠、不确定的知识。[②] Koley S.等提出一种使用粗粒度计算和随机森林来描述和诊断脑肿瘤。[③] Hryniewicz O.等提出了一种使用粒计算方法的贝叶斯时间序列预测的概念框架。[④] Cruz-Vega I.提出了一种基于粒计算的方法,用于构建进化算法的替代模型。[⑤] Bianchi F. M.等提出了一种结构化数据的分类和语义表征的粒度计算技术方法,能够自动合成分类模型和在一组符号上定义的可解释决策规则集合的系统。[⑥] Zhou D. C.等提出了一种将粒计算理论和生物信息学技术相结合的典型工艺路线的新颖方法。[⑦] Yan D. C.等定义了概念"本体粒度"和"兼容粒度",应用粒计算思想和本体模型,提出了本体树生成算法,构建具有关系 RG 的向量的本体的格子层次和概念树模型,为本体学习提供了良好的技术途径。[⑧] Xu W. H.等提出了一种新颖的基于粒计算信息融合的方法。[⑨]

2.4.2 粒计算在突发事件的应用

紧急决策被认为是多粒度语言评估信息的多标准排名或多标准选择问

① Skowron A., "Complex Adaptive Systems and Interactive Granular Computing", in Computer Information Systems and Industrial Management, Cisim 2016, ed. by K. Saeed and W. Homenda (Cham: Springer Int Publishing Ag, 2016), pp.17-22.

② Panda M., Abraham A., Tripathy B. K.. Soft granular computing based classification using hybrid fuzzy-KNN-SVM[J]. Intelligent Decision Technologies-Netherlands, 2016, 10(2): 115-128.

③ Koley S., Sadhu A. K., Mitra P., et al. Delineation and diagnosis of brain tumors from post contrast T1-weighted MR images using rough granular computing and random forest[J]. Applied Soft Computing, 2016, 41: 453-465.

④ Hryniewicz O., Kaczmarek K.. Bayesian analysis of time series using granular computing approach[J]. Applied Soft Computing, 2016, 47: 644-652.

⑤ Cruz-Vega I., Escalante H. J., Reyes C. A., et al. Surrogate modeling based on an adaptive network and granular computing[J]. Soft Computing, 2016, 20(4): 1549-1563.

⑥ Bianchi F. M., Scardapane S., Rizzi A., et al. Granular Computing Techniques for Classification and Semantic Characterization of Structured Data[J]. Cognitive Computation, 2016, 8(3): 442-461.

⑦ Zhou D. C., Dai X.. Integrating granular computing and bioinformatics technology for typical process routes elicitation: A process knowledge acquisition approach[J]. Engineering Applications of Artificial Intelligence, 2015, 45: 46-56.

⑧ Yan H. C., Zhang F., Liu B. X.. Granular Computing Based Ontology Learning Model and Its Applications[J]. Cybernetics and Information Technologies, 2015, 15(6): 103-112.

⑨ Xu W. H., Yu J. H.. A novel approach to information fusion in multi-source datasets: A granular computing viewpoint[J]. Information Sciences, 2017, 378: 410-423.

题。Sun B. Z.等提出了基于定性数据的语言描述的贝叶斯决策过程来构建决策模型和方法，然后采用决策理论、粗糙集理论来引入一组满足最小风险的决策规则的损失情况，这些规则可以通过考虑在线信息、现实情景以及非常规紧急事件发展时的动态特性，轻松地给出具有最小损失风险的最佳决策结果。① Ma X. F.等认为，由于自然灾害的破坏性，如果限制灾害情景和一些人为原因，那么在灾害决策问题中通常会出现缺失数据。为了估计替代方案的缺失值，他们着重于基于改进的K近邻估计(KNNI)方法估算灾害的异质属性值，由此提出了一种新的KNNI方法与相关度模型的合并。② Sheikhian H.等提出了一种处理多标准决策问题的不确定性的新方法，它集成了分层粗糙的粒化和规则提取，以建立一个准确的分类器。粗粒化为信息颗粒提供了详细的质量评估。③ Jiang F.等从粒计算(GrC)和粗糙集理论的角度提出了一种新的异常值检测方法，此方法应用于入侵检测、信用卡欺诈、电子商务中的犯罪活动、医疗诊断和反恐怖相关等。④ Moghaddam H. K.等提出了一个新的模糊粒状决策树，以生成应用存储在事故数据库中的离散和连续数据的道路事故规则，该方法利用模糊推理建立了具有最小冗余度和道路事故严重性分类的优化的模糊粒度决策树。⑤ Xue Y.等基于模糊信息粒化方法，开发了一个等级自然灾害风险评估模型。⑥ Khamespanah F.等提出了一种基于粒计算和Dempster-Shafer的综合模型，提取城市地区地震脆弱性分类的分类规则，以获得关于研究区域

---

① Sun B. Z., Ma W. M., Zhao H. Y.. An approach to emergency decision making based on decision-theoretic rough set over two universes[J]. Soft Computing, 2016, 20(9): 3617 - 3628.

② Ma X. F., Zhong Q. Y.. Missing value imputation method for disaster decision-making using K nearest neighbor[J]. Journal of Applied Statistics, 2016, 43(4): 767 - 781.

③ Sheikhian H., Delavar M. R., Stein A., "UNCERTAINTY HANDLING IN DISASTER MANAGEMENT USING HIERARCHICAL ROUGH SET GRANULATION", in Isprs Geospatial Week 2015, ed. by C. Mallet, N. Paparoditis, I. Dowman, S. O. Elberink, A. M. Raimond, F. Rottensteiner, M. Yang, S. Christophe, A. Coltekin and M. Bredif (Gottingen: Copernicus Gesellschaft Mbh, 2015), pp.271 - 276.

④ Jiang F., Chen Y. M.. Outlier detection based on granular computing and rough set theory[J]. Applied Intelligence, 2015, 42(2): 303 - 322.

⑤ Moghaddam H. K., Wang X.. Vehicle Accident Severity Rules Mining Using Fuzzy Granular Decision Tree[M]//Rough Sets and Current Trends in Computing. Springer International Publishing, 2014:280 - 287.

⑥ Xue Y.. A new fuzzy risk assessment model of natural disaster based on fuzzy information granulation-exemplified by earthquake disasters[J]. Disaster Advances, 2013, 6(5): 78 - 87.

中每个统计单元中地震脆弱性测量的知情决策。① Martin T. P.等使用分层分类法来组织信息(或对象集合),对对象进行粒度化操作,并显示如何使用扩展的质量分配框架来提取电影数据库和恐怖主义事件数据库模糊类别之间的关联规则。② 陈雪龙等讨论了突发事件情景要素的形式化表示,提出基于粒计算的非常规突发事件情景层次模型,实现从低层到高层的泛化过程,以满足不同层次应急管理用户对粒度情景结构的需求。③

2.5　相关研究述评

通过上述文献分析可以发现,关于突发事件演化规律、突发事件采集、突发事件数据、知识、决策等信息组织和粒计算的研究已经取得了不少的成果,但仍然存在一些问题值得深入探讨。

关于突发事件采集方面,网络爬虫是突发事件情报采集最常用的手段,而物联网和大数据技术则是近年来较为前沿的情报采集手段。其中,网络爬虫的情报采集,其数据来源于互联网,较为丰富,但其真实性无法得到保证。物联网技术的采集,其数据真实客观,但较为单一,并且该类研究并不多见,尚未全面展开。而大数据的采集,目前则多是针对采集理论的探讨,尚未对采集细节展开研究。目前针对这三类手段的研究多独立进行,但事实上,客观数据和互联网数据的结合可以起到相互验证和补充的作用,使得采集到的数据既客观又丰富。而大数据技术在当前数据大爆炸环境下,又是进行高效采集的必备手段。因此,这三者的结合必定可以使突发事件的情报采集更为科学准确。本书将研究物联网和互联网数据的验证和补充机制,据此构建突发事件物联网情报采集框架,并利用大数据技术对其数据的采集、存储和利用进行研究。

关于突发事件案例建设方面,目前国内外已建设了一批不同级别的突发事件案例知识库。从突发事件案例知识库的类型来看,大部分都是自然灾害

① Khamespanah F., Delavar M. R., Alinia H. S., et al. Granular Computing and Dempster-Shafer Integration in Seismic Vulnerability Assessment[J]. 2013, 59(426):147-158.

② TMartin T. P., Shen Y., Azvine B.. Granular Association Rules for Multiple Taxonomies: A Mass Assignment Approach[C]//Uncertainty Reasoning for the Semantic Web I, ISWC International Workshops, URSW 2005-2007, Revised Selected and Invited Papers. DBLP, 2008:224-243.

③ 陈雪龙,卢丹,代鹏. 基于粒计算的非常规突发事件情景层次模型[J]. 中国管理科学, 2017, 25(1):129-138.

方面的数据库，其他类型的数据库比较少，我国更是如此，通过互联网能访问到的都是自然灾害数据库，包括农业灾害、暴雨洪涝灾害、干旱灾害、热带气旋灾害等，其他类型的突发事件大都以网页的形式堆砌起来。各类型数据库之间相互独立、毫无关联。建设和维护数据库的机构部门之间也是互相分割、沟通困难，不利于数据之间的融合；从数据库中记录的突发事件内容来看，仅仅记录了简单的基本信息，能检索的字段也是非常有限，更不用说，用案例情景片段来记录突发事件发生的整个周期以及复杂事件次生、衍生突发事件等的演化过程。虽然有不少文献对突发事件演化规律、突发事件链进行了研究，但大多停留在概念、框架等理论层面，仍处于探索阶段。无论是国外的突发事件数据库还是国内的突发事件数据库，在记录突发事件时都是以单个突发事件为记录单位，但是，对突发事件管理过程来说，如防灾减灾、灾害响应、灾后重建等，对突发事件的信息进行空间解聚、时间细分以及全面掌握突发事件的演化动态等更为重要。本书吸收现有突发事件案例数据库的优点，将各种类型的突发事件案例有效地组织起来，构成一个统一体，同时克服无突发事件演化信息的缺点，将复杂突发事件的原生、次生、衍生出的突发事件群链接起来形成一个整体，在突发事件分类体系与突发事件演化规律模型的基础上，构建出突发事件案例知识库的结构框架。

已有的突发事件分类研究成果，主要集中在为突发事件新闻文本自动分类和某一具体类别突发事件类型的进一步设置与划分；突发事件新闻文本自动分类的研究对本书实现突发事件案例自动分类有很大的启发与借鉴作用。本书在以前研究成果的基础上，构建了基于突发事件分类特征词典的突发事件分类模型。

关于突发事件分级研究方面，更多的学者开始考虑突发事件的动态性等不确定性特征，试图通过一些模糊理论的算法进行分级。这类算法在一定的程度上解决了突发事件的不确定性问题，但仍存在一些不足，比如，已有的成果往往只考虑了突发事件的模糊性，较少考虑随机性，更少同时考虑两者之间的关联性等，本书引入定性与定量不确定性转换模型——云模型，构建一种新的突发事件分级模型，较好地解决了分级过程中存在的模糊性与随机性等不确定性特征。

关于突发事件知识与规则知识库建设方面，国外不少文献论述了突发事件相关知识在防灾减灾、应急决策中的作用以及知识的管理与共享；国内方面，江苏省数据工程与知识服务重点实验室（南京大学）对突发事件知识库的研究比较深入，主要集中在突发事件的知识表示、知识库的结构框架设计等方面，对本书的研究有很大的启发。但对于突发事件的知识挖掘与获取，国内外的研究起步都比较晚，同时，较少有学者关注知识的多粒度性并从事针对不同用户进行多粒度知识挖掘的研究。从现状来看，在各个领域的突发事件数据库中，聚积了具有多种来源、多种类型、多个维度和多方主题特征的突发事件数据。这些数据具有海量化的特点，而且随着社会的发展，数据库规模将进一步扩大，数据总量将以惊人的速度增长。如何对异构数据库中的原始数据进行有效管理、提取与聚集，如何从海量的数据中整理、加工出有价值的知识，如何更好地将多粒度知识呈现给不同层次的用户，等等，这些需求都在不断增长。① 因此，本书在突发事件案例的基础上，采用粒计算、数据挖掘等信息技术手段，对突发事件的时间、空间、发展轨迹等进行定量、定性描述与建模分析，挖掘出有价值的多粒度的知识规则并进行知识规则的管理与维护。

关于突发事件决策与决策知识库建设方面研究主要集中在应急决策模型。目前，基于"情景—应对"的应急决策模型比较流行，主要是关于通用情景的设置及利用其预案的编制等来进行应对策略的制定，特别是应用在应急资源调度方面。对于应急响应策略复用的研究较少，至今无法检索到可用的决策知识库。本书认为，曾经发生过的案例信息包括两部分，一部分是突发事件本身的特征信息，另一部分是当时处理此突发事件的各级各部门的策略，目前，大部分的信息资源建设工作只关注前者，对于后者的记录较少。而后者对于未来的突发事件应急决策处理有很好的借鉴作用，但这些决策必须与相应的突发事件案例关联起来才能很好地发挥作用。本书借鉴"情景—应对"应急决策的思想，将突发事件案例分割为突发事件情景片段，且将情景片段相对应的应急策略与之关联起来，再将决策知识库的建设包含于案例知识库构建中。

---

① 严丽军，温家洪，颜建平等. 国内外灾害数据库比较与分析[C]//中国灾害防御协会风险分析专业委员会年会. 2012.

第 3 章　相关理论概述

本书是在粒计算理论与知识组织理论的支撑下，进行面向突发事件应急响应知识库的研究。本章重点介绍与本书相关的粒计算与知识组织理论。

3.1　粒计算

近些年来，粒计算成为人工智能研究中的一个新的方向，是当前人工智能研究领域中模拟人类思维和解决复杂问题的新方法。粒计算的模型与现实世界的结构、人们的思维模式及行为方式是一致的，它从实际问题出发，从不同层次对问题进行抽象、处理，寻求合适粒度上的满意解代替精确解，其主要思想是在具有不同粒度的层次上进行问题求解，在很大程度上体现了问题求解过程中的智能。在大数据环境下，充分利用粒计算的特性进行问题求解和智能信息处理是一个行之有效的方式。[①] 粒计算的研究范围非常广泛，所有与粒度相关的理论、方法、技术等都可以归入其研究范畴，随着粒计算研究的不断深入，人们从各个不同的角度，总结归纳得到不同的粒计算理论模型，目前，主要有粗糙集模型、模糊集模型、商空间模型和云模型等。[②] 本书在第 6 章利用云模型进行分级研究、第 7 章利用云变换构建突发事件属性概念层次树和利用层次粗糙集理论模型进行知识挖掘构建突发事件规则知识库研究，在本章将介绍与其相关的理论知识。

3.1.1　粗糙集模型

粗糙集理论利用上、下近似集来描述系统的不确定性，是近二十年来刚兴起的一种主要用于处理不确定问题的数学理论模型。目前，其广泛地被应用

---

① 李天瑞等.大数据挖掘的原理与方法——基于粒计算与粗糙集的视角[M].北京：科学出版社，2016.

② 徐久成等.粒计算及其不确定信息度量的理论与方法[M].北京：科学出版社，2013.

在特征提取、决策支持、知识挖掘等研究领域。下文将主要简述经典粗糙集理论和它的扩展理论——层次粗糙集理论。

(1) 经典粗糙集理论①

经典粗糙集理论，是由 Pawlak 于 1982 提出，又称为 Pawlak 粗糙集理论。②

知识和概念（范畴）　设 $U \neq \varnothing$ 是我们感兴趣的对象组成的有限集合，称为论域。任何子集 $X \subseteq U$，称为 U 中的一个概念或范畴。U 中的任何概念族称为关于 U 的抽象知识，简称知识。在粗糙集理论中，主要讨论的是那些能够在论域 U 上形成划分的知识。一个划分 ℓ 定义为：$\ell=\{X_1, X_2, \cdots, X_n\}$；$X_i \subseteq U, X_i \neq \varnothing, X_i \cap X_j=\varnothing$，对于 $i \neq j, i, j=1,2,\cdots,n$；$\bigcup_{i=1}^{n} X_i=U$。

知识库　U 上的一族划分称为关于 U 的一个知识库（knowledge base）。设 R 是 U 上的一个等价关系，U/R 表示 R 的所有等价类构成的集合，$[x]_R$ 表示包含元素 $x \in U$ 的 R 等价类。一个知识库就是一个关系系统 $K=(U,\mathscr{R})$，其中 U 为非空有限集，称为论域，$\mathscr{R}$ 是 U 上的一族等价关系。

信息系统　四元组 $S=(U,AT,V,f)$ 是一个信息系统，其中，U：对象的非空有限集合，称为论域；AT：属性的非空有限集合；$V=\bigcup_{a\in A} V_a$，V_a 是属性 a 的值域；$f: U\times A \rightarrow V$ 是一个信息函数，它为每个对象的每个属性赋予一个信息值，即 $\forall a \in AT, x\in U, f(x,a)\in V_a$。如果 $AT=C\cup D$，且 $C\cap D=\varnothing$，C 是条件属性集，D 是决策属性，则称 $DT=(U,C\cup D,V,f)$ 为决策系统或决策表。

在决策表中，最重要的是决策规则的产生。令 X_i 和 Y_j 分别代表 U/C 与 U/D 中的各个等价类，$des(X_i)$ 表示对等价类 X_i 的描述，即等价类 X_i 对于各条件属性值的特定取值；$des(Y_i)$ 表示对等价类 Y_j 的描述，即等价类 Y_j 对于各决策属性值的特定取值。

决策规则定义如下：

$$r_{ij}: des(X_i) \rightarrow des(Y_i), Y_j \cap X_i \neq \varnothing,$$

规则的确定性因子 $\mu(X_i, Y_j)=|Y_j \cap X_i|/|X_i|, 0<\mu(X_i,Y_j)\leqslant 1$。

当 $\mu(X_i,Y_j)=1$ 时，r_{ij} 是确定的；当 $0<\mu(X_i,Y_j)<1$ 时，r_{ij} 是不确定

① 张文修.粗糙集理论与方法[M].北京：科学出版社，2001.

② Pawlak Z.. Rough set[J]. International Journal of Computer and Information Sciences, 1982, 11(5): 341 - 356.

的。当然，在产生决策规则之前，首先要对决策表中的属性进行约简。

数据约简　在保持知识库分类能力不变的条件下，删除其中不相关或不重要的知识，是粗糙集理论的核心内容之一。设 $\mathscr{R}$ 是一族等价关系，$R \in \mathscr{R}$，如果 $ind(R)=ind(\mathscr{R}-\{R\})$，则称 R 为 $\mathscr{R}$ 中不必要的，否则称 R 为 $\mathscr{R}$ 中必要的。如果每一个 $R \in \mathscr{R}$ 都为 $\mathscr{R}$ 中必要的，则称为 $\mathscr{R}$ 独立的；否则称为 $\mathscr{R}$ 依赖的。设 $Q \subseteq P$。如果 Q 是独立的，且 $ind(Q)=ind(P)$，则称 Q 为 P 的一个约简。P 可以有多种约简。

(2) 层次粗糙集模型理论

层次粗糙集模型是经典粗糙集的扩展模型，是将经典粗糙集中的每一个属性构建为概念层次树而成。该模型是一个具有较强可操作性的粒计算具体计算模型，它有效地实现了从多层次、多角度上分析和处理问题。[①]

当信息系统中每个属性的概念层次树构建完成后，就可以根据实际问题求解的需要来选择任意属性的任何层次，每一组确定的各属性概念层次结构唯一确定一个信息系统，随着各属性概念层次选择的不同，可以得到具有不同抽象程度、不同粒度的信息系统，因而在这些信息系统上提取的知识也就相应地具有不同的抽象程度，体现出粒计算的多粒度思想。

层次信息系统[②]　令 $IS=(U,A,V,f)$ 是一个信息系统，则 $IS_H=(U,A,V_H,H_A,f_H)$ 是由 IS 导出的层次信息系统，其中，$H_A=\{H_a \mid a \in A\}$，H_a $(a \in A)$ 是属性 a 的概念层次树，其中根节点为属性 a 的名称，可代表任意值 (∗)，叶节点为 a 的可观测到的值或在原始层信息系统中的值，内节点为属性 a 在不同粒度下的属性值。$V_H=\bigcup_{a\in A} V_a^{range}$，$V_a^{range}$ 表示属性 a 在不同抽象层次的所有取值。如果 $A=C \cup D$，且 $C \cap D=\varnothing$，C 是条件属性集，D 是决策属性，则称 $DT_H=(U,C \cup D,V_H,H_{C\cup D},f)$ 为层次决策系统或层次决策表。

从上述定义就可以看出，层次信息系统是在原始信息系统基础上将属性扩展为概念层次树而形成的，因而，在层次信息系统中，每个属性的值域也相应地得到了扩充。

在层次信息系统中，假设各属性的概念层次树均已给定，当各属性沿各自的

---

① Feng Q., Miao D., Wang R.. Multidimensional model-based decision rules mining[J]. Chicago, 2009.

② Wang Q. D., Wang X. J., Zhao M., et al. Conceptual hierarchy based rough set model[C]// International Conference on Machine Learning and Cybernetics. IEEE Xplore, 2003:402－406 Vol.1.

概念层次树爬升到不同抽象层时,原信息系统相应属性的值域、原信息系统的论域、信息函数也会发生变化。信息系统的一个属性值域的一组抽象层次组合唯一确定一个信息系统,因此可以用一个属性值域的抽象层次标记一个信息系统。

对给定的决策表 $DT=(U,C\cup D,V,f)$,其中,$C=\{C_1,C_2,\cdots,C_m\}$ 为条件属性集,当其条件属性值域均处于各自概念树的第 0 层时,记对应的决策表 $DT_{\underbrace{00\cdots0}_{m}}=(U_{\underbrace{00\cdots0}_{m}},C\cup D,V^{\underbrace{00\cdots0}_{m}},f_{\underbrace{00\cdots0}_{m}})$,称其为第 $(0,0,\cdots,0)$ 个决策表,$U_{\underbrace{00\cdots0}_{m}}$ 表示第 $(0,0,\cdots,0)$ 个决策表的论域,C 是条件属性集,D 是决策属性,$V^{\underbrace{00\cdots0}_{m}}$ 表示第 $(0,0,\cdots,0)$ 个决策表的值域,$f_{\underbrace{00\cdots0}_{m}}$ 表示第 $(0,0,\cdots,0)$ 个决策表的信息函数。

类似的,对泛化后得到的决策表,给出如下记号:$DT_{k_1k_2\cdots k_m}=(U_{k_1k_2\cdots k_m},C\cup D,V^{k_1k_2\cdots k_m},f_{k_1k_2\cdots k_m})$,称其为第 $(k_1,k_2,\cdots,k_m)$ 个决策表,$U_{k_1k_2\cdots k_m}$ 表示第 $(k_1,k_2,\cdots,k_m)$ 个决策表的论域,C 是条件属性集,D 是决策属性,$V^{k_1k_2\cdots k_m}$ 表示第 $(k_1,k_2,\cdots,k_m)$ 个决策表的值域,$f_{k_1k_2\cdots k_m}$ 表示第 $(k_1,k_2,\cdots,k_m)$ 个决策表的信息函数。

对给定的决策表 $DT=(U,C\cup D,V,f)$,对任意的条件属性 $C_t\in C$,记其第 i 层值域为 V_t^i,称属性值域 V_t^i 比 V_t^j 细(具体),或者 V_t^j 比 V_t^i 粗(抽象),当且仅当对 V_t^i 中的每个值 a,总存在 V_t^j 中的值 b,使得 a 是 b 的子概念,记为 $V_t^i\leqslant V_t^j$。显然,若 $i\leqslant j$,则有 $V_t^i\leqslant V_t^j$。若 $i<j$,则称属性值域 V_t^i 比 V_t^j 严格细(具体),记为 $V_t^i<V_t^j$。

设给定决策表 $DT=(U,C\cup D,V,f)$,其中 $C=\{C_1,C_2,\cdots,C_m\}$ 是条件属性集,记 $V^{k_1k_2\cdots k_m}$ 是条件属性集 C 在第 $(k_1,k_2,\cdots,k_m)$ 个决策表中的值域,称 C 在第 $(i_1,i_2,\cdots,i_m)$ 个决策表的值域 $V^{i_1i_2\cdots i_m}$ 比在第 $(j_1,j_2,\cdots,j_m)$ 个决策表的值域 $V^{j_1j_2\cdots j_m}$ 细(具体),或者 $V^{j_1j_2\cdots j_m}$ 比 $V^{i_1i_2\cdots i_m}$ 粗(抽象),当且仅当对任意的 $k\in\{1,2,\cdots,m\}$,有 $V_k^{ik}<V_k^{jk}$,记为 $V^{i_1i_2\cdots i_m}\leqslant V^{j_1j_2\cdots j_m}$。

若至少存在一个 $k\in\{1,2,\cdots,m\}$ 使得 $V_k^{ik}<V_k^{jk}$,则称 C 在第 $(i_1,i_2,\cdots,i_m)$ 个决策表的值域 $V^{i_1i_2\cdots i_m}$ 比在第 $(j_1,j_2,\cdots,j_m)$ 个决策表的值域 $V^{j_1j_2\cdots j_m}$ 严格细,或者,$V^{j_1j_2\cdots j_m}$ 比 $V^{i_1i_2\cdots i_m}$ 严格粗(抽象),记为 $V^{i_1i_2\cdots i_m}<V^{j_1j_2\cdots j_m}$。①

经典粗糙集是将求解问题从多角度(属性)、单层次(单层属性值域)进行研究,层次粗糙集实现从多角度、多层次进行问题求解的粒计算思想。本书第

① 张燕平,罗斌,姚一豫.商空间与粒计算:结构化问题求解理论与方法[M].北京:科学出版社,2010:169-175.

7 章将层次粗糙集理论引入到突发事件知识挖掘中，从人的认知出发，分析突发事件属性相关领域知识，将突发事件属性重新构建为层次嵌套结构，组织为多维数据模型，并在此基础上，设计出了一个多层次知识规则提取算法。

3.1.2 云模型

云模型是用自然语言值表示的定性概念与其定量数据表示之间的不确定性转换模型，主要反映客观世界中事物或人类知识中概念的模糊性和随机性，并把两者完全集成在一起，构成定性概念和定量数据相互间的转换，深刻揭示了客观对象具有的模糊性和随机性。[①]

(1) 基本概念

云和云滴 设 U 是一个用数值表示的定量论域，C 是 U 上的定性概念，若定量值 $x \in U$ 是定性概念 C 的一次随机实现，x 对 C 的确定度 $\mu(x) \in [0,1]$ 是有稳定倾向的随机数[②]，即：

$$\mu: U \to [0,1],$$
$$\forall x \in U, x \to \mu(x)$$

则 x 在论域 U 上的分布称为云，记为云 $C(X)$。每一个 x 称为一个云滴，当 $C(X)$ 符从正态分布时，称为正态云。由于正态云具有普适性[③]，本书所有的云模型都采用正态云模型构建。

正态云模型是利用正态分布和正态隶属函数实现的，是一个遵循正态分布规律、具有稳定倾向的随机数集，用期望 Ex、熵 En、超熵 He 三个数字特征整体表征一个概念，见图 3 - 1。期望 Ex 是云滴在论域空间分布的期望，是最能代表定性概念的点，或者说是这个概念量化的最典型样本。熵 En 是定性概念不确定性的度量，由概念的随机性和模糊性共同决定。一方面，熵 En 是定性概念随机性的度量，反映了能够代表这个定性概念的云滴的离散程度；另一方面，又是定性概念亦此亦彼的度量，反映了在论域空间可被概念接受的云滴的取值范围。超熵 He 是熵 En 的不确定性度量，即熵的熵，由熵的随机性和模糊性共同决定。云分为完整云、左半云和右半云，半云表示单侧特性，如图 3 - 2。

---

① 李德毅，刘常昱，杜鹢等.不确定性人工智能[J].软件学报，2004(11)：1583 - 1594.

② 张艳琼. 改进的云自适应粒子群优化算法[J]. 计算机应用研究，2010，27(9)：3250 - 3252.

③ 李德毅，刘常昱.论正态云模型的普适性[J].中国工程科学，2004(8)：28 - 34.

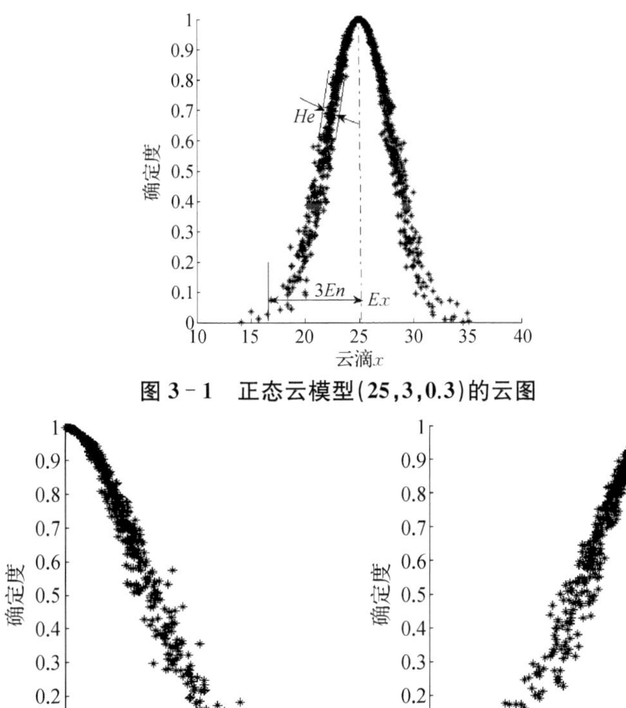

图 3－1　正态云模型(25,3,0.3)的云图

图 3－2　左半云和右半云(25,3,0.3)

(2) 梯形云模型

从图 3－1 中可以看出，在正态云图中，只有当定量值 x 取值为期望 Ex 时，x 的确定度才为 1，而在现实生活中，描述某一类概念时，经常是不止一个元素完全属于此概念，而是一个区间的元素都属于此概念，因此，期望为一数值区间的时候更具一般性。当期望取值为数值区间时，便成为梯形云模型。梯形云较正态云更具有一般性，正态云是梯形云中一特殊类型，见图 3－3。梯形云模型的数字特征由 4 个特征值来表示，即 $C(Exl, Exr, En, He)$，其中 $Exl \leqslant Exr$，期望区间为 $[Exl, Exr]$，当 $Exl = Exr$ 时，C 表示正态云模型。

当通过梯形云期望和熵可以确定梯形云期望曲线方程：

$$MEC(x) = \begin{cases} \exp(-(x - Exl)^2/(2En)) & x < Exl \\ 1 & Exl \leqslant x \leqslant Exr \\ \exp(-(x - Exr)^2/(2En)) & x > Exr \end{cases}$$

从图 3-3 中可以看出，梯形云期望曲线光滑地穿过云滴“中间”，勾画出梯形云的整体轮廓，是云滴集合的骨架，所有云滴都在期望曲线附近做随机的波动。[①] 图 3-4 是左半梯形云和右半梯形云图，只表示单侧特性。

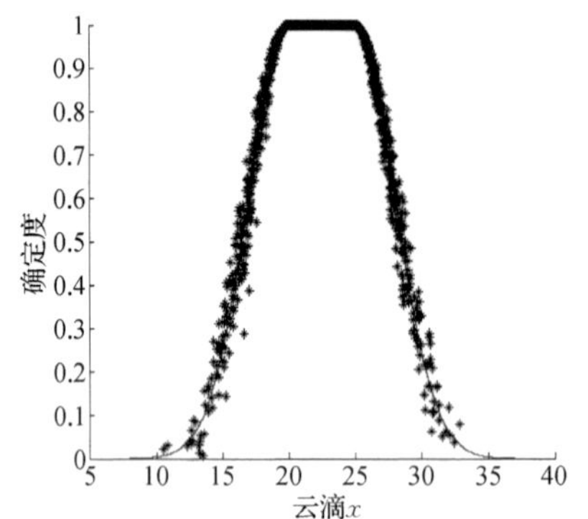

图 3-3 梯形云模型(20,25,3,0.3)与期望曲线

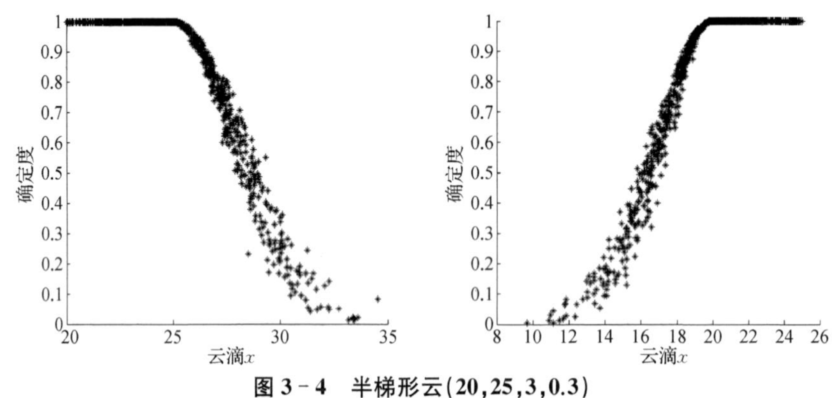

图 3-4 半梯形云(20,25,3,0.3)

(3) 云发生器

生成云滴的算法称为云发生器，下面简单介绍本书用到的四种云发生器。

正向云发生器：由云的数字特征 $C(Ex, En, He)$ 产生大量云滴 x，用 FCG 表示。

逆向云发生器：将一定数量的精确数据有效转换为以数字特征 $C(Ex, En, He)$ 表示的定性概念，用 BCG 表示。

这两个云发生器是云模型中最重要、最关键的算法，实现了定性语言值与定量数值之间不确定转换，前者是从定性到定量的映射，后者是从定量到定性

① 蒋建兵，梁家荣，江伟，顾志鹏.梯形云模型在概念划分及提升中的应用[J].计算机工程与设计，2008,05:1235-1237+1240.

的映射。

X 条件云发生器：给定云的数字特征 $C(Ex, En, He)$ 和特定值 x_0，产生特定值 x_0 的确定度 μ，用 XCG 表示。

Y 条件云发生器：给定云的数字特征 $C(Ex, En, He)$ 和特定的确定度 μ_0，产生云滴 (x_0, μ_0)，用 YCG 表示。

图 3－5 是四种云发生器的示意图，具体算法见文献。[①]

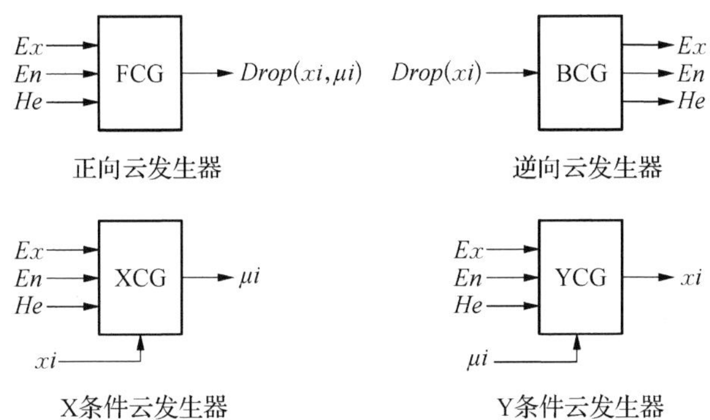

图 3－5　云发生器示意图

针对突发事件具有模糊性、随机性等特点，本书第 6 章将云模型理论引入突发事件分级研究中，提出一种基于云模型的突发事件分级模型，较好地解决了分级过程中存在的模糊性、随机性等问题，并在突发事件分级的定性概念和定量表示之间架起了一座桥梁。

(4) 云变换简介

给定论域中某个数据属性 X 的频率分布函数 $f(x)$，根据 X 的属性值频率的实际分布自动生成若干个粒度不同的云 $C(Ex_i, En_i, He_i)$ 的叠加，每个云代表一个离散的定性的概念，这种从连续的数值区间到离散的概念的转换过程，称为"云变换"。[②]

其数学表达式为：

$$f(x) \rightarrow \sum_{i=1}^{n} a_i * C(Ex_i, En_i, He_i) + \varepsilon(x)$$

其中，a_i 为幅度系数；n 为变换后生成离散概念的个数；$\varepsilon(x)$ 为误差曲

① 李德毅，刘常昱，杜鹢等.不确定性人工智能[J].软件学报，2004(11)：1583－1594.

② 李德毅，杜鹢.不确定性人工智能(第 2 版)[M].北京：国防工业出版社，2014.

线。从数据挖掘的角度看，云变换是从某个粗粒度概念的某一属性的实际数据分布中抽取更细粒度概念，出现频率高的数据值对定性概念的贡献率大于出现频率低的数据值。

针对突发事件属性具有模糊性、随机性等特点，本书第 7 章将云变换理论引入突发事件属性概念树构建研究中，在前人研究的算法基础上，引入梯形云模型，提出一种基于多类型云的概念提取方法，不仅较好地解决了突发事件属性的模糊性、随机性等不确定性问题，而且在提高拟合数据分布曲线精度的同时减少云模型的个数。[①]

3.1.3 多粒度云模型

中国科学院生物物理研究所陈霖院士等通过实验研究发现，人类认知具有“大范围优先”的规律，视觉系统对全局拓扑特性尤为敏感。[②] “大范围优先”的人类认知规律，是一个“从粗粒度到细粒度（由粗到细）”的变换过程。人类通常将复杂问题分解成不同粒度层次上的子问题，通过“大范围优先”的认知机制，首先在粗粒度层次上对问题求解，实现对复杂问题的整体把握，再根据问题求解的需要进行逐步的细化，逐步切换到较细粒度上进行更加深入的分析求解，这一过程称为多粒度渐进式分解求解机制。[③] 人类的这种“由粗到细”的渐进式认知机制，是一种决策行动分解机制，即将对一个问题的认知行为分解成不同阶段，在每一个阶段都能得到一个相应的认知结果。

随着人工智能的发展和社会需求的不断提升，机器学习、数据挖掘和知识发现已经从处理单一的、简单的、确定的实际问题转变为处理多元的、复杂的、不确定的问题。因此，如何借鉴人类在观察、分析和求解问题时的“由粗到细”的渐进式分解求解机制，建立满足时限约束条件的逐步细化的渐进式多粒度计算模型，逐渐成为人工智能面对的关键问题。

一般来说，高粒度层上的概念（信息和知识）比低粒度层上的概念（信息和知识）更具有不确定性。在大数据环境下，由于低粒度层是对对象的局部进行描述，所以在低粒度层数据抽象为高粒度层信息的过程中，通常伴随着不确定性的增长。反之，在从高粒度层向低粒度层变换的问题求解过程中，解的不确

① 张艳琼，邓三鸿.基于云变换的突发事件属性概念树的构建[J].现代情报，2016，(02)：46－52＋69.

② Chen, L.. Topological structure in visual perception. Science, 1982, 218(4573), 699－700.

③ 王国胤，李帅，杨洁.知识与数据双向驱动的多粒度认知计算[J].西北大学学报：自然科学版，2018，48(4)：13.

定性也可能相应增加。[①]

云模型是一种重要的不确定性知识表示模型，它使用了三个参数（期望、熵、超熵）对知识进行描述，融合人类认知过程中随机与模糊这两种不确定性，实现知识内涵与外延的相互转换。相较于概率模型中的高斯混合模型（GMM），云模型的优势在于：使用含混度刻画知识带来的稳定性，使得聚类过程能够仿照人类的认知，生成不同粒度层上的知识，并通过含混度的约束选择统一的、被广泛接受的知识。[②] 图 3－6 是通过云模型对 ArnetMiner 平台上

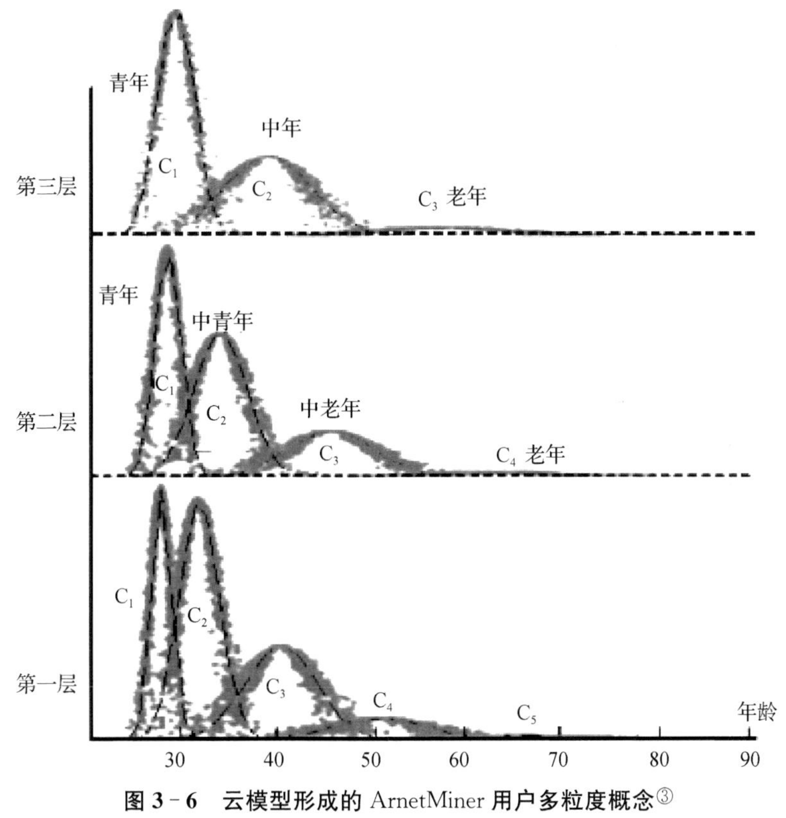

图 3－6　云模型形成的 ArnetMiner 用户多粒度概念[③]

① 王国胤，傅顺，杨洁等.基于多粒度认知的智能计算研究[J].计算机学报，2022，45(06)：1161－1175.

② 王国胤，李帅，杨洁. 知识与数据双向驱动的多粒度认知计算[J]. 西北大学学报：自然科学版，2018，48(4)：13.

③ Liu Y.，Li D.，Wen H.，et al. Granular Computing Based on Gaussian Cloud Transformation[J]. Fundamenta Informaticae，2013，127(1－4)：385－398.

988 645位用户年龄数据形成的多粒度概念。① 可以看出，在第一层上形成的 5 个概念相互之间重叠严重、含混度高，而在第三层上形成的 3 个概念重叠少、含混度低，符合人类对年龄概念的认知。

3.2 知识组织

随着社会信息化程度提高，人们对知识的需求增加，信息组织已逐步提升到知识组织的高度。与信息组织不同，知识组织更强调数据间的有机关联，通过挖掘数据间的联系形成相关的有价值的知识。知识组织的研究不仅关注知识如何存储在数据库中，还需要将数据库中的知识通过某种关联而逻辑映射出对应的知识。② 本书研究的突发事件情报组织是对突发事件相关的事实、数据、信息、知识等要素进行组织，使之有序化、知识化，需要以知识组织理论为指导，以应急决策为目标，使突发事件情报组织更加方便应急管理人员使用，适应突发事件情报服务。以下为与本书相关的知识组织中的基本概念。

3.2.1 主题词表

主题词表，又称检索词表或词库。传统的主题词表是书本样式的，主要应用于文献编目，目前，网络环境下，面向知识服务的机内主题词表能体现一种知识体系，表达出词汇之间的语义关系，如属分关系、同义关系、指代关系等，同时还能体现词汇的扩展能力，可以全面有效地揭示文献主题。这些语义关系和知识体系是机器可以理解的，可用于支持智能检索、知识挖掘、跨主题基础等。

本书第 5 章构建的突发事件分类特征词典就是关于突发事件分类特征的主题词表。主题词表中的词汇是对突发事件分类特征的知识标注，充分体现了突发事件类别间的语义关系和词汇的扩展能力。同时，本书构建的突发事件分类特征词典属于多等级主题词表，有的词汇具有多个上位类。

3.2.2 知识分类

分类是认识事物和区分事物的基本方法，是按照事物的本质特征进行区

---

① Liu Y., Li D., Wen H., et al. Granular Computing Based on Gaussian Cloud Transformation[J]. Fundamenta Informaticae, 2013, 127(1-4):385-398.

② 苏新宁.面向知识服务的知识组织理论与方法[M].北京:科学出版社,2014:12.

别和聚集，并将结果按一定次序进行排列组织的过程。与主题词表组织的侧重点不同，分类重在概念的层级关系与类别体系。分类体系可以系统地将种类繁多、内容庞杂的数据资源组织起来，使用户能方便、快捷而有效地系统掌握并利用某个主题领域的知识与信息，具有物以类聚的作用。[①] 分类中的上下位类的知识逻辑关系和类号之间层次隶属关系或平行关系，为分类检索中扩大或缩小检索范围提供了非常有效的途径。[②]

本书的第 4 章的突发事件分类体系就是关于突发事件的知识分类，规定了突发事件的分类的依据和原则，制定了突发事件的分类体系，从而将各类突发事件按照分类体系分门别类地组织起来。突发事件分类体系使得原本无序的知识变得易于控制而且有序，让原本孤立的数据相互联系，呈现出有机的关联。在突发事件分类体系的组织下，各个类目之间的严密的逻辑关系揭示了突发事件类别知识之间的内在联系和等级结构，使人们能够全面了解突发事件领域。

3.2.3　知识库

知识库是一面向某领域问题求解的知识集群，在这一知识集群中，一般包含相关领域的理论知识与方法、事实知识、经验规则描述、常识等，通过一定的语义关系与关联关系将这些知识片段链接成一体。知识库是知识组织最有效的载体之一，它使得某一领域的知识以及知识间的关系和规则集结在一起。知识库的构建需要实现从知识的获取、整序到知识间关系、规则的建立等过程。[③]

本书第 7 章构建了突发事件领域的知识库，通过将突发事件案例库中原有的记录、字段(属性)的关系，上升到突发事件数据、知识间的语义关系，保证了突发事件知识的关联与知识的再生以及隐性知识的呈现。同时，将突发事件属性构建为多层次结构，并转换为数据仓库的多维数据模型表示，这样不仅提升了知识价值，更加重要的是易于挖掘一些不易发现的事物规律和隐藏的知识，为突发事件应急决策提供可靠的支持，是突发事件情报服务的有效工具。

---

① 张琪玉.分类标记原理与方法概述[J].图书馆，1993(1)：12 - 16.

② 苏新宁.面向知识服务的知识组织理论与方法[M].北京：科学出版社，2014：91.

③ 蒋勋，徐绪堪，苏新宁，顾绮芳.知识服务驱动的知识库框架系统内的逻辑架构[J].情报理论与实践，2014，(10)：125 - 129.

第4章 面向大数据的突发事件物联网数据采集

突发事件快速响应的首要前提在于能够在第一时间准确地掌握突发事件的信息。如何高效、准确地采集突发事件情报成为目前应急管理的迫切需要解决的问题之一。本章将研究物联网和互联网数据的验证和补充机制，据此构建突发事件物联网情报采集框架，并利用大数据技术对其数据的采集、存储和利用进行研究。

4.1 物联网驱动的突发事件网络舆情验证机制

突发事件网络舆情通常来源于各种互联网媒体，从目前用户活跃度而言，微信、微博、热门论坛以及门户网站是其主要载体，这类数据一般可通过官方授权的接口或者网络爬虫抓取。然而，互联网的开放性又使得该类数据具有体量巨大、种类繁多、价值密度低及更新速度快等特点，因此完全依据网络舆情进行突发事件状况判断显然并不完全可靠。

物联网是建立在各类传感器上的数据传输网络，能够监控和捕捉某一区域的环境变化并将其量化，其反应的是对现实环境的客观描述。而突发事件的发生也势必会引起环境的变化，因此如果物联网部署恰当，就可以在第一时间捕捉到突发事件并对其进行持续的监测。但物联网的原生数据是从传感器传输过来的数字信号，需要对其进行封装才具备可读性。

对此上述两类数据，物联网数据的客观性使其可以从网络舆情数据中过滤出事件的真实描述，而网络舆情数据的丰富性又可以弥补物联网数据的单一性。因此这两者的结合，相比传统的采集方法，可以使应急人员更为真实和丰富地掌握突发事件的状况，其验证机制如图4-1所示。

现实世界中的时间和地点是这两者结合的关键，在重点监控区域根据需要部署特定的传感器，对其数据进行时间和地点的标注。同时从互联网中采集相关舆情数据，在采集过程中必须获取舆情发生的时间和地点信息。再以物联网数据中的时间和地点为标准，对网络舆情中的数据进行过滤和筛选，从

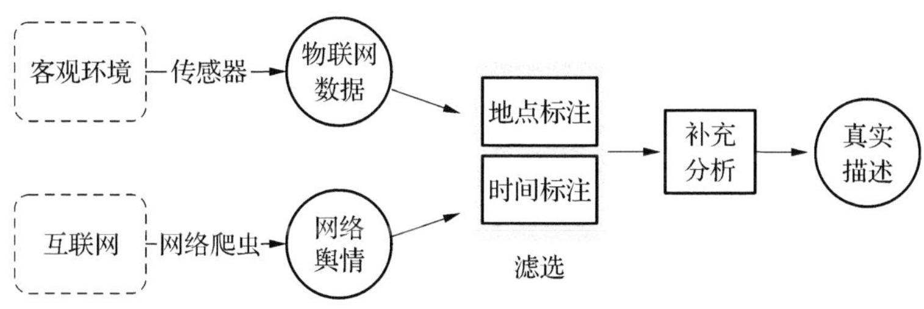

图 4－1　物联网驱动的突发事件网络舆情验证机制

而得到高度相关的舆情数据，再以物联网数据进行补充分析，最终得到相对真实的事件描述。

4.2　突发事件物联网情报采集

4.2.1　突发事件情报源的物联网构建

突发事件物联网情报源的构建，关键在于选择需要监控的客观环境，根据关注的突发事件类型，部署对应的传感器，持续不断地将采集到的环境数据通过互联网传输至应急部门的监控系统中，其总体架构如图 4－2 所示。

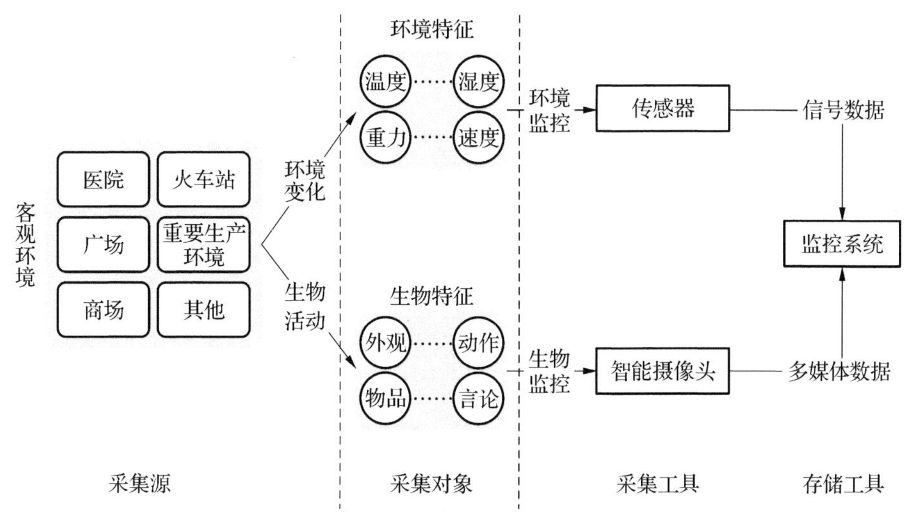

图 4－2　突发事件物联网情报源架构

客观环境是情报采集的主要来源，客观环境所表现出来的特征则是采集的对象。特征又分为环境特征和生物特征。环境特征主要反映的是温度、湿度等环境的客观指标。在突发事件发生之初或者即将发生之时，客观环境必定会发生一定变化。而这种变化，依靠人为观察并不一定能迅速察觉到。但传感器监测的实时性，使其能够在第一时间捕捉到这种变化，并将其量化成数据，因此传感器是环境特征指标比较理想的采集工具。

生物特征则是主要反应人的外观、动作、所携带物品等指标，这类指标复杂多样，且具有活动性和隐秘性，一般的传感器难以捕捉。而摄像头在追踪人的活动和外观等特征方面则是比较理想的工具。配合针对视频的智能算法，比如危险物品特征检测法、突发摔倒算法等，就可以检测到人的异常外观或行为。

这两类采集工具，传感器传输的是电子信号数据，而摄像头传输的是多媒体数据，均通过互联网实时传输并存储至监控系统中，再由监控系统根据应急需求，对数据进行离线或实时分析，以供应急决策使用。其中智能摄像头的作用不只是数据采集，在系统的智能分析下，还可以做到在监控系统中自动弹出事发现场的视频画面，第一时间掌控事态进展。

4.2.2 物联网和大数据协同驱动的突发事件情报采集

突发事件的情报来源于各类现实环境，因此一方面，需要研究传感器如何将客观数据以互联网方式传输；另一方面，也要研究如何处理海量的、持续不断产生的环境数据。

(1) 突发事件的物联网采集

突发事件物联网情报源中，传感器是采集的关键，是现实世界向数字世界定量转换的桥梁。但单纯的传感器并不具备互联网传输功能，因此要实现物联网采集，还需要对其功能进行扩展，而扩展的关键在于实现数据的无线传输。就目前的技术应用来看，ZigBee 是较为成熟的物联网无线通信协议①，目前已经实现了可拔插传感器的 ZigBee 模块，应用 ZigBee 模块就可以实现传感器数据的无线传输，这一机制同样适用于智能摄像头，其应用架构如图 4－3 所示。

① Rob Toulson, Tim Wilmshurst. Fast and Effective Embedded Systems Design［M］. Second Edition. Oxford: Jonathan Simpson, 2017:257－290.

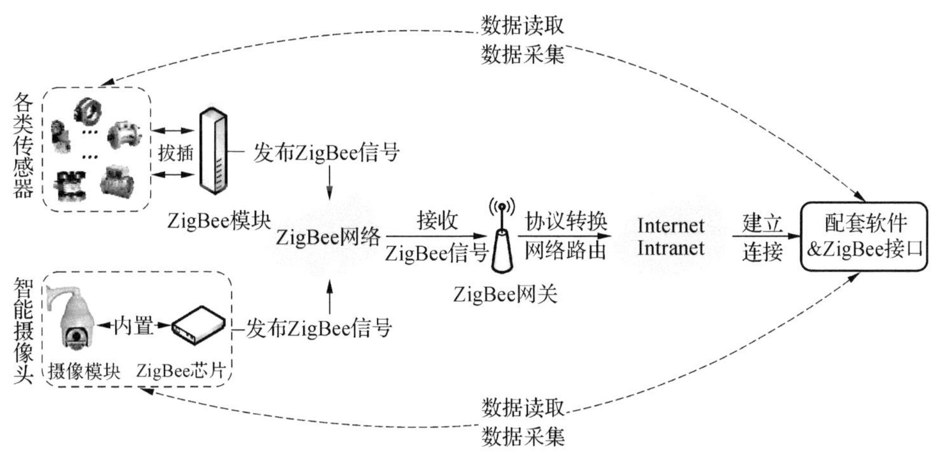

图 4－3　物联网情报采集应用架构

各类传感器插入到配套的 ZigBee 模块中，组成一个 ZigBee 终端，对外发射 ZigBee 信号。摄像头也类似，但与传感器的区别在于，目前的智能摄像头一般将 ZigBee 芯片内置其中。通过这种方式，ZigBee 网络得以组建，但 ZigBee 网络与互联网并不兼容，因此还需要架设 ZigBee 网关，由 ZigBee 网关将其转换成相关数据面向互联网或局域网开放。到这一步，一般的电脑就可以通过网关访问传感器和智能摄像头，然后再通过配套软件或 API 就可以进行环境数据的读取和采集。

（2）物联网情报的大数据处理

上述解决的是突发事件事发地点的情报采集方法问题，但对于 24 小时实时监控的环境数据，不论是传感器的电子信号数据，还是多媒体数据，均是海量的，再加上对物联网数据起补充和验证作用的，是同样较为庞大的网络舆情数据，这就要求必须使用大数据的方式来处理这些数据。而突发事件的相关数据，在事发时，不仅需要对其进行实时分析以掌控事态发展，而且在事后又需要将其作为案例数据供参考分析使用。因此，对采集到的物联网情报大数据处理既要支持实时分析，又要能够离线存储。就目前大数据技术发展而言，Flume、Kafka 和 Storm 三种大数据框架的结合是较为理想的做法，其应用架构如图4－4所示。

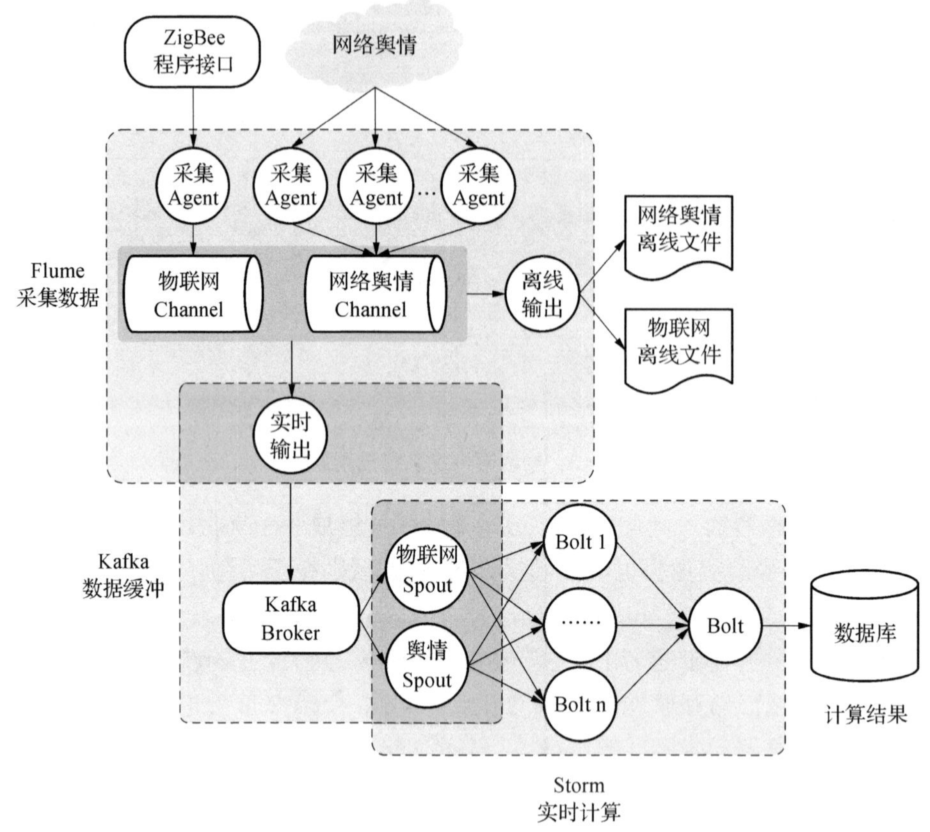

图 4-4　物联网情报的大数据处理框架

如图，Flume 负责数据采集，主要由数据通道采集 Agent、Flume 和输出 Agent 组成。其中采集 Agent 又分成两类，一类直接从 ZigBee 接口中采集传感器数据，另一类则从互联网采集网络舆情数据，分别存储至物联网 Channel 和网络舆情 Channel 中。而数据输出则根据需要，分成实时和离线两种方式。前者由实时输出 Agent 输出到 Kafka 框架中，参与实时计算。后者则通过离线输出 Agent 根据类型分别输出至不同的离线文件中，以做离线分析用。而在实时输出时，实时输出 Agent 又承担了 Kafka 框架的消息制造者，再由 Kafka 的 Broker 负责将传送过来的数据，转换成流的方式，直接发送到 Storm 框架的输入 Spout 中。针对不同类型的数据，Spout 也分成物联网和舆情两类。此处，这两类 Spout 同时也是 Kafka 框架的消息消费者。在 Storm 框架中，输入 Spout 又会将数据转发至各计算逻辑 Bolt 中，最终将计算结果输出至数据库中。在这个过程中，Kafka 起到的是数据缓冲作用，保证 Storm 计算数据和采集数据能够同步，尽量消除延迟。Kafka 通过 Flume 的实时输出 Agent 和 Storm 的输入 Spout 建立起这三个框架的数据传输关系。通过这种方式，最终可以高效地实现传感器数据的实时计算和离线存储。当然，上述框架最终的运行效果，还取决于数据量和集群大小，一般来说，集群越大，组成集群的分布式节点计算机越多，那么框架的运行效率就越高。

4.2.3　大数据驱动的突发事件分析

突发事件发生时，实时分析和离线分析作用各不相同，但均较为重要。上述大数据处理框架中，不论是物联网数据还是网络舆情，均分为实时和离线两部分，但不同的分析方式，有着不同的分析方法。

(1) 实时分析

实时分析一般针对流式数据，本书的研究数据来源于客观环境和互联网，一般用于事中分析，对实时性要求较高。在众多实时计算框架中，采集延迟是一个重要的性能衡量指标，而 Storm 框架可以将这种延迟控制在秒内，是目前最优秀的大数据实时计算框架。Storm 应用的关键在于数据的流输入以及分析算法。前述大数据处理框架中，经 Flume 和 Kafka 处理后的数据即流数据。而算法则根据不同的事件监控需要进行设计和编写。因此将上述物联网情报的大数据处理框架搭建完成，就可以进行实时分析。而突发事件的实时分析，主要是通过实时分析掌握事态进展，从而遏制事态蔓延。实现这一目标的关键在于，以物联网数据为参考标准，以地点和时间为关联对象，从网络舆情中找出最接近真实事件的信息，来丰富物联网数据。因此，关联分析、语义分析和特征分类等文本挖掘算法是实时分析的主要算法，这些算法目前均已比较成熟，按照语法规则和业务需求将其编入 Storm 的 Bolt 中，再编程实现输入输出 Agent，启动服务器，整个分析过程就会自动运转。实时分析的结果存入至数据库中，就可以和网页对接，以较为友好的方式展示给决策者，并实时更新。

(2) 离线分析

离线分析一般针对固定大小的文件。上述大数据框架虽然输出了两份不同类型的离线文件，但该框架主要还是应用于实时计算。而其生成的离线文件即档案文件，主要用于事后特征提取和事件总结使用。就目前的大数据技术应用而言，Spark 技术是较为理想的离线分析框架，其应用框架如图 4－5 所示。

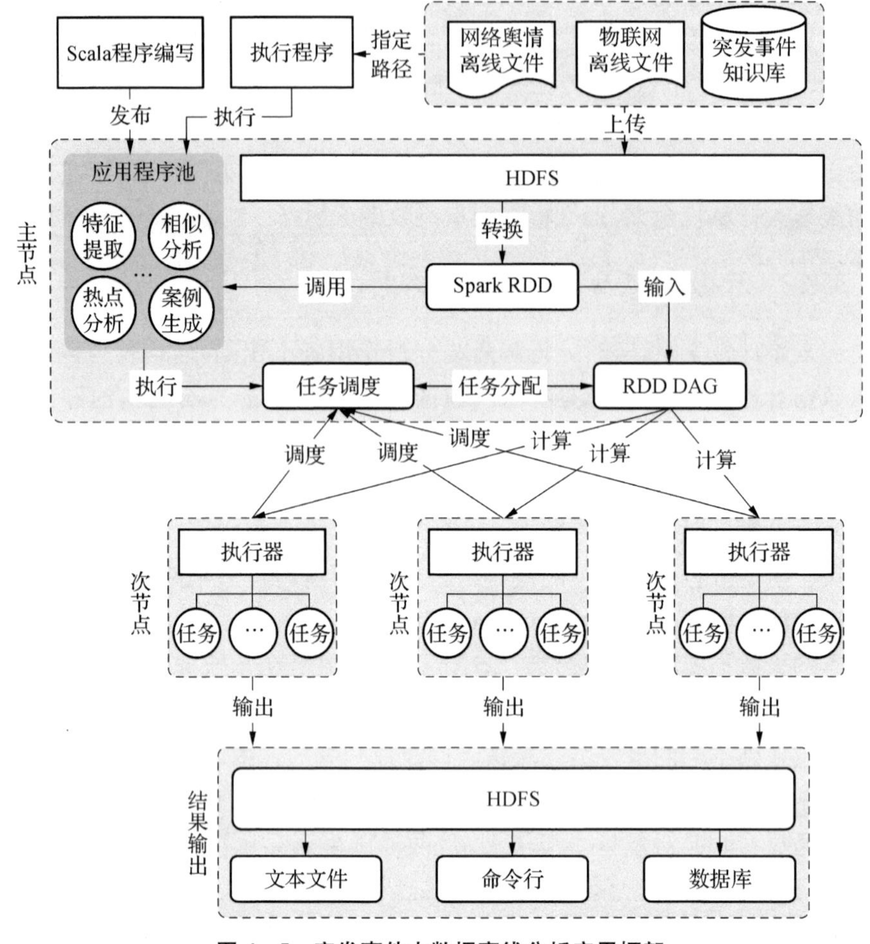

图 4－5　突发事件大数据离线分析应用框架

应用 Spark 大数据技术，突发事件大数据离线分析框架总体上由一个主节点和若干个次节点组成，主节点一方面承担应用层序接口，接收用户提交的数据文件以及应用程序的发布与执行等工作，另一方面也承担着对次节点的计算任务的调度工作。在应用该框架时，用户需要做以下两个前期工作。

(1) 将离线文件上传至主节点的分布式文件系统 HDFS 中。离线分析侧重事件的总结，因此除了网络舆情和物联网数据，通常还会加入突发事件的知识库，作为事件特征的总结和判断依据。

(2) 根据分析要求编写 Scala 应用程序，编写完成后，Scala 程序发布成 jar 包，并通过 Spark 的程序发布命令，上传至 Spark 的应用程序池中。这些应用程序就包含了离线分析的算法，根据不同的分析要求，可以向应用程序池中发布多个程序。在突发事件领域，常见的离线分析有特征提取、相似分析、特点分析和案例生成等。这一部分相当于是对 Spark 本身功能的扩展。

上述工作完成后，所提交的 jar 包就成了 Spark 的一个内置程序，在 Spark 的命令行里，以"命令＋参数"的方式就可以调用对应的离线分析程序。一旦启动离线分析，主节点会自动将会根据提交的参数，直接将对应的离线文件转换成 Spark 的弹性分布式数据集 RDD，然后进入 RDD 无向环，再由任务调度模块，将计算任务分配给各个分布式子节点，共同参与计算。计算完成后，结果将会再次通过 HDFS，输出到普通文本、数据库或直接在命令行中显示，以供决策者参考。在整个过程中，面向大数据的分布式计算模式均由框架自动完成，应用者只需要关注数据的输入以及程序的调用，即可完成海量突发事件的离线分析。

4.3　本章小结

本章探讨了利用物联网进行突发事件情报采集的可能性和必要性，研究了突发事件物联网情报从情报源构建、采集和分析整个过程的实现方法。本章首先构建了突发事件的物联网情报源，并针对该类情报源，研究了基于 ZigBee 协议的物联网情报采集的实现方法，详细描述了物联网的搭建方案；其次，针对采集到的物联网和互联网数据，构建了基于 Flume、Kafka 和 Storm 的物联网情报大数据处理框架，探讨了该框架的实时分析方法；最后，针对该框架生成的离线文件，构建了基于 Spark 的离线分析应用框架。应用本书设计的框架，可以搭建突发事件的物联网情报分析平台，可为突发事件的应急管理提供一种新的方法。然而本章属于方案研究，具体效果还需要投入实际应用中才能知晓，这将是下一阶段的研究工作。

第5章　基于突发事件分类体系与演化模型的突发事件案例知识库构建

曾经发生的突发事件是极其珍贵的数据资源，当前大部分研究都需要以过去发生的突发事件案例作为基础。政府制定突发事件法律法规时，需要大量已发生过的突发事件信息作为支撑和依据；学术界建立突发事件的理论模型、制定应对策略和预警机制时，离不开大量突发事件案例的支持；同样，研究突发事件对经济的影响、对具体行业的影响时，也离不开突发事件案例支撑。① 但是，目前国内缺少全面的、完整的突发事件案例知识库。

大量的突发事件案例文献资源不加整理地聚积在一起，不能称之为突发事件案例知识库，必须将这些突发事件案例文献资源中的"非结构化"或"半结构化"的数据进行"结构化"处理，形成知识。突发事件案例知识库的建设属于基础资源的建设，是面向突发事件应急管理的需要，一方面，可以尽早地、准确地、方便快捷地、全面地了解国内外各类突发事件的发生、发展情况，有利于人们掌握各类突发事件发生的时间、空间等方面信息的分布规律，深度分析突发事件演化发展态势，从而提高人们对突发事件信息收集、信息发布和风险预警能力；另一方面，为国家和各级地方政府有关部门制定应急预案、及时采取应急管理决策等提供科学的数据信息依据，有利于提高应急指挥部门及决策部门的应急反应和处置能力，全面快速生成应急决策方案。认知科学家的研究表明，人类在进行决策时，特别是在紧急情况、陌生环境或初级学习阶段下，更倾向于利用以往的经验而不是知识规则来解决实际问题。② 曾经发生过的突发事件案例作为可用的实践经验为应急决策提供了有效的途径。突发事件案例信息主要包含两方面的内容，一方面是突发事件案例本身的属性特征描述；另一方面是突发事件案例发展过程中采取的对应策略描述。收集已有的突发

---

① 蒋勋，苏新宁，刘喜文. 突发事件驱动的应急决策知识库结构研究[J]. 情报资料工作，2015，(01)：25－29.

② Anderson J. R.. The Architecture of Cognition[M]. Harvard University，1983.

事件案例构建突发事件案例知识库，有助于实现突发事件事前预警；有助于突发事件发生中的处理，增加应急决策时的可用知识量，为处在不同阶段的突发事件提供经验和可参考的决策。因此，构建突发事件案例知识库具有重大的现实意义。

目前，我国案例数据资源主要存储在汇编式案例数据库。汇编式案例数据库是在以往的工作记录、工作总结报告和相关新闻报道的基础上整理而形成的，是我国突发事件案例存储的主流形式，如应急办官方网站发布的典型案例库资料、气象部门编写发布的气象灾害年鉴等；这种案例数据库存在以下缺点：案例描述方式不一，缺乏统一的组织表现形式；不同行业之间缺乏方便快捷的共享渠道，形成各部门之间分割、各信息之间分离的局面；案例大都为纸质或网页文本等非结构化的形式简单堆砌，难以利用。[①] 这类案例数据库还不能称之为案例知识库，因为蕴含在突发事件案例中的知识还没有被抽取、提炼、处理。随着案例推理技术(Case-based Reasoning, CBR)的应用，自然语言处理技术的发展，通过对突发事件数据资源的处理，使用统一的案例架构将结构化信息和非结构化信息进行整合，构建出突发事件案例知识库，但大部分研究案例推理技术的文献较少详细阐述案例知识库构建技术，在进行案例推理之前均假设案例知识库已经存在，文献的实证部分也只是采用小样本进行讨论。虽然我国也建立了一些突发事件知识库，但较少被用于案例推理，主要是由于记录的案例信息较少。另一方面，这些案例知识库的数据获取比较困难，有些案例知识库网址甚至都无法访问。由此可见，目前对案例知识库构建的研究尚不够完善，因此，设计出合理而完善的突发事件案例知识库非常重要。

5.1　突发事件案例的特点

一方面，突发事件案例种类繁多，每类突发事件的特征属性不一，难以建立统一的突发事件案例属性表示框架，即使属于同一级类型的突发事件也是如此。例如，同属于自然灾害的地震与火灾就具有不同的属性特征，因此用相同的元数据构建一个统一的案例知识库是不现实的，必须根据不同类型构建一组突发事件案例知识库。但是，突发事件案例知识库组中的案例知识库之间不能相互独立，而应该通过某种关系关联起来，构成一个统一体。另一方

① 佘廉，黄超.我国突发事件案例库建设评价分析[J].电子科技大学学报(社科版)，2015，06：24－31.

面，突发事件演化迅速，往往伴随着次生、衍生事件，而大多次生或衍生事件与原发事件属于不同类型，如2011年日本海域发生9级地震（地震：自然灾害），随后地震引发海啸（海啸：自然灾害），造成了大量的人员伤亡和财产损失。强烈的海啸又引发日本福岛核电站的放射性物质泄露，周边国家都陷入核辐射恐慌之中，恐慌加之谣言引发了我国的"抢盐事件"（抢盐事件：社会安全事件）。原发事件地震与次生、衍生事件海啸，核电站放射性物质泄露以及"抢盐事件"不完全属于同一类型事件。因此，如果在构建案例知识库时不考虑这些存在次生、衍生的复杂突发事件案例的演化关系，而是当作不同的、独立的突发事件单独存储，将无法做到对以后发生的突发事件的有效预测，不能有效预防和避免突发事件的进一步扩散而引发次生、衍生事件。因此，如何将原生突发事件与次生、衍生突发事件的演化关系体现出来，如何将不同类型的突发事件有效串联起来，是构建突发事件案例知识库的一项迫切需要解决的问题。作为应急响应突发事件情报体系研究的主要内容，构建科学合理的突发事件知识组织体系的前提就是设计出完善的突发事件案例知识库。本章将针对上文提到的两个方面的问题，基于粒计算将复杂问题分解成若干简单问题再分而治之的思维模式，多层次、多视角地考虑问题，提出解决思路，构建出突发事件的案例知识库。一是从纵向角度考虑，以突发事件整体概念为出发点，建立合理、可调解的案例知识库层次结构，所有的案例知识库将按照这个层次结构组织起来；二是从横向角度考虑，以突发事件演化发展的路径为出发点，将不同类型的突发事件有效链接起来，让存在次生、衍生现象的复杂突发事件案例的演化关系体现出来。

5.2 突发事件案例知识库设计原理

李藐等认为，突发事件一般包含致灾因子、承灾体、孕灾环境及其相互作用形式等多种核心要素①，并且是一个动态的发展过程，有自己的生命周期，每一例突发事件都要经历潜伏、发生、发展、演化和死亡等阶段，它不像一张静止的照片，更像一部动态的电影，由一组组镜头组成。因此，突发事件案例的记录也要由若干连续或并存的案例片段组成，每个案例片段通常称为案例情景，

① 李藐，陈建国，陈涛等.突发事件的事件链概率模型[J].清华大学学报（自然科学版），2010(8)：1173-1177.

同时，每个案例情景通常有相应的应急策略，如图 5－1 所示。通过图 5－1 表示的这种方法才能完整地记录突发事件案例发生、发展的全过程。因此，突发事件案例知识库可以看作由若干案例情景知识所构成的情景知识库以及相对应的策略知识构成的策略知识库的集合。同时，基于粒计算对所解决问题多视角、多层次理解的思想，本书从纵向、横向两个视角对突发事件案例知识库结构进行设计：纵向视角，遵循突发事件分类体系将其构建为多层次结构；横向视角，遵循突发事件演化规律将其构建为多阶段的链式结构。从整体来看，整个突发事件案例知识库将是一个由不同粒度的粒层组成的粒结构，可满足人们从不同角度、不同粒度对突发事件案例进行分析与理解的需求。

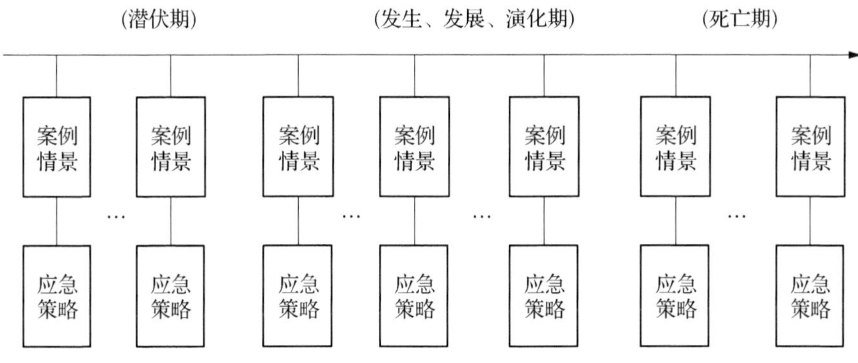

图 5－1　突发事件发生发展过程

5.2.1　突发事件案例知识库纵向层次结构组织

由于突发事件类型多样，如何将其有效而科学地组织起来，具有一定的困难。于锋等将关键基础设施诸如电网、水网与路网等引发的与人类生活相关的突发事件作为主要考虑范围，采用双层（领域层、基层）分类的形式，从领域层方面进行三级分类：承灾载体为一级分类（纲），致灾因子为二级分类（目），突发事件发生的物理空间为三级分类（科），基层方面主要针对案例情景的属性特征进行基于相似度计算的种群归类。[①] 此方法虽然具有很好的借鉴作用，但是仅仅考虑了关键基础设施与人类生活的突发事件，除此以外的突发事件没有提及，因此不具有普适性。本书提出一种根据突发事件分类体系建立突

① 于峰，李向阳，孙钦莹.突发事件情景应对案例库族谱设计[J].系统工程理论与实践，2015，10：2596－2605.

发事件分类层次结构，将各类突发事件组织在一起，建立相互之间的联系。目前关于突发事件的分类体系还没有统一的标准，但是存在两种比较典型的分类方法：(1) 2006 年 1 月 8 日我国政府颁布并实施的《国家突发公共事件总体应急预案》，预案中体现出关于突发事件的分类①；(2) 李立明的《突发流行病学》一书对突发事件进行相关分类阐述②。杨丽英等基于服务突发事件新闻语料库的建设和新闻检索为目的，综合了上述两种典型的分类方法，对突发事件新闻种类进行分类。③ 这种分类方法给本书提供了很好的思路。本书从预防预警、应急处理等方面考虑，遵循以下原则，认真分析了两种典型分类方法，并在此基础上进行了有效的综合。

本书在研究分类时主要遵循几个原则。(1) 科学性。科学性是一切研究的前提和基础，是有效组织和利用分类知识的保证。(2) 系统性。在应急情报组织体系中，首先需要系统地宏观架构分类的总体结构，然后，从微观层面系统地考虑每个具体类别之间的组织与协调。(3) 层次性与可扩展性。从总到分、从粗到细、从上到下，多角度、多途径、全方位地多维度地构建分类层次体系；同时，可扩展性原则也非常重要，社会瞬息万变，不断有新类型的突发事件出现，因此，分类体系要有很好的扩展性。如随着互联网的普及、大数据技术的应用，网络舆情逐渐成为影响突发事件应对的一项重要环节，甚至会影响突发事件的发展变化，这些网络舆情研究报告形成一类新型的突发事件案例，即"舆情案例"。④ "舆情案例"是在以往的分类体系中不曾出现过的。

根据以上的分类原则提出的面向应急管理的突发事件分类体系包含三大层次：第一层分为 5 个大类，第二层 35 个子类，第三层 94 个小类。此突发事件分类体系的前两次分类如下。

(1) 自然灾害

主要包括水旱灾害、气象灾害、地震灾害、地质灾害、海洋灾害、生物灾害、森林草原火灾和宇宙灾害等 8 个子类。

---

① 国家突发公共事件总体应急预案[EB/OL].[2016 - 01 - 08]. http://news.xinhuanet.com/politics/2006 - 01/08/content_4024011.htm.

② 李立明.流行病学[M].第 4 版.北京：人民卫生出版社，1999：124 - 125.

③ 杨丽英，李红娟，张永奎.突发事件新闻语料分类体系研究[A].中国中文信息学会.中文信息处理前沿进展——中国中文信息学会二十五周年学术会议论文集[C].中国中文信息学会：2006：7.

④ 佘廉，黄超.我国突发事件案例库建设评价分析[J].电子科技大学学报(社科版)，2015，06：24 - 31.

（2）事故灾难

主要包括战争和暴力、城市生命线事故、工矿商贸等企业的各类安全事故、交通运输事故、环境污染和生态破坏事件、公共设施和设备事故、通信安全事故、火灾、中毒事件、急性化学事故、放射事故、医药事故、探险遇难和旅游事故等 13 个子类。

（3）公共卫生事件

主要包括传染病疫情、群体性不明原因疾病、食品安全和职业危害、动物疫情以及其他严重影响公众健康和生命安全的事件等 5 个子类。

（4）社会安全事件

主要包括恐怖袭击事件、重大刑事案件、经济安全事件、涉外突发事件、群体性事件、涉民族宗教突发事件、反政府和反社会主义骚乱暴动等 7 个子类。

（5）舆情事件

主要包括次生舆情事件、原生舆情事件等 2 个子类。舆情事件随着网络的普及发展出现的，传统的任何一例突发事件随着事态的发展都有可能演化为网络舆情这一类事件，本书称此为次生舆情事件，即是由传统突发事件演化为网络舆情事件，例如，2011 年 7 月 23 日“甬温线”特别重大交通事故，新闻媒体发布信息的不到位，引起广大网民广泛讨论和质疑，造成了极为恶劣的社会影响。另外一类网络舆情突发事件最初起因来自互联网，并经过广泛传播发酵，甚至改变了事情发展路径，造成极其强烈的社会反响，本书称此为原生舆情事件，即由网络本身引发酝酿而成，如 2010 年的“我爸是李刚事件”“郭美美事件”。网络舆情事件发展迅猛，具有爆发性强、信息泛滥、难以控制、危害可以无限放大等特点，引起众多学者进行研究，因此，本书将此类事件作为一种独立的案例类型对待。

5.2.2　突发事件案例知识库横向结构组织

突发事件案例知识库横向结构主要考虑突发事件的演化发展路径。对于单一突发事件（或称为一阶突发事件）造成的损失和影响相对较少，在突发事件案例知识库中的存储也相对简单，不需要跨库操作。而能够发展次生、衍生出其他突发事件的复杂突发事件，打破了单一事件的相对独立性，为了保证其存储的完整性，需要理清原生与次生、衍生事件之间的关系，才能把握事件发展演化的过程。根据事件间活跃属性关联方式的不同将突发事件发展演化方式总结为以下四种：直链式演化方式、发散式演化方式、集中式演化方式和循环式演化方式。[①] 如图 5-2 所示。

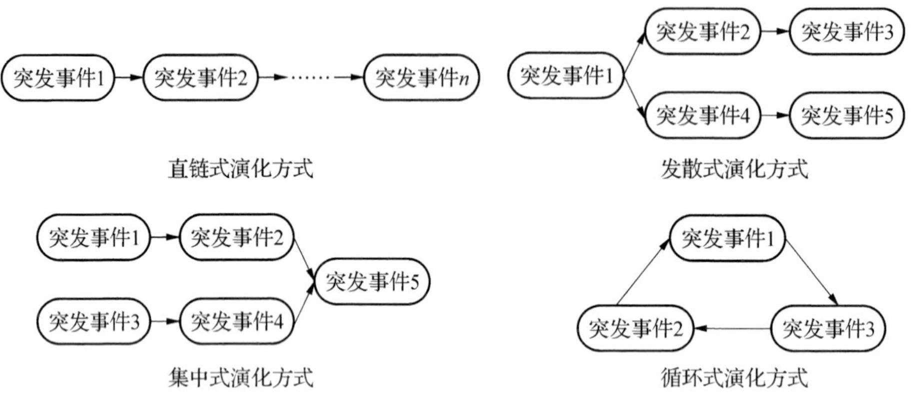

图 5-2　突发事件基本演化方式

事件链用来描述突发事件发展的不同阶段、不同过程、可能造成的次生、衍生突发事件的一种链式关系。[②] 复杂突发事件可以由多级突发事件构成，每级突发事件既可以是简单突发事件，也可以是由基本演化方式的演化而成的复杂突发事件。[③] 这些原发突发事件和次生、衍生突发事件等就形成了事件链。

5.2.3　突发事件案例知识库组织结构关系

5.2.1 和 5.2.2 两节分别阐述了案例知识库的横向和纵向的层次结构，通过突发事件分类体系实现了纵向的组织构建，根据突发事件演化发展的链接关系实现了横向的组织构建。在整个突发事件案例知识库族中，案例情景是最小的逻辑单元，通过案例库的纵、横两个维度共同体现出了案例情景之间的逻辑关系，如图 5-3 所示。

---

① 李勇建，乔晓娇，孙晓晨，李春艳.基于系统动力学的突发事件演化模型[J].系统工程学报，2015，03:306-318.

② 袁宏永，付成伟，疏学明等.论事件链、预案链在应急管理中的角色与应用[J].中国应急管理，2008(1):28-31.

③ 李藐，陈建国，陈涛，等.突发事件的事件链概率模型[J].清华大学学报(自然科学版)，2010(8):1173-1177.

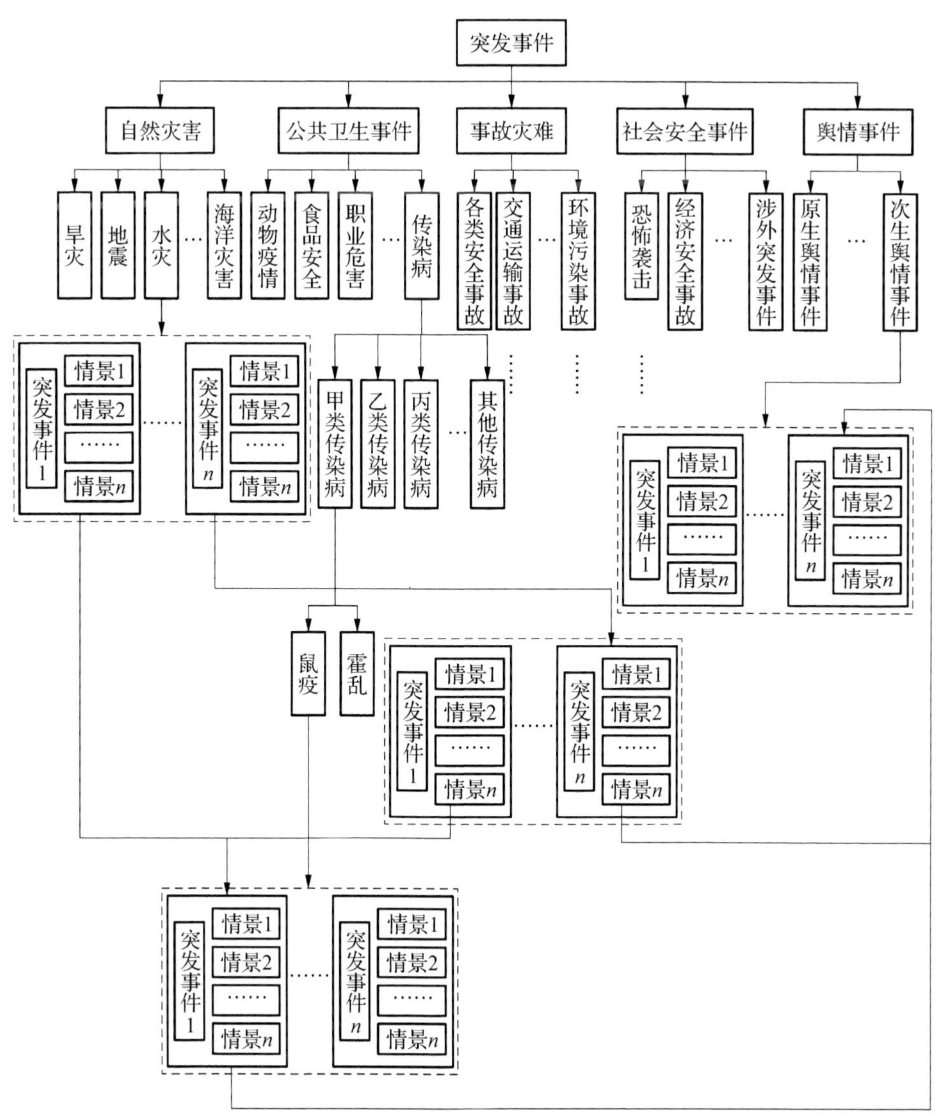

图 5－3　突发事件案例知识库组织结构关系

5.3 突发事件案例编码与组织

5.3.1 突发事件分类体系编码规则

突发事件分类体系包括三大层次:第一层分为 5 个大类,第二层 35 个子类,第三层 94 个小类。层与层之间最主要的关系是上下位关系。在对分类体系进行编码时按照上下位关系分层进行。每一分类的层次关系都能通过编码反映出来,同时,考虑到突发事件分类体系的可扩展性,编码规则也应具有一定的灵活性。编码规则为:第一层采用一位字母编码(A-Z),第二层采用两位数字编码(00-99),第三层采用两位数字编码(00-99),如图 5-4 所示。

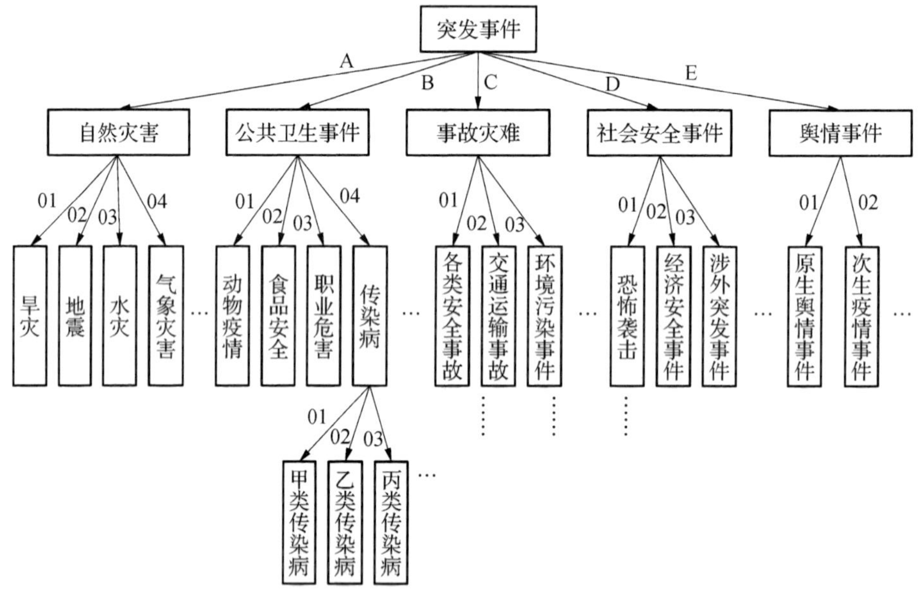

图 5-4 突发事件分类体系编码

例如,编号 B0402 表示乙类传染病,从编号可知,乙类传染病属于一级公共卫生事件(B)中的二级传染病(04)。编号 B0403 表示丙类传染病,它属于一级公共卫生事件(B)中的二级传染病(04)。从编号就可以看出,编号 B0402 与编号 B0403 属于相同的一级类(B)二级类(04),这样的编码方式有利于分类标引与检索,为实现计算机自动分析提供了可行的途径。

一般来说，采用00表示目前无法判断其分类的突发事件，如某突发事件属于公共卫生事件，但无法进一步判断它属于具体的某类公共卫生事件，就可以表示为B0000；如能判断属于传染病类，但不属于甲、乙、丙类传染病，就可以表示为B0400；当此类突发事件越来越多，便可以组织领域专家扩展分类，添加到突发事件分类体系中，重新进行编码。

5.3.2 突发事件案例组织

上文中指出突发事件发展是一个动态过程，需要由一组案例情景组成。本书认为为了方便检索，从总体上了解此突发事件，需要为每例突发事件建立一个概要记录，以多个突发事件概要记录构建一个突发事件概要表。每一突发事件案例由两部分组成，一部分描述突发事件特征属性，存放在情景知识库中；另一部分描述此突发事件情景点的处理决策，存放在策略知识库中。突发事件案例组织逻辑结构如图5-5所示。

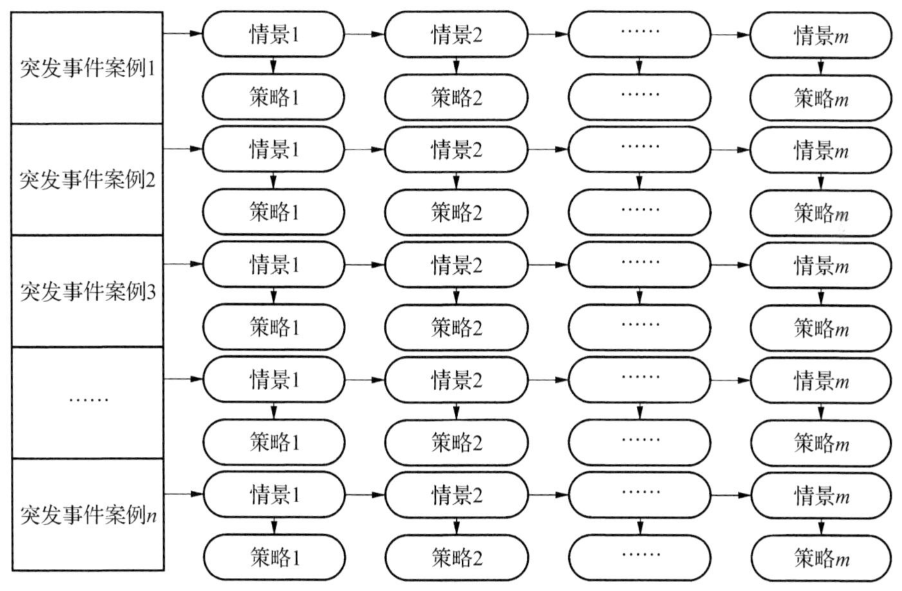

图5-5 突发事件案例组织逻辑结构

（注：突发事件情景间不仅存在串联关系，也存在并联关系，为了简化图的表示，将并联关系省略了）

突发事件概要表的数据结构如表5-1所示。

表 5－1　突发事件概要表的数据结构

序号	字段名	数据类型	长度	属性	备注
1	案例 ID	字符型	17	非空	主键，案例中突发事件案例库中的编码
2	案例名称	字符型	50	非空	对突发事件的标题性的概要
3	事件主体	字符型	50	可空	引发突发事件的主要载体
4	事件地点	字符型	50	可空	事件发生的主要地点
5	开始时间	日期型	8	可空	突发事件开始时间
6	结束时间	日期型	8	可空	突发事件结束时间
7	类别	字符型	10	可空	突发事件所属类型
8	级别	字符型	10	可空	突发事件所属级别
9	特征描述	字符型	1000	可空	简单描述突发事件的发生、发展经过
10	产生影响	字符型	1000	可空	简单描述突发事件的产生的影响：人员伤亡、环境破坏、所造成的经济损失

案例 ID 的建立由三部分组成：突发事件案例所属的突发事件分类编码（5 位）、突发事件发生的时间（8 位）、顺序编号（4 位）。例如，最早于 2002 年 11 月 16 日在广东顺德爆发的 SARS 事件，SARS 事件属于突发事件分类体系中的一级公共卫生事件（B）、二级传染病（04）、三级乙型传染病（02），发生时间是 2002 年 11 月 16 日，顺序编号，是按发生在同一天的突发事件顺序编号，假设，2002 年 11 月 16 日，只发生了此突发事件。因此，SARS 事件的 ID 为 B0402200211160001。突发事件类别与级别的产生的方法，将在第 5 章突发事件分类模型研究与第 6 章突发事件分级模型研究中重点阐述。

突发事件情景知识库的数据结构，如表 5－2 所示。

表 5－2　突发事件情景知识库的数据结构

序号	字段名	数据类型	长度	属性	备注
1	所属案例 ID	字符型	17	非空	情景所属案例在突发事件案例库中的编码
2	情景 ID	字符型	10	非空	对突发事件情景的编码
3	时间	日期型	8	可空	突发事件此情景发生的时间
4	地点	字符型	50	可空	突发事件此情景发生的地点

续　表

序号	字段名	数据类型	长度	属性	备注
5	属性 1	字符型	50	可空	突发事件情景属性 1
6	属性 2	数值型	10	可空	突发事件情景属性 2
7	属性 3	字符型	50	可空	突发事件情景属性 3
8	属性 n	字符型	50	可空	突发事件情景属性 n
9	策略 1 ID	字符型	16	可空	此情景对应的应急策略 1 ID
10	策略 n ID	字符型	16	可空	此情景对应的应急策略 n ID
11	前驱情景 1 ID	字符型	10	可空	此突发事件情景点的前一个情景 1 的编码
12	前驱情景 n ID	字符型	10	可空	此突发事件情景点的前一个情景 n 的编码
13	后继情景 1 ID	字符型	10	可空	此突发事件情景点后一个情景 1 的编码
14	后继情景 n ID	字符型	10	可空	此突发事件后一个情景 n 的编码

属性 1、属性 2、……、属性 n 是突发事件此情景的特征属性，不同的突发事件类型具有不同的属性，最终由领域专家确定。决策 ID 是用来描述当前情景下的相对的应急决策 ID。情景与策略直接存在 1 对多的关系，因此设计策略 1、……、策略 n。前驱情景 ID 是指前一个与此情景所属的同一突发事件的情景 ID，后续情景 ID 是指下一个与此情景所属的同一突发事件的情景 ID，通过前驱情景 ID 与后继情景 ID 就能将所有属于同一突发事件的情景连接起来。考虑到此突发事件情景点与后继情景、前驱情景都存在 1 对多的关系，因此，设计了前驱情景 1、……、前驱情景 n，后继情景 1、……、后驱情景 n。突发事件策略知识库的数据结构，如表 5 - 3 所示。

表 5 - 3　突发事件策略知识库的数据结构

序号	字段名	数据类型	长度	属性	备注
1	策略 ID	字符型	16	非空	策略在策略库中的编码
2	所属案例 ID	字符型	16	非空	所属案例在突发事件案例库中的编码
3	适用情景 ID	字符型	10	非空	该策略适用的突发事件情景的编码
4	策略内容	字符型	1000	非空	策略具体内容描述

应急策略和案例情景之间通过策略 ID 和情景 ID 关联。

5.3.3 突发事件演化关系表示与组织

4.2.2节论述了突发事件演化的四种基本方式，现实世界中的复杂突发事件一般由这四种基本演化方式的组合与叠加而成的突发事件链，实例如图5-6所示。

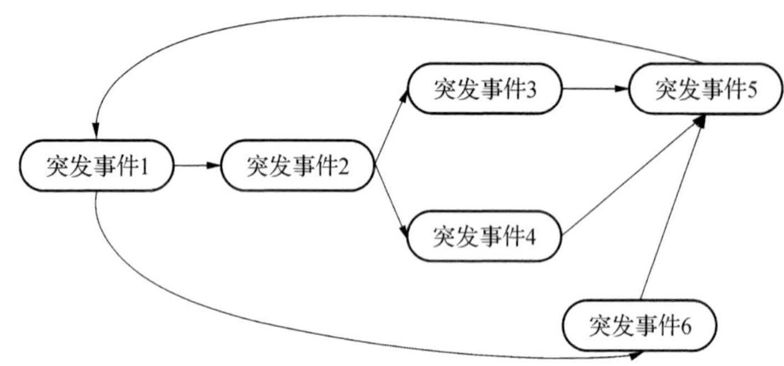

图5-6 突发事件链实例

突发事件的事件链可以用有向图表示，突发事件看作顶点，相邻两个突发事件的关系用边表示，它的存储结构可以用十字链表结构来实现。在十字链表中，对应于有向图中每一条弧都有一个结点，对应于每个顶点也有一个结点。这些结点的结构如下所示。

顶点结点：

Data	firstIn	firstOut

顶点结点，由3个域组成，其中，data域存放和顶点相关的信息，在此用来存放突发事件案例ID，firstIn和firstOut为两个链接域，分别指向以该顶点为弧头或弧尾的第一个弧结点。

弧结点结构：

tailVex	headVex	hlink	tlink	info

弧结点，由5个域组成，其中，尾域(tailVex)和头域(headVex)分别指向弧尾和弧头这两个顶点在图中的位置，链接域hlink指向弧头相同的下一条弧，而链接域tlink指向弧尾相同的下一条弧，info域指向该弧的相关信息。

图5-6用十字链表表示如图5-7所示。

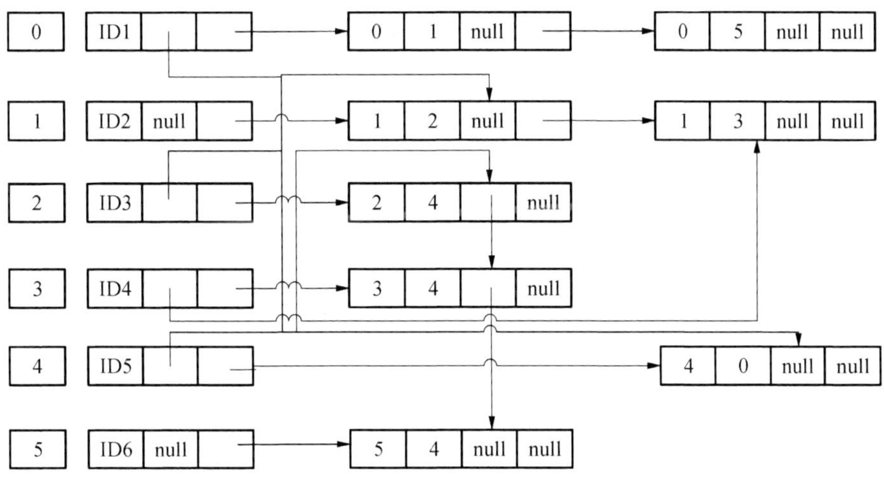

图 5－7　图 5－6 的存储结构表示

图 5－7 中，ID1、ID2、ID3、ID4、ID5、ID6 表示突发事件 1 到突发事件 6 的案例 ID 号，0 到 5 表示存储的位置。Null 表示空值。

5.4　案例知识库构建过程

突发事件案例知识库的构建过程主要包括突发事件案例采集、数据清洗、特征提取、突发事件分类分级、情景划分和案例入库等，如图 5－8 所示。

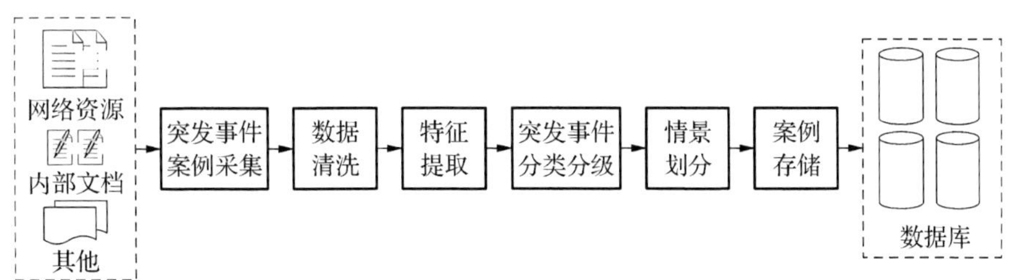

图 5－8　案例知识库构建过程

在整个突发事件知识组织体系中，突发事件采集是最基础的组成部分，它所采集的海量的突发事件历史数据、实时数据以及相关资料是突发事件知识组织的对象，是突发事件情报分析的内容，通过突发事件情报分析可以从中获取事件的潜在信号、发展态势等信息，为实现突发事件应急决策的快速响应奠定基础。突发事件的采集对象主要包括外部网络信息、实时监控信息和政府内部的突发事件信息。内部信息的采集以政府机构内部文件为主，应去除涉密信息。外部网络信息采集主要通过面向突发事件主题垂直搜索引擎技术自动采集，采集范围包括新闻门户、论坛、博客、微博等，最终将各种异构的数据转换为结构化数据保存。为了保证采集的数据的权威性，信息的采集来源应尽量杜绝那些权威性弱、影响力小的信息发布平台，尽量保证信息的真实性。

在数据采集过程中，可能会出现一些重复信息、错误信息、前后不一致的信息、有冲突的信息，一般称之为“脏数据”，这些数据不是我们想要的，要按照一定的规则将“脏数据”清洗掉，这个过程就是突发事件的数据清洗，主要任务就是过滤掉那些不符合要求的数据。对于部分缺失、缺少的信息，采用人工方法进行弥补，以确保案例库的尽量完善；对于缺失信息较多的突发事件，可以入库但不放在分析范围之内。

特征提取是结合突发事件类型特征，从采集到的突发事件信息中抽取出事件属性，包括突发事件的时间、地点、事件主体等基本信息以及其他的重要的特征属性。

突发事件分类分级就是突发事件进行类别和级别的判定。因为整个突发事件案例知识库的纵向组织是按照突发事件分类体系构建的，每例突发事件按照其类别进行排列存放，因此，突发事件分类非常重要。突发事件级别也是突发事件的重要特征，是进行突发事件应急决策的一项重要依据。突发事件分类分级过程将按照本书的第 5 章与第 6 章介绍的突发事件分类模型、分级模型进行判定。

突发事件是一个动态发展的过程，随着时间的改变往往呈现出不同的特征，因此，我们在记录突发事案例的时候，应按照一定的规则记录下关键时间点的案例情景，通过这些案例情景可以展现整个突发事件动态发展的全貌。因此，情景划分，就是识别关键时间点，记录此时突发事件的特征属性，最后再将上述过程中识别到的信息存储到相应的数据库中。

5.5 突发事件案例知识库构建示例

本节将以 2008 年年初南方冰雪灾害为例说明突发事件案例库的构建。2008 年年初南方冰雪具有以下几个特征。(1) 灾害持续时间长。从 2008 年 1 月 10 日开始，一直持续到 2008 年 2 月上旬才结束。(2) 影响范围广。湖南、贵州等20多个省(区、市)都受到不同程度的影响。(3) 危害强度大。在交通运输、电力设施、能源供应等方面造成巨大损失,农业、林业、企业都受到重创。据民政部初步核定,此次灾害共造成129人死亡,4人失踪;紧急转移安置166万人;倒塌房屋48.5万间,损坏房屋168.6万间;因灾直接经济损失1 516.5亿元。[①]

通过数据预处理,抽取突发事件的属性特征,构建突发事件案例库的各部分,形成突发事件概要表,如表5-4所示。

表5-4　突发事件概要表

案例ID	A04010001
案例名称	南方冰雪灾害
事件主体	持续的低温雨雪冰冻
发生地点	南方大部分地区,特别是湖南、贵州等省
开始时间	2008年1月10日
结束时间	2008年2月初
类别	自然灾害—气象灾害—雪灾
级别	特大
特征描述	我国20多个省(区、市),特别是湖南、贵州、四川等南方地区持续遭遇低温冰雪天气,造成交通运输、电力设备严重损坏,工业、农业、林业都遭受重大损失,严重扰乱居民的生活,带来了巨大的困难。
产生影响	人员伤亡:死亡129人,失踪4人。人员处置:紧急转移安置166万人。财产损失:直接经济损失1 516.5亿元,其中房屋损坏和倒塌各168.6万间和48.5万间。

冰雪灾害属于自然灾害(编号为A)中的气象灾害(编号为04)中的雪灾(编号为01),发生时间为2008年1月10日(编号为20080110),顺序编号为4个字符,假设为0001,所以2008年年初冰雪灾害的案例ID为A0401200801100001。

纵向观察此次突发的冰雪灾害事件,经过四次大的天气变化过程[②],如表5-5所示。

① 张平.国务院关于抗击低温雨雪冰冻灾害及灾后重建工作情况的报告——2008年4月22日在第十一届全国人民代表大会常务委员会第二次会议上[C]//2008:487-491.

② 叶成志,吴贤云,黄小玉.湖南省历史罕见的一次低温雨雪冰冻灾害天气分析[J].气象学报,2009,67(3):488-500.

表 5－5　四次天气变化过程

次数	发生时间	变化过程
第一次	1 月 10 日— 1 月 16 日	受强冷空气影响，出现降雨，降雨由北向南推进，影响西北地区东部、华北南部、黄淮、江淮、江汉、江南大部及西南地区东部一带。
第二次	1 月 18 日— 1 月 22 日	雨雪范围较广，涉及全国大部分地区，集中在黄淮南部、江淮、江南等地，冻雨的范围和出现的次数明显增加。主要分布在贵州和湖南。
第三次	1 月 25 日— 1 月 30 日	降水强度最大，首先在华南开始出现降水，随后雨带逐渐北抬，影响西北地区东部、西南地区东部以及秦岭和黄河下游以南地区。
第四次	2 月 1 日— 2 月 2 日	雨雪区明显南压，分布在贵州西部和南部、湖南南部、江西中部以及浙江中部、福建北部和云南北部的局部地区。

依据四次天气过程，此次南方冰雪灾害事件可划分六个案例情景，事前期（2008 年 1 月 1 日—2008 年 1 月 9 日）、事中期（四次天气变化）、恢复期（2008 年 2 月 3 日—2008 年 2 月 10 日），如表 5－6 所示。观测数据来自中国气象数据网提供的中国地面气候资料日值数据集（V3.0）①，中国地面气候资料日值数据集（V3.0）包含了中国 824 个基准、基本气象站 1951 年 1 月以来本站气压、气温、降水量、蒸发量、相对湿度、风向风速、日照时数等的日值数据，数据经过质量控制后，数据的正确率均接近 100%。此次南方冰雪灾害涉及的地点众多，观察数据量大，由于篇幅限制，无法将其一一列出，本文仅以湖南长沙为例。湖南长沙台站号为 57687，纬度为 28 度 13 分，经度为 112 度 55 分，海拔高度为 68.0 米。表中的数据是对观测的样本数据进行情景时间段内平均化处理。

表 5－6　案例情景

	事前情景	事中情景 （一）	事中情景 （二）	事中情景 （三）	事中情景 （四）	事后情景
所属案例 ID	A040120080 1100001	A040120080 1100001	A040120080 1100001	A040120080 1100001	A040120080 1100001	A040120080 1100001
情景 ID	Q0001	Q0002	Q0003	Q0004	Q0005	Q0006
时间	01.01—01.09	01.10—01.16	01.18—01.22	01.25—01.30	02.01—02.02	02.03—02.10
地点	湖南长沙	湖南长沙	湖南长沙	湖南长沙	湖南长沙	湖南长沙

① 中国气象数据务网 http://www.cams.cma.gov.cn/cams_kxsy/qky_kxsy_index.htm.

续　表

	事前情景	事中情景（一）	事中情景（二）	事中情景（三）	事中情景（四）	事后情景
平均气温（0.1℃）	81.6	18.6	－2.8	－18.5	－5	19.5
相对湿度（1%）	61.2	87.7	92.6	90	89	74.6
24h 降水量（0.1mm）	0	9368	72.8	5511.2	86	4.8
平均风速（0.1m/s）	16.3	40.4	27.8	29.7	20.5	17.9
日照时间（0.1h）	54.6	0	0	0	2	43.6
应急决策 ID	C0001	C0002	C0003	C0004	C0005	C0006
前驱情景 ID	null	Q0001	Q0002	Q0003	Q0004	Q0005
后驱情景 ID	Q0002	Q0003	Q0004	Q0005	Q0006	null

（注：因篇幅问题，为了显示清晰，故将此表行向量与列向量转置）

六个案例情景对应的决策，如表 5－7 所示。

表 5－7　情景对应的策略表

策略 ID	适应情景 ID	所属案例 ID	策略描述
C0001	Q0001	A0401200801100001	天气情况监测。
C0002	Q0002	A0401200801100001	中央气象台 1 月 11 日发布暴雪橙色警报，但是政府部门没有发出预警信号。
C0003	Q0003	A0401200801100001	1 月 17 日又发出冰雪天气会加剧的预报，但仍然没有启动应急预案。
C0004	Q0004	A0401200801100001	23 日，启动应急预案，28 日温家宝赶赴湖南考察抗冰救灾工作，应急行动随后全面开始，成立抗灾应急指挥中心统筹安排抢修工作。

续 表

策略 ID	适应情景 ID	所属案例 ID	策略描述
C0005	Q0005	A0401200801100001	数十万部队官兵和民兵预备役加入救灾抗冰，省际多边协调启动，最后取得抗灾胜利。
C0006	Q0006	A0401200801100001	雪灾后恢复建设工作。

从灾害演化角度看，2008 年年初南方冰雪灾害是典型的多灾种叠加事件，冰雪灾害事件仅仅是原生突发事件，低温与雨雪灾害叠加、基础设施设防水平低与春运高峰叠加、低山丘陵区与人口聚集区叠加等①，引发出公路交通瘫痪事件、电力供应中断事件、铁路交通瘫痪事件、农作物受损事件、物价上涨事件等一系列不同形式的次生突发事件，构成了一个复杂突发事件的事件链，如图 5－9 所示。

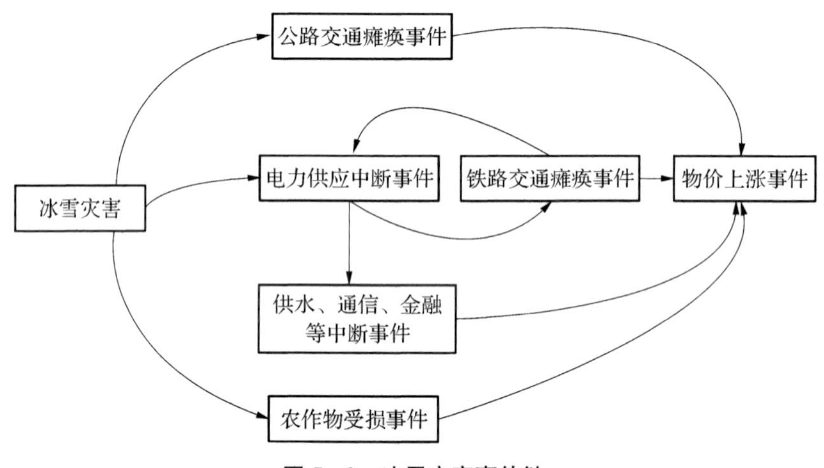

图 5－9　冰雪灾害事件链

从图 5－9 可以看出，这是由自然灾害事件引发出的一系列不同类型次生突发事件，公路交通瘫痪事件和铁路交通瘫痪事件属于事故灾害中的交通运输事故；电力供应中断事件和供水、通信、金融等中断事件属于事故灾害中的公共设施和设备事故；农作物受损事件属于自然灾害中的生物灾害；物价上涨事件属于社会安全事件的经济事故；整个突发事件链引起了社会政治、经济、

① 李双双，杨赛霓，刘宪锋等.2008 年中国南方低温雨雪冰冻灾害网络建模及演化机制研究[J].地理研究，2015，34(10)：1887－1896.

文化的失序，造成了巨大的损失。从突发事件情报组织角度来考虑，这些次生突发事件分别独立地以上文阐述的案例表的形式在各自类别下组织存储，然后以链表的形式，将整个突发事件链串联起来形成一个整体。冰雪灾害事件引发的次生突发事件较多，且属于不同的突发事件类型，其数据组织存储与原生突发事件类似，因此在此不再阐述。

通过上述冰雪灾害案例的构建过程可以看出，录入突发事件案例知识库的信息不仅仅是时间、地点、主体、致灾因子、孕灾环境等要素，它还包括按照事件动态发生发展的过程划分成案例情景以及案例情景相对应的应急决策。同时，还需将交通运输事故、公共设施和设备事故、生物灾害等次生、衍生突发事件联结起来。通过如此翔实的突发事件案例存储，可以以时间为轴线，全面展现整个突发事件的来龙去脉，针对突发事件潜伏期、爆发期、高潮期、缓解期、消退期等阶段的处理策略方案也一目了然，这样不仅增强了公众对突发事件的认识，提高了公众应对突发事件水平，而且为类似突发事件提供可借鉴的预案参考，提高了政府应对突发事件的能力。从录入的数据来源来看，分别来自天气预报部门、交通运输部门、农业部门、林业部门、工业部门等，这就要求各部门打破了独立分割的局面，实现信息融合、信息共享。

5.6　本章小结

本章基于粒计算的思想，从知识组织的角度出发，分析了突发事件分类体系与演化规律，提出基于突发事件分类体系与演化规律的突发事件案例知识库构建方法。从外部结构来看，采用纵、横两视角来组织突发事件案例知识库，纵向角度将突发事件按照突发事件分类体系的层次结构组织，横向角度按照演化路径将复杂突发事件原生、次生、衍生事件联结成整体。从内部机理来看，每一突发事件都由案例情景与相对应的应急策略组成，整个突发事件案例知识库由情景知识库与策略知识库构成。将突发事件组织成统一体，可以看到突发事件的全貌，有助于对突发事件进行演化扩展分析，有利于对突发事件进行事前预测、事中处理、事后管理。

本章提出的突发事件案例知识库构建方法具有合理性、科学性，但限于时间与精力，此案例知识库仅仅是个雏形，并没有完全构建成一个大型的突发事件案例知识库并在实践中使用。因此，在以后的工作中应通过多方努力，对此突发事件案例知识库进行完善。

第 6 章　基于突发事件分类特征词典的突发事件分类模型研究

突发事件分类是突发事件知识组织工作的基础，第 4 章构建的突发事件案例知识库是以突发事件分类体系为基础；同时，突发事件分类也是应急管理的基础，突发事件类别的确定是制定应急决策方案的前提条件，是至关重要的环节。[①]

突发事件的"类"与粒计算的"粒"在本质上是一致的，处于突发事件分类体系不同层次类别的粒度是不相同的。突发事件在整个分类体系中位于最顶层，拥有最粗的粒度。在突发事件知识组织过程中，需要逐层粒化，形成多层次的粒结构，使得同一层次的粒具有相同或相似的特征，并且不同粒层之间是偏序关系，可以相互转换与推理。本章从粒计算和知识服务的角度出发构建突发事件分类模型，此分类模型在构建突发事件案例库过程中实现对突发事件的自动类别判断，即将杂乱无章的突发事件信息资源，按照其不同的特征划分为不同的类别，使之规律化、有序化，形成多层次的粒结构，方便人们从不相同的粒度来观察和分析同一突发事件。

通过文献调研发现，目前有关突发事件分类模型的研究大部分集中在对突发事件的历史案例分类，用于构建突发事件新闻语料库，如夏华林、张仰森等将规则方法与统计方法结合，提出了一种新的 Web 突发事件新闻多层次分类方法，此方法首先提取类别关键词形成规则库，然后利用分类规则将突发事件分成四大类，再用朴素贝叶斯分类方法将各大类突发事件新闻进行细分，形成基于规则与统计的两层分类模型。[②] 张永奎等通过分析突发事件新闻领域的文本自动分类问题，提出了一种基于突发事件类别关键词的分类方法。[③] 蔡

---

① 池宏，计雷，陈安等.突发事件应急管理[M].北京：高等教育出版社，2006.

② 夏华林，张仰森.基于规则与统计的 Web 突发事件新闻多层次分类[J].计算机应用，2012，02：392 -394+415.

③ 张永奎，李红娟.基于类别关键词的突发事件新闻文本分类方法[J].计算机应用，2008，S1：139 -140+143.

华利等为了提高突发事件 Web 新闻分类精度，提出了一种新的突发事件网络新闻的多层次自动分类方法。该方法初步分析了突发事件 Web 新闻的分类，给出三级分类器的构造方法，即第 1 级和第 2 级通过规则定制来完成，第 3 级通过统计学习训练并实现。[①] 李纲等通过机器学习算法对突发公共卫生事件网络文本进行分类，用于构建突发公共卫生事件网络语料库。[②] 这些文献对本章构建突发事件的分类模型有着很好的借鉴作用。本章将在构建突发事件分类特征词典的基础上，通过机器学习的方法构建突发事件自动分类模型。

6.1　突发事件分类模型设计

突发事件数据来源途径一般分为突发事件实时监控数据、民众上报数据、互联网数据、文献档案记录等，随着信息技术的快速发展，互联网已经成为最重要的突发事件数据来源。Web 数据具有体量巨大、增长迅速等特点，依赖人工分类不现实，必须通过计算机实现自动分类。

目前，Web 文本自动分类方法的主要有三种。(1) 基于规则的方法。分类前先为每个类别设定一些代表这个类别特征的规则，符合特征规则的文档将自动划分到相应的类别中，此方法的优点是无须提供训练样本，但制定科学而全面的规则并非易事，需要领域专家参与。(2) 基于统计的方法。提供训练样本是此方法的第一步，通过对统计训练样本的学习，形成分类模型并测试文档分类，基于统计的常用方法有支持向量机、朴素贝叶斯、K -最近邻(K-Nearest Neighbor，KNN)和神经网络等。此方法的优点是减少了大量的人工参与，但是，有另外的一些附加条件，比如，需要对大量的训练集进行统计分析训练，因此，计算量比较大；要求各个分类类目的训练集分布比较均衡，否则会导致一些数据分布较少的“稀有类别”难以从大量的统计数据中识别出来；分类体系大多是浅层次的粗略分类，分类层次和类目数据较少。(3) 基于规则和统计相结合的方法。利用规则和统计方法的优势，通过规则的辅助，可以在有限的训练样本下提高分类的精度。本书将分析突发事件分类的特点，将采用基于规则和统计相结合的方法来构建用于案例库建设的突发事件分类模型。

---

① 蔡华利，刘鲁，王理.突发事件 Web 新闻多层次自动分类方法[J].北京工业大学学报，2011，06：947 - 954.

② 李纲，陈璟浩，毛进.突发公共卫生事件网络语料库系统构建[J].情报学报，2013，32(9)：936 - 944.

6.1.1 突发事件分类的特点

通过与其他的分类文本对比分析发现，Web突发事件文本分类具有以下特点。

（一）文本标题在分类过程中有很大的作用

通过分析突发事件文本标题可以发现，很多标题中就包含类别，如：《中国进入H7N9高发季，江西再增1例H7N9病例，目前已增至6例》（2017年1月10日），属于“禽流感”类型；《上海确诊H7N9禽流感病例》（2016年12月23日），属于“禽流感”类型；《5月12日台湾省宜兰县海域发生6.2级地震》（2016年5月12日），属于“地震”类型。有些标题中没有直接包含类别的，也仅仅通过分析标题就能辨别其类别。如，《“北方调料造假中心”年产过亿》，标题中的“调料”属于食品，食品＋造假，属于“食品安全”类型；《浙江义乌十多家早餐店制售含铝“毒包子”》，标题中的“包子”属于食品，毒＋包子，属于“食品安全”类型。因此，在分类时，可以以标题为主要分类信息，摘要为次要分类信息，正文为辅助分类信息，这就在大大降低了分类难度的同时提高了分类的精确度。

（二）突发事件分类为多层次分类

从第4章构建的突发事件案例库的纵向组织就可以看出突发事件分类属于多层次分类。与单层次分类相比，多层次分类技术更加复杂，实现比较困难，而且效果也不一定好。但是突发事件分类体系有着自身内在的逻辑性，存在更加紧密的语义关系，如果能充分利用好这些特性，分类就会变得容易些。如，公共卫生突发事件下的传染病分为甲类传染病、乙类传染病、丙类传染病等，存在种属关系或上下位关系。

陈祖琴博士深入研究了突发事件分类关键词，并设计出突发事件分类词表。此突发事件分类词表主要记录着代表突发事件分类的特征词以及特征词之间的关系，这些特征词主要是从突发事件属性特征信息抽取出来的，主要关系有上下位关系，次要关系为指代关系。① 此分类表的建立为本书分类模型的构建提供了很好的思路。陈博士编制的分类表主要用于突发事件采集和组织，如果直接用于突发事件分类，则显得还不够完善，笔者从其博士论文的附录提供的公共卫生突发事件分类词表中截取部分，如表6－1所示。从表中可以看出，备注栏基本是空缺的，无法提供有效的信息，对上文中提到的《浙江义乌十多家早餐店制售含

① 陈祖琴.面向应急情报采集与组织的突发事件特征词典编制[J].图书与情报，2015(3)：26－33.

铝“毒包子”》文本，就无法进行准确的分类。因此，本书在此分类表的基础上进行了扩充，同时，引入其他领域词表辅助分类，如食品种类表、同义词林、搜狗细胞词库等。

表 6－1　公共卫生突发事件分类词表中截取部分

编码	特征词	上位词	备注
1.4	食品安全	1	
1.4.1	食品中毒	1.4	
1.4.1.1	集体食堂食物中毒	1.4.1	
……	……	……	……
1.4.2	食源性疾病	1.4	
1.4.3	食品污染	1.4	
1.4.4	食品违禁添加	1.4	

（注：编码是对特征词在分类词表中所处的概念层级结构的反映；特征词是对当前特征属性概念的规范化描述形式；上位词是描述上下位关系，主要反映各概念之间的包含关系；备注是描述指代关系，主要反映同一概念的不同表达形式。）

6.1.2　突发事件分类模型思路设计

突发事件多层次分类与中文图书自动多层次分类类似，但比中文图书自动分类简单得多，主要体现在两个方面。(1) 突发事件分类层数少，类目总数少。突发事件分类体系包括 3 个层次：第一层 5 个大类，第二层 35 个子类，第三层 94 个小类。但《中国图书馆分类法》是一部类目详尽的综合性分类法，基本类目多达五六万个，仅社会科学 11 个大类就有上万个类目。(2) 突发事件类目之间特征比较明显，往往标题、摘要、正文中就包含类目名或类目的下位词等，因此构建分类与主题词或关键词之间的关系词典就比较简单。但对中文图书实现自动标引，构建主题概念标识词表本身就是项技术难题。目前，中文图书自动多层次分类吸引了一些学者的关注，其中，何琳博士、王昊博士等在中文图书自动多层次分类的研究对本书具有很好的借鉴作用。①②

① 何琳，侯汉清，白振田等.基于标引经验和机器学习相结合的多层自动分类[J].情报学报，2006，25(6)：39－43.

② 王昊，严明，苏新宁.基于机器学习的中文书目自动分类研究[J].中国图书馆学报，2010，36(6)：28－39.

本书在构建突发事件分类特征词典基础上，采用机器学习方法，构建突发事件自动分类模型，其基本思路为：(1) 分析突发事件分类体系，构建突发事件分类特征词典；(2) 分析突发事件训练样本集，从训练样本集中抽取出描述突发事件特征的词汇，根据特征词汇的重要程度按照一定的方法赋予不同权重，并将特征词汇作为突发事件文本表示特征向量，以此构建特征矩阵；(3) 采用基于机器学习的算法进行学习，获得分类器；(4)将分类器用于待分类的文本进行分类测试，获得分类最终结果。

6.2 构建基于分类特征词典的突发事件分类模型具体步骤

6.2.1 构建突发事件分类特征词典

突发事件分类特征词典是实现突发事件文本高效自动分类的基础。构建突发事件分类特征词典实际上是构建特征概念词与类目的关系，在同一级别，类目之间是指代关系、同义词关系；在不同级别，类目之间是上下位关系、种属关系、包含关系；对于不再细分下去的类目要建立其下级概念与之的关系。例如，非典、传染性非典型肺炎、重症急性呼吸综合征、SARS 等是非典的不同表达形式，是同义词关系；乙类传染病与非典之间就是上下关系，乙类传染病包含非典；假设食物中毒类目为最下级分类，不再继续细分下去，就必须对概念词食物建立进一步的食物分类词汇表，根据此词汇表计算机就会自动将其中的词汇看作为食物。突发事件分类特征词典构建思路如图 6－1 所示。

突发事件分类特征词典中的分类资源主要来自三个部分。(1) 现有的突发事件分类文件，这些文件中包含类别名称及其类别的描述，通过分词就会得到类别文本的词汇列表。如，根据《国家突发公共事件总体应急预案》中描述，突发公共事件主要分为以下四类：“① 自然灾害。主要包括水旱灾害，气象灾害，地震灾害，地质灾害，海洋灾害，生物灾害和森林草原火灾等。② 事故灾难。主要包括工矿商贸等企业的各类安全事故，交通运输事故，公共设施和设备事故，环境污染和生态破坏事件等。③ 公共卫生事件。主要包括传染病疫情，群体性不明原因疾病，食品安全和职业危害，动物疫情，以及其他严重影响公众健康和生命安全的事件。④ 社会安全事件。主要包括恐怖袭击事件，经济安全事件和涉外突发事件等。”(2) 政府部门相关文件。各级政府部门会根据当地的实际情况制定相关的、更加具体的、可执行的分类文件。(3) 突发事件案例集。突发事件案例集提供了最直接的描述文档，通过人工标注并识别出分类特征词汇，是突发事件分类特征词典的主要词汇来源。

根据图 6-1 的突发事件分类特征词典构建模型思路可知，其构建过程分为四步。(1) 构建突发事件分类体系。根据现有的突发事件分类体系，在专家

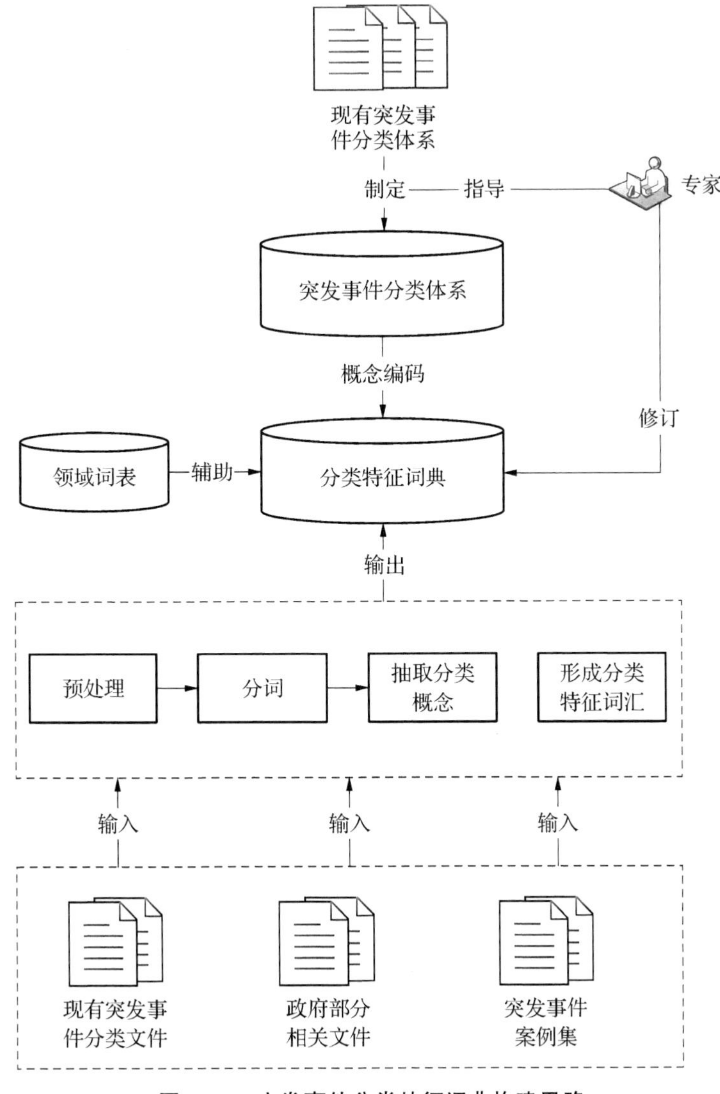

图 6-1　突发事件分类特征词典构建思路

的参与指导下，制定出科学、合理的突发事件分类体系结构。(2) 抽取突发事件分类特征词汇。利用大量曾经发生过的案例、现有相关政府部门有关分类文件等文献资料，通过清洗、分词、过滤、标注、抽取、去重等一系列的处理，形成分类特征词汇。(3) 集成融合，初步形成突发事件分类特征词典。将突发事件分类体系按照编码规则统一进行概念编码，将突发事件分类特征词汇与对应的突发事件分类类目集成融合。(4) 根据领域词表进行补充，从而构建完整的突发事件分类特征词典。

6.2.2 基于突发事件分类特征词典的分类方法的确定

(1) 分类文本的特征表示

根据突发事件分类特征词典，建立类目特征矩阵，如图 6－2 所示。

$$Category\_Vertor = \begin{Bmatrix} \beta_{11} & \beta_{12} & \cdots & \beta_{1j} & \cdots & \beta_{1m} & cata_1 \\ \beta_{21} & \beta_{22} & \cdots & \beta_{2j} & \cdots & \beta_{2m} & cata_2 \\ \cdots & \cdots & \cdots & \cdots & \cdots & \cdots & \cdots \\ \beta_{i1} & \beta_{i2} & \cdots & \beta_{ij} & \cdots & \beta_{im} & cata_i \\ \cdots & \cdots & \cdots & \cdots & \cdots & \cdots & \cdots \\ \beta_{n1} & \beta_{n2} & \cdots & \beta_{nj} & \cdots & \beta_{nm} & cata_n \end{Bmatrix}$$

(其中，β_{ij} 代表特征词汇，$cata_i$ 代表类目)

图 6－2　类目特征矩阵

对训练集中的已分类文本进行词汇抽取。利用中国科学院计算技术所研制的汉语词法分析系统(ICTCLAS)对突发事件文本进行分词处理，去掉无实际意义的停用词等，形成一个词汇集合；对于任意一个突发事件分类文本，在转换为特征向量表示时，如包含类目特征矩阵中某特征词汇，则在该特征元素上记为 1，否则为 0，这样就能将突发事件分类文本转换为特征向量表示。如下公式所示。

$$text_i = (\alpha_{i1} \quad \alpha_{i2} \quad \cdots \quad \alpha_{ij} \quad \cdots \quad \alpha_{im})$$

其中，

$$\alpha_{ij} = \begin{cases} 1, & \text{如果包含特征词汇 } \beta_{ij} \\ 0, & \text{否则} \end{cases}$$

(2) 权重设置

上文已分析过，从突发事件文本不同位置(如标题、摘要、正文处)抽取的特征词汇对突发事件分类的影响力是不一样的，往往标题中的特征词汇对突发事件分类的贡献最大，摘要中的特征词汇次之，正文中的特征词汇贡献最小。为了区分不同位置提取出的特征词汇的贡献度，为其设置具有区分度的权值，因此，将公式(1)进行修正，结果如下：

$$text_i = (\alpha_{i1} \quad \alpha_{i2} \quad \cdots \quad \alpha_{ij} \quad \cdots \quad \alpha_{im})$$

其中，
$$\alpha_{ij} = \begin{cases} \omega_T \times sum_{T_{ij}} + \omega_S \times sum_{S_{ij}} + \omega_A \times sum_{A_{ij}} \\ 0, 否则 \end{cases}$$

(ω_T, ω_S, ω_A 分别表示题目、摘要、正文的权重；

$sum_{T_{ij}}$, $sum_{S_{ij}}$, $sum_{A_{ij}}$ 分别表示第 j 个特征词出现在题目、摘要、正文中的次数)

(3) 机器学习方法的选择

机器学习的方法有很多，常用的有 K-最近邻分类、贝叶斯分类、支持向量机、人工神经网络等。K-最近邻分类(K-NearestNeighbor，KNN)的核心思想是：如果一个样本中特征空间中的 K 个最相似(即特征空间中最邻近)的样本中的大多数属于某一个类别，则该样本属于此类别。贝叶斯分类是以贝叶斯定理为基础的一类分类算法的总称，是利用概率统计的知识来实现分类的算法。常用的用朴素贝叶斯分类(Naive Bayes)。支持向量机(Support Vector Machine, SVM)是通过对有限样本信息在模型的学习精度之间寻求最佳折中，以期获得最好的泛化能力，从而构建分类器，是目前应用较广、识别能力较好的一种分类方法。① 支持向量机(SVM)原先是为二元分类问题设计的，但也可以通过扩展，很好地处理多元分类问题。人工神经网络(Artificial Neural Networks，ANN)是 20 世纪 40 年代出现的，是模拟人类思维的计算机算法，最常用的神经网络分类算法是 BP(Back Propagation)-神经网络(BP - NN)。② 本书在实验部分就采用几种常用的机器学习算法进行了比较。

(4) 分类方法的确定

突发事件分类是属于多层次分类，整个突发事件分类体系分为三层，一层 5 个大类，二层 35 个子类，三层 94 个小类，如图 6 - 3 所示。从图 6 - 3 可以看出，突发事件分类体系呈现树形结构，突发事件多层次分类的思路是根据当前某个节点的子节点的个数 m，建立一个 m 元分类器。进行突发事件分类时，从突发事件分类体系树的根节点开始，使用 m 元分类器将测试突发事件文本逐层归类到

---

① Cortes C. and Vapnik V.. Support-vector networks. Machine Learning, 1995(20), 273 - 297.

② Hecht-Nielsen R.. Ⅲ.3 - Theory of the Back propagation Neural Network[J]. Neural Networks for Perception, 1992, 1(1): 65 - 93.

其子树中,直到抵达某叶节点,分类算法就意味着结束。

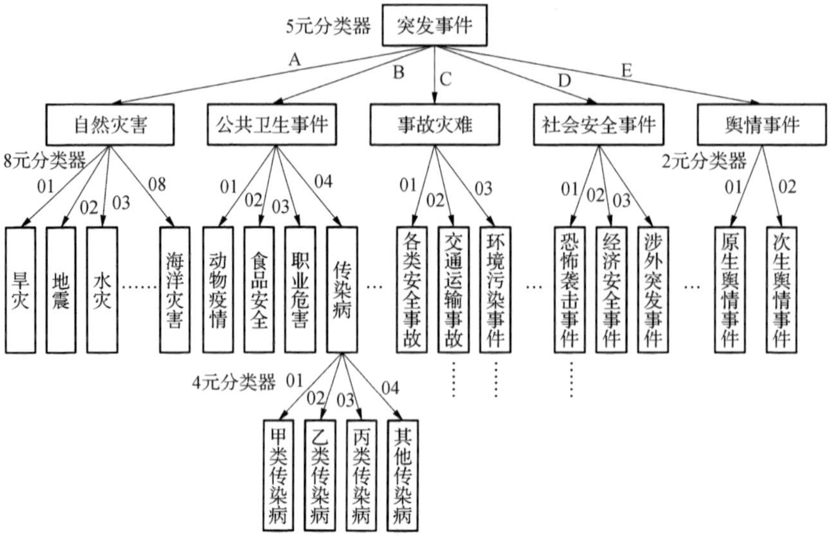

图 6-3　面向突发事件的层次分类方法

6.3　实例分析

本书以公共卫生安全事件为例,进行多层次分类。通过数据爬取软件,从人民网、新华网等大型新闻网站爬取了 3 100 条公共卫生安全事件案例。经过数据处理,保留了其中有效的 3 068 条记录。首先,通过中国科学院研制的中文分词软件 NLPIR 对这些事件进行分词操作,去除冗余词汇、停用词、部分高频词等。然后调用北京大学计算语言研究所的词性标注程序,结合词性标注体系,完成对词汇的词性倾向性判断,如表 6-2 所示。

表 6-2　词汇词性标注

序号	初始标注结果	重标注结果
1	假盐:/a+/n	假盐:/n
2	盐务局:/n+/g+/n	盐务局:/n
3	食品安全:/n+/an	食品安全:/n
4	屠宰黑作坊:/v+/a+/n	屠宰黑作坊:/n
5	完美保健品:/a+/n	完美保健品:/n

续　表

序号	初始标注结果	重标注结果
6	抽检不合格:/vn+/d+/v+/v	抽检不合格:/d
7	卫生不达标:/an+/d+/v	卫生不达标:/d
8	卫生状况差:/an+/n+/a	卫生状况差:/a
9	新型地沟油:/b+/n+/n	新型地沟油:/n
10	动物内脏:/n+/n	动物内脏:/n
11	劣质油:/b+/n	劣质油:/n
12	黄曲霉素:/n+/g	黄曲霉素:/n
13	散装食用油:/b+/n	散装食用油:/n
14	化学变化:/n+/vn	化学变化:/n
15	含铅量:/v+/n+/n	含铅量:/n
16	致癌物质:/vn+/n	致癌物质:/n
17	火锅底料:/n+/n+/n	火锅底料:/n
18	病死猪:/n+/v+/n	病死猪:/n
19	餐桌安全:/n+/an	餐桌安全:/n

根据《国家突发公共事件总体应急预案》《突发公共卫生事件应急条例》《中华人民共和国传染病防治法》和《中华人民共和国食品安全法》等对突发事件和公共卫生事件的类别描述,我们在专家的参与指导下构建出了突发公共卫生分类体系,如图 6－4 所示。

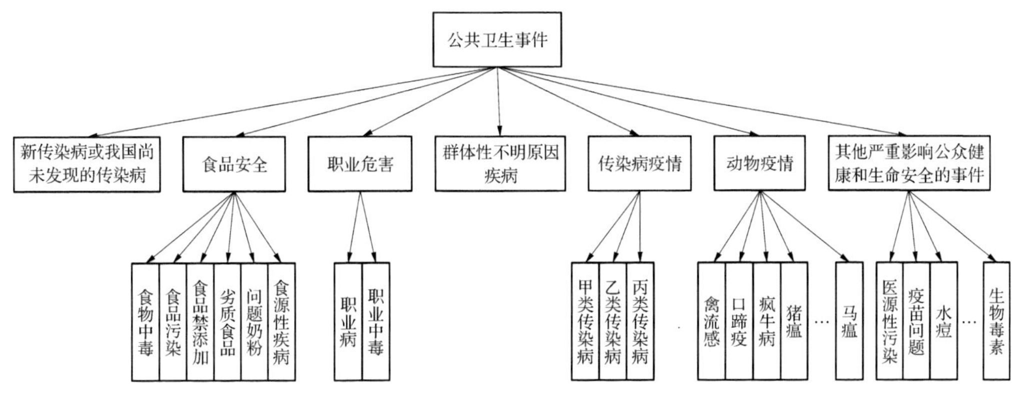

图 6－4　突发公共卫生分类体系

从图 6 - 4 可知，此突发公共卫生分类体系共两层，因为去掉了突发事件一级大类。公共卫生事件下共分为 7 个子类，其中，新传染病或我国尚未发现的传染病和群体性不明原因疾病这两个子类单独列出是为了制定突发事件应急预案而设置的，没有设置下级子类，同时，在我们采集的突发事件案例中也无此两种类型的案例，因此，新传染病或我国尚未发现的传染病和群体性不明原因疾病这两个子类在本实验中不参与分类。参与实验的记录类型分布：食品安全类 2 576 条，传染病疫情类 151 条，动物疫情类 123 条，职业危害类 126 条，其他严重影响公众健康和生命安全的事件类 92 条。

将经过预处理的突发事件案例进行人工标注类别，根据构建好的突发公共卫生分类特征词典，抽取出特征词汇，并形成特征向量矩阵，如表 6 - 3 所示。

表 6 - 3　训练集特征向量矩阵的部分数据

文本序号	……	问题奶粉	禽流感	职业性眼病	疯牛病	假疫苗	……	类目
……	……	……	……	……	……	……	……	……
0010	……	0	1	0	0	0	……	C
1011	……	1	0	0	0	0	……	A
1012	……	0	0	0	1	0	……	D
1013	……	0	0	0	0	1	……	E
1014	……	0	0	0	0	0	……	A
1015	……	0	0	1	0	0	……	B
1016	……	0	0	0	0	0	……	C
……	……	……	……	……	……	……	……	……

（其中，A 表示食品安全类，B 表示职业危害类，C 表示传染病疫情类，D 表示动物疫情类，E 表示其他严重影响公众健康和生命安全的事件类）

针对上述的实验数据，随机抽取每个子类的 20%为测试数据，剩余的 80%数据为训练数据，重复实验过程 10 次取实验结果的平均值。采用二项式朴素贝叶斯(NBB)、多项式朴素贝叶斯(NBM)、K -最近邻分类(KNN)、BP -神经网络(BP - NN)、支持向量机(SVM)算法，采用特征加权的方法，分别以一级类目和二级类进行自动分类实验，实验结果如表 6 - 4。

本书采用的评价指标是召回率(R)和准确率(P)以及 F_1。

$$召回率\ R=\frac{实际分类正确的文本数目}{应该分到此类的文本数目}\times 100\%$$

$$准确率\ P = \frac{实际分类正确的文本数目}{实际分到此类的文本数目} \times 100\%$$

$$F_1 = \frac{2 \times P \times R}{P + R}$$

从表 6－4 可以看出，支持向量机（SVM）算法表现最好，优于其他算法。二项式朴素贝叶斯（NBB）表现最差。相比较而言，K－最近邻分类（KNN）和 BP－神经网络（BP－NN）性能比较接近。相比一级类目，在二级类目中，所有的算法性能都有所下降，主要是多层分类累积了错误的传播，不少学者对此进行研究，提出了一些改进措施，因本书的侧重点不在此，故不做过多的阐述。表 6－5 详细地罗列出支持向量机（SVM）算法在突发事件分类的实验结果。

表 6－4　突发事件分类实验结果

算法	一级类目			二级类目（A 类）		
	P（%）	R（%）	F1（%）	P（%）	R（%）	F1（%）
NBB	75.34	71.25	73.24	67.32	60.12	63.52
NBM	90.58	87.74	89.14	80.76	79.45	80.10
KNN	92.12	91.24	91.68	88.07	87.09	87.58
BP－NN	96.05	95.21	95.63	90.64	86.43	88.48
SVM	98.75	97.43	98.09	92.43	90.56	91.49

表 6－5　支持向量机（SVM）自动分类实验结果

类目（一级）	正确率（%）	召回率（%）	F1（%）	类目（二级）	正确率（%）	召回率（%）	F1（%）
A	99.09	98.87	98.98	A（二级综合）	92.43	90.56	91.49
B	98.13	97.63	97.88	B（二级综合）	89.89	86.62	88.22
C	97.34	94.65	95.98	C（二级综合）	87.98	85.98	86.97
D	97.96	95.31	96.62	D（二级综合）	92.21	89.85	91.01
E	99.16	96.91	98.02	E（二级综合）	93.73	87.36	90.43

从表 6－5 中的数据可以看出，分类效果不错，一级类目分类正确率、召回率、F1 值都在 90%以上，二级类目的正确率、召回率、F1 值也都在 85%以上，一方面是由于构建了突发事件分类特征词典，将每个类目的特征词都罗列其

中，有利于分类，同时，采用特征加权的方法也提高的识别的正确率；另一方面是由于采集的数据数目不多，测试数据也比较少。

6.4 本章小结

突发事件类型不仅是突发事件重要的特征属性，同时，也是突发事件案例知识库构建纵向层次结构的分类依据。本章以粒计算与知识组织理论为基础，建立突发事件分类模型。按照第 4 章建立的突发事件分类体系构建突发事件分类特征词典，采用基于机器学习的算法对训练集中已标注的突发事件分类文本进行学习，获得分类器，构建突发事件分类模型，用于突发事件案例知识库构建时以及之后追踪最新消息时对突发事件文本进行自动分类。本章基于突发事件分类特征词典的突发事件分类的实验部分仅以突发公共卫生事件类型部分数据集为例，数据规模偏小，同时，突发事件分类特征词典的构建需要人工的参与。因此，一方面，这限制了分类结果的可靠性；另一方面，这又导致分类自动化程度降低。我们在以后的研究中将进一步加大数据集的规模，减少人工参与，不断改进分类模型的性能。

第 7 章　基于云模型的突发事件分级模型

从知识组织的角度来看，突发事件分级其实就是突发事件危害程度方面的分类，与突发事件类型一样，突发事件级别也是突发事件重要的特征属性。高效、准确而及时地对突发事件进行分级是施行突发事件应急管理的重要保证，应急管理者只有使用正确的分级方法，及时评估正在发生的突发事件的级别，才能采取有针对性的应急措施，继而控制突发事件，有效降低突发事件带来的损失。[①]

随着对突发事件分级研究的深入，近年来出现的相关文献更多地考虑了突发事件发展的动态性和不确定性。通过分析发现，大部分文献[②③④⑤⑥]都是运用模糊理论来解决突发事件的不确定性。虽然这一问题在一定的程度上得以解决，但仍存在一些不足：(1) 突发事件的不确定性表现为随机性和模糊性等，已有的成果往往只考虑了突发事件的模糊性，较少考虑随机性，更少考虑两者之间的关联性；(2) 模糊理论通过隶属函数刻画不确定性概念的模糊性，而精确的隶属函数容易把人们对模糊现象的处理强行纳入精确数学的范畴。[⑦]

云模型是粒计算中的一种具体的计算模型，是李德毅院士在结合概率论和模糊数学理论的基础上提出的，此模型能统一刻画概念中的随机性、模糊性及其关联性，已经成功地应用到智能控制、数据挖掘、知识发现和模糊评测等领域。[⑧] 本章将云模型理论引入突发事件分级研究中，提出一种新的突发事件

---

① 王微.基于模糊决策的突发事件分级评估算法的改进研究[D].北京：北京工商大学，2009.

② 吴凤平，程铁军.基于改进的灰色定权聚类分析的突发事件分级研究[J].中国管理科学，2013(S1)：110 - 113.

③ 宋莎莎，戴锋，卫保璐.基于模糊层次分析法和聚类分析的突发事件分级研究[J].科学决策，2010(10)：68 - 72.

④ 刘佳，陈建明，陈安.应急管理中的动态模糊分类分级算法研究[J].管理评论，2007(3)：38 - 43＋64.

⑤ 范珉，刘晓君.基于突变理论的公共场所集群事件预警分级[J].中国安全科学学报，2010(2)：171 - 176＋181.

⑥ 季学伟，翁文国，倪顺江，范维澄.突发公共事件预警分级模型[J].清华大学学报(自然科学版)，2008，08：1252 - 1255.

⑦ 李德毅，孟海军，史雪梅.隶属云和隶属云发生器[J].计算机研究与发展，1995，06：15 - 20.

⑧ 李德毅，刘常昱，杜鹢等.不确定性人工智能[J].软件学报，2004(11)：1583 - 1594.

分级模型，较好地解决了分级过程中存在的模糊性与随机性等不确定性特征，并实例验证该方法的可行性和有效性。[①]

7.1 我国突发事件分级规定与分级影响因素分析

我国政府于2006年发布的《国家突发公共事件总体应急预案》[②]（以下简称《应急预案》），将突发公共事件分为四级，即Ⅰ级（特别重大）、Ⅱ级（重大）、Ⅲ级（较大）和Ⅳ级（一般），分别用红、橙、黄、蓝四种颜色表示相应的等级。在《应急预案》中，对何种等级应达到何种条件做了相应的规定，如在突发环境事故中判定为重大环境事件应符合下列情形之一：(1) 发生10人以上、30人以下死亡，或中毒（重伤）50人以上、100人以下；(2) 区域生态功能部分丧失或濒危物种生存环境受到污染；(3) 因环境污染造成重要河流、湖泊、水库及沿海水域大面积污染，或县级以上城镇水源地取水中断的污染事件，等等。从等级分级的表述和各等级的划分标准可以看出，定性概念具有模糊性、缺乏量化指标、分级工作操作性不强等特点，比较适合于事后评估和追究相关主体责任。

影响突发事件分级的因素错综复杂，杨静等从主客观两个方面考虑，归纳出八个维度的影响要素，每个影响因素又包含若干指标，如图7-1所示。[③] 从图7-1可以看出，这八个维度是建立在各类突发事件总体属性特征的基础上，而属于不同类型的突发事件其本身性质、产生的原因、影响范围、对社会危害性等具有很大的差异，因此，在具体的突发事件分级应用中，应根据具体突发事件的类型，参考图7-1各项指标，建立具体的分级指标体系。

总之，突发事件种类繁多、规律各异、事态演化迅速、影响面广泛且各地应急处理能力不同，在对突发事件的应急管理实践中，应针对事故危害程度、影响范围和当地控制事态的能力等因素，将突发事件分为不同的等级，建立具体的分级指标体系，按照分级负责的原则，明确应急响应级别。为了使提出的分级模型更具有通用性，本书对突发事件的分级等级、定义标准和分级指标等不做具体的要求。

---

① 张艳琼，陈祖琴，苏新宁.基于云模型的突发事件分级模型研究[J].情报学报，2015(1)：76-84.

② 国家突发公共事件总体应急预案[EB/OL].[2016-12-24].http://www.gov.cn/yjgl/2006-08/07/content_21048.htm

③ 杨静，陈建明，赵红.应急管理中的突发事件分类分级研究[J].管理评论，2005,04:37-41+8-64.

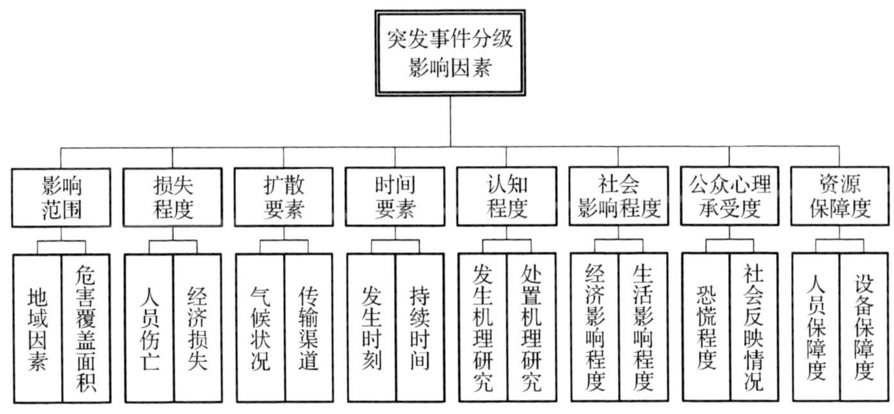

图 7－1　突发事件分级影响因素

7.2　基于云模型的突发事件分级模型

7.2.1　基于云模型的突发事件分级的思路

本书引入云模型理论，通过分析具体突发事件分级指标属性来评估突发事件的分级等级的确定度，客观地反映突发事件的不可预测性、随机性和模糊性等。具体思路如下，如图 7－2 所示。

(1) 根据某类型突发事件的特征，分析影响突发事件分级的因素，建立合理的指标体系，并将指标分为可观测性指标和不可观测性指标。

(2) 根据领域专家意见，划分突发事件分级等级标准，利用标准指标等级云发生器生成标准指标等级云。

(3) 根据建立的分级指标体系采集相关数据。对于可观测性指标，通过统计获得具体的数值。对于不可观测性指标，因无法直接得到具体的数量值，将通过领域专家打分等形式获得。

(4) 计算各可观测性指标的确定度。

(5) 对于不可观测性指标，将通过多位专家根据具体突发事件发生情况进行评估，通过逆向云发生器获得云模型的数字特征，通过相应的算法，计算出不可观测性指标的确定度。

(6) 结合各指标权重，计算综合确定度，根据最大确定度原则，判定突发事件分级等级。

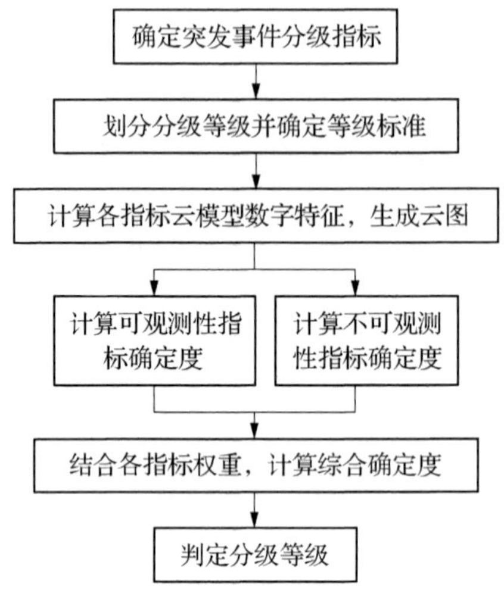

图 7-2　基于云模型的突发事件分级模型流程图

7.2.2　突发事件分级模型具体步骤

步骤 1　确定突发事件分级指标

首先，组织领域专家进行讨论，由领域专家确定某类型突发事件的分级指标，本书将确定好的分级指标分为可观测性指标和不可观测性指标两类，可观测性指标，即只需通过观察、统计就可以得到数值性结果的指标，如死亡人数、受伤人数等，不可观测性指标，即不可直接用传统的统计方法得到数值性结果的指标，如认知程度、公众心理承受程度等。分级指标表述如下：

针对某类型突发事件 A，经过分析，建立分级指标集 Q，$Q=\{V,D\}$，其中 V 表示可观测性指标 $V=\{v_1,v_2,\cdots,v_n\}$，n 表示可观测性指标的个数，D 表示不可观测性指标 $D=\{d_1,d_2,\cdots,d_m\}$，m 表示不可观测性指标的个数。

步骤 2　确定突发事件等级并划分定义标准

根据应急管理的需要，划分突发事件等级级别，设 s 为某类型突发事件 A 的等级级别数，某类型突发事件 A 的等级评语集 $G=\{g_1,g_2,\cdots,g_s\}$。评语集可以用语言值表达，如一般、较大、重大、特别重大等词汇，也可以用数值或字母表达，如Ⅰ级、Ⅱ级、Ⅲ级、Ⅳ级等。各指标按照划分的等级制定相应的标准，具体标准的定义与具体应用场景有关，在实践中，一般通过领域专家的经验和问卷调查给出突发事件分级等级的划分和制定相应的标准。可观测性指标取值的划分一般采用区间来表示，假设某可观测性指标 v_1 的取值范围为 (a,b)，则按照等级级别数 s 将区间 (a,b) 划分为 s 个子区间，其中第 i 个子区间为 $(R_i^{\min},R_i^{\max})$，其中 $R_i^{\min}$ 和 $R_i^{\max}$ 分别为区间的上限和下限。例如我国地震等级为一般、较大、重大、特别重大四个级别。可观测性指标为死亡人数，按照分级等级进行标准定义，如表 7－1 所示。不可观测性指标一般用语言值表达某定性概念，如恐慌程度为低、中、较高、高，需通过赋值的形式转换为定量的数值，再划分为区间，如表 7－2 所示。

表 7－1　死亡人数按照等级划分

	一般(Ⅳ级)	较大(Ⅲ级)	重大(Ⅱ级)	特别重大(Ⅰ级)
死亡人数	(0,10)	[10,20)	[20,100)	[100,+∞)

表 7－2　恐慌程度按照等级划分

	一般(Ⅳ级)	较大(Ⅲ级)	重大(Ⅱ级)	特别重大(Ⅰ级)
恐慌程度	低	中	较高	高
分值区间	(0,2)	[2,4)	[4,6)	[6,8]

分级等级划分标准确定后，传统的等级评定方法一般采用分段函数进行定量评价，在量值与等级之间建立严格的映射关系。显然这种方法存在缺点，即无法体现突发事件本身具有的不确定性、主观性等本质特点。所以，在突发事件分级过程中，需要构建一种新的定性描述方法，而云模型正好能很好地满足这一需求——它能实现在定性概念与其定量表示之间进行不确定性的转换。

步骤 3　计算标准指标等级云模型的数字特征，生成云图

某类型突发事件 A 的等级评语集 $G=\{g_1,g_2,\cdots,g_s\}$，每一个评语集元素 g_i 均为一个定性概念，每一个分级指标可划分 s 个等级，每个等级用一个单独的云来表示。

通过步骤 2，每个指标按照等级划分好标准区间后，即可利用标准指标等级云发生器，为每个指标的每个等级生成标准指标等级云。

算法　标准指标等级云发生器

输入：s 个子区间 $(R_i^{\min},R_i^{\max})$，其中 $R_i^{\min}$ 和 $R_i^{\max}$ 分别为区间的上限和下限，对于单边界限的某变量，形如 $(R_i^{\min},+\infty)$ 或 $(-\infty,R_i^{\max})$，可根据数据的

上下限确定其缺省边界参数。

输出：标准指标等级云 $STC_i(Ex_i, En_i, He_i)$，其中 $i=1,2,\cdots,s$。Ex_i、En_i、He_i 是标准等级指标云 STC_i 的期望、熵、超熵。

具体步骤如下：

(1) $Ex_i = \dfrac{R_i^{\min} + R_i^{\max}}{2}$

(2) 云发生器对定性概念产生的云滴主要落在区间 $[Ex-3En, Ex+3En]$，即云的"$3En$"规则，满足 $3En$ 规则的云的熵为：

$$En_i = \begin{cases} \dfrac{Ex_{i+1} - Ex_i}{6}, & i=1 // \text{左半云} \\ \dfrac{Ex_i - Ex_{i-1}}{3}, & 1 < i < s \\ \dfrac{Ex_i - Ex_{i-1}}{6}, & i=s // \text{右半云} \end{cases}$$

(3) $He_i = \eta$

η 是结合经验针对不同的实际问题事先确定，取值不宜过大。因为 He 越大，随机性越大，等级越难以确定。当 $i=1$ 或 $i=s$，即最左边子区间或最右边子区间，一般生成左半云或右半云。

下面以表 7-1 和表 7-2 为例，采用标准指标等级云发生器产生云的数字特征，通过正向云发生器生成相应的云图，如图 7-3、图 7-4 所示。图 7-3 中，从左到右分别代表死亡人数指标从Ⅳ级到Ⅰ级对应的云，图 7-4 中，从左到右分别代表恐慌程度指标从Ⅳ级到Ⅰ级对应的云。

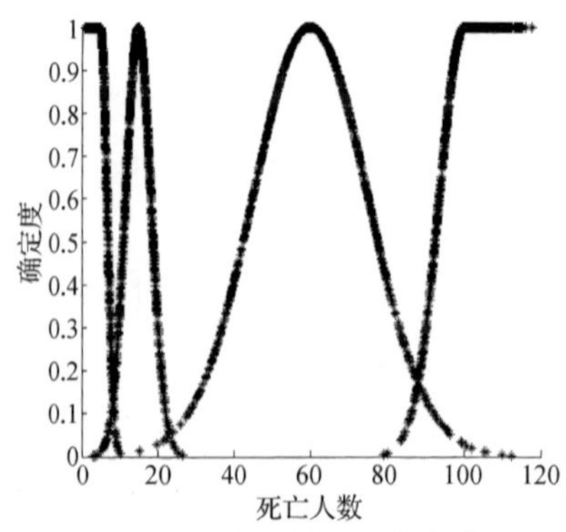

图 7-3　死亡人数的标准指标等级云

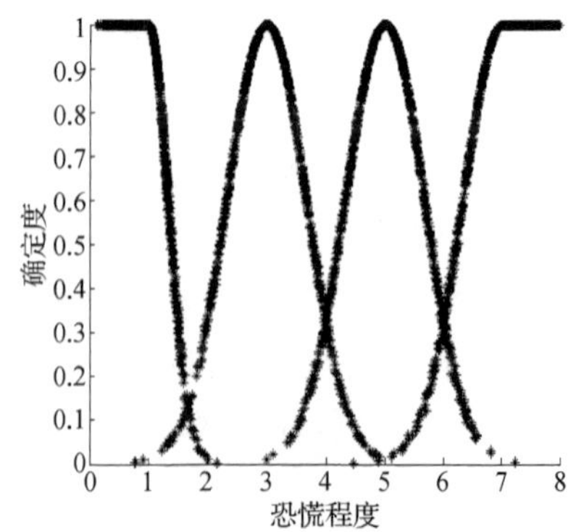

图 7-4　恐慌程度的标准指标等级云

步骤 4　计算可观测性指标确定度

设可观测性指标集 $V=\{v_1,v_2,\cdots,v_n\}$，评语集 $G=\{g_1,g_2,\cdots,g_s\}$，利用标准指标等级云发生器可产生 $n\times s$ 个标准指标等级云：

$$STCV_{n\times s}=\begin{bmatrix} STCV_{11}(Ex_{11},En_{11},He_{11}) & STCV_{12}(Ex_{12},En_{12},He_{12}) & \cdots & STCV_{1s}(Ex_{1s},En_{1s},He_{1s}) \\ STCV_{21}(Ex_{21},En_{21},He_{21}) & STCV_{22}(Ex_{22},En_{22},He_{22}) & \cdots & STCV_{2s}(Ex_{2s},En_{2s},He_{2s}) \\ \vdots & \vdots & \vdots & \vdots \\ STCV_{n1}(Ex_{n1},En_{n1},He_{n1}) & STCV_{n2}(Ex_{n2},En_{n2},He_{n2}) & \cdots & STCV_{ns}(Ex_{ns},En_{ns},He_{ns}) \end{bmatrix}$$

通过数据采集，获得可观测性指标集 $V=\{v_1,v_2,\cdots,v_n\}$ 的数据。图 7－5 为可观测性指标集隶属于第 j 个等级的确定度的计算方法图。图中的 XCG_{j1}、XCG_{j2}、…、XCG_{jn} 表示 n 个 X 条件云发生器，即输入标准指标等级云模型的数字特征 $(Ex_{ji},En_{ji},He_{ji})$ 和特定数字 v_i，输出特定数字 v_i 的确定度 μ_{ji}。然后通过公式 $\sum_{i=1}^{n}\mu_{ji}\omega_v$ 得到 μ_j，其中 ω_v 是各可观测性指标的权值，权重一般由领域专家确定。当 $j=1,2,\cdots,s$ 时，按照图 7－5 所示的计算方法即可得到可观测性指标集 $V=\{v_1,v_2,\cdots,v_n\}$ 在每个等级的确定度，即 $\mu_v=\{\mu_1,\mu_2,\cdots,\mu_s\}$。

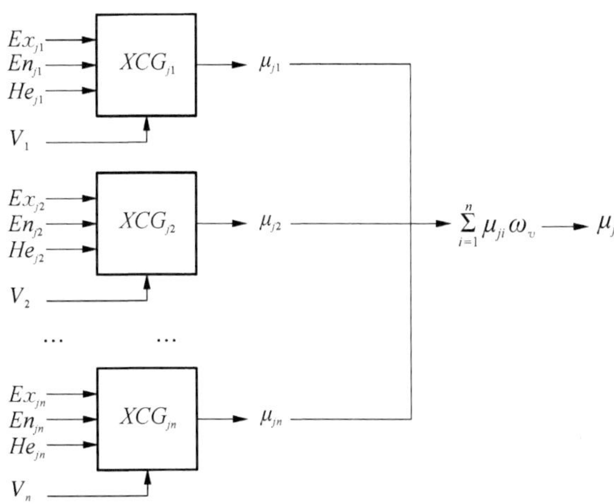

图 7－5　可观测性指标集隶属于第 j 等级的确定度的计算方法图

步骤 5　计算不可观测性指标确定度

由于不可观测性指标的值不可直接获得，需通过领域专家打分获得样本点，传统的方法是取样本点的平均值，本书利用无确定度信息的逆向云发生器算法进行处理，可获得反映此不可观测性指标整个特征的云模型，然后，计算其在各等级的确定度。具体过程如下。

（1）获得不可观测性指标集的云模型

不可观测性指标集 $D=\{d_1,d_2,\cdots,d_m\}$，n 位专家对 m 个不可观测性指标打分后得到样本点矩阵 $H_{m\times n}=\begin{bmatrix} h_{11} & h_{12} & \cdots & h_{1n} \\ h_{21} & h_{22} & \cdots & h_{2n} \\ \vdots & \vdots & \cdots & \vdots \\ h_{m1} & h_{m2} & \cdots & h_{mn} \end{bmatrix}$，对矩阵 H 的每一行，采用无确定度信息的逆向云发生器算法，得到不可观测性指标集 D 的云模型的数字特征，记为

$C_d=[C_{d1}(Ex_{d1},En_{d1},He_{d1}) \quad C_{d2}(Ex_{d2},En_{d2},He_{d2}) \quad \cdots \quad C_{dm}(Ex_{dm},En_{dm},He_{dm})]$。

（2）计算不可观测性指标 d_i 在标准指标等级云的确定度。

通过步骤 3，获得不可观测性指标集 D 在各分级等级的标准指标等级云：

$$STCD_{m\times s}=\begin{bmatrix} STCD_{11}(Ex_{11},En_{11},He_{11}) & STCD_{12}(Ex_{12},En_{12},He_{12}) & \cdots & STCD_{1s}(Ex_{1s},En_{1s},He_{1s}) \\ STCD_{21}(Ex_{21},En_{21},He_{21}) & STCD_{22}(Ex_{22},En_{22},He_{22}) & \cdots & STCD_{2s}(Ex_{2s},En_{2s},He_{2s}) \\ \vdots & \vdots & \vdots & \vdots \\ STCD_{m1}(Ex_{m1},En_{m1},He_{m1}) & STCD_{m2}(Ex_{m2},En_{m2},He_{m2}) & \cdots & STCD_{ms}(Ex_{ms},En_{ms},He_{ms}) \end{bmatrix}$$

最初的不可观测性指标是用语言值来表示的，经过处理后，采用云模型来表示。如何计算用云模型表示的不可观测性指标在标准指标等级云的确定度是本书的难点，具体解决思路：考虑到云模型的期望 Ex 是最能代表定性概念的点，所以在期望 Ex 的附近取若干个点，计算出这些点在标准指标等级云的确定度，并求平均值，用确定度的平均值来表示不可观测性指标在分级等级的确定度，本书通过 Y 条件发生器和 X 条件发生器进行组合来实现，见图 7－6。YCG_i 表示 Y 条件发生器，XCG_j 表示 X 条件发生器，$(Ex_{di},En_{di},He_{di})$ 表示不可观测性指标 d_i 的云模型的数字特征，$(Ex_{ij},En_{ij},He_{ij})$ 表示第 j 个等级的标准指标等级云模型的数字特征。通过随机产生若干个处于区间[0.8,1]之间的 μ，输入到 Y 条件发生器，产生若干对对应的 x（由于云图是对称的，一个 μ 值产生两个 x），然后将若干对 x 作为 X 条件发生器的输入值，输出若干个确定度 u'（取每对确定度 u' 中较大的值），最后取平均值得到 u''，即为不可观测性指标 d_i 在第 j 等级标准指标云的确定度。按照上述方法，求出不可观测性指标集中的其他元素在第 j 等级标准指标云的确定度，结合权重 ω_d，计算出不可观测性指标集在第 j 等级的确定度 μ_j''，当 $j=1,2,\cdots,s$ 时，即可计算出不可观测

性指标 $D=\{d_1,d_2,\cdots,d_m\}$ 在每个等级的确定度 $\mu_d=\{\mu''_1,\mu''_2,\cdots,\mu''_s\}$。

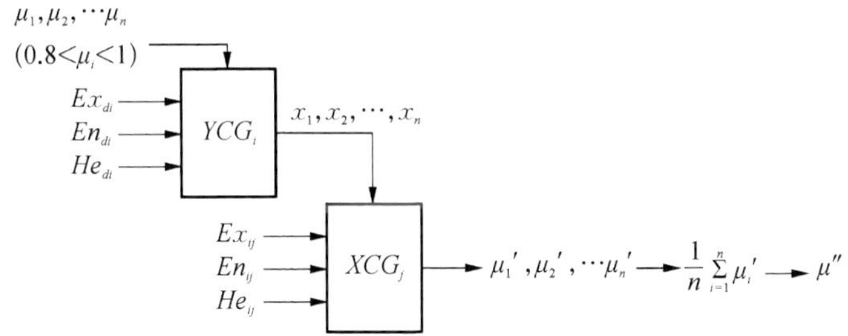

图 7－6　不可观测性指标 d_i 在第 j 等级的标准指标等级云的确定度的计算方法图

步骤 6　计算综合确定度，判定分级等级

可观测性指标集在每个分级等级的确定度为 $\mu_v=\{\mu_1,\mu_2,\cdots,\mu_s\}$，不可观测性指标集在每个等级的确定度 $\mu_d=\{\mu''_1,\mu''_2,\cdots,\mu''_s\}$，即综合确定度为 $\mu_v+\mu_d=\{\mu_1+\mu''_1,\mu_2+\mu''_2,\cdots,\mu_s+\mu''_s\}$，最后，根据最大确定度原则判定突发事件分级等级。

7.3　实例分析

本书实例来源于文献。[①] 重庆地区某化工厂发生氯气泄露，随后引发大爆炸，对周围的人员造成 7 死 3 伤，工厂周围 300 米范围内有能闻到刺鼻气味，政府对附近 3 千米内共 15 万居民进行紧急疏散，扩散区域内的财产设备价值约为 250 万元、环境资源价值约为 150 万元。下面将采用本书提出的新的突发事件分级模型，确定该事故的等级。

根据上述突发事件的发生、发展及影响，建立分级指标体系。可观测性指标 $V=$｛人员死亡、人员受伤、扩散区域面积、受影响人口数量、财产设备价值、环境资源价值｝，不可观测性指标 $D=$｛泄露物质健康危害程度、恐慌程度｝。根据应急需要，此类突发事件通常可划分为四级：Ⅰ级（特别重大）、Ⅱ级（重大）、Ⅲ级（较大）和Ⅳ级（一般），目前各突发事件分级指标的等级划分范围没有统一的标准，不同地方按照不同的标准有不同的做法。本书参照《国家突发公共事件总体应急预案》确定各等级标准，如表 7－3、表 7－4 所示。

---

① 季学伟，翁文国，倪顺江等.突发公共事件预警分级模型[J].清华大学学报（自然科学版），2008，48(8)：1252－1255.

表 7－3 可观测性指标分级等级划分标准

	Ⅳ级	Ⅲ级	Ⅱ级	Ⅰ级
人员死亡(人)	[0,3)	[3,10)	[10,30)	[30,∞)
人员受伤(人)	[0,10)	[10,30)	[30,100)	[100,∞)
扩散区域半径(m)	[0,250)	[250,500)	[500,1 000)	[1 000,∞)
受影响人数(人)	[0,1 000)	[1 000,3 000)	[3 000,10 000)	[10 000,∞)
财产设备价值(万元)	[0,100)	[100,200)	[200,400)	[400,∞)
环境资源价值(万元)	[0,10)	[10,30)	[30,100)	[100,∞)

表 7－4 不可观测性指标分级等级划分标准

	Ⅳ级	Ⅲ级	Ⅱ级	Ⅰ级
泄露物质健康危害性	一般	较大	大	特别大
	(0,2)	[2,4)	[4,6)	[6,8]
公众恐惧程度	低	中	较高	高
	(0,2)	[2,4)	[4,6)	[6,8]

采用标准指标等级云发生器计算出各指标的云模型的数字特征，如表7－5所示。并采用步骤 4 和步骤 5 的方法计算出确定度，如表 7－6 所示。

表 7－5 各指标云模型的数字特征

	Ⅳ级	Ⅲ级	Ⅱ级	Ⅰ级
人员死亡	(1.5,0.83,0.01)	(6.5,1.67,0.01)	(20,4.5,0.01)	(30,1.67,0.01)
人员受伤	(5,2.5,0.01)	(20,5,0.01)	(65,15,0.01)	(100,5.83,0.01)
扩散区域半径	(125,41.67,0.01)	(375,83.33,0.01)	(750,125,0.01)	(1 000,62.5,0.01)
受影响人数	(500,250,0.01)	(2 000,500,0.01)	(6 500,1 500,0.01)	(10 000,583.3,0.01)
财产设备价值	(50,16.67,0.01)	(150,33.33,0.01)	(300,50,0.01)	(400,16.67,0.01)
环境资源价值	(5,2.5,0.01)	(20,5,0.01)	(65,15,0.01)	(100,5.83,0.01)

续　表

	Ⅳ级	Ⅲ级	Ⅱ级	Ⅰ级
泄露物质健康危害性	(1,0.33,0.01)	(3,0.67,0.01)	(5,0.67,0.01)	(7,0.33,0.01)
公众恐惧程度	(1,0.33,0.01)	(3,0.67,0.01)	(5,0.67,0.01)	(7,0.33,0.01)

表 7-6　各指标的确定度

	Ⅳ级	Ⅲ级	Ⅱ级	Ⅰ级
人员死亡	0	0.973 6	0.015 5	0
人员受伤	0.726 8	0.038 3	0	0
扩散区域半径	0	0.835 3	0.001 5	0
受影响人数	0	0	0	1
财产设备价值	0	0.135 5	0.606 4	0.011 1
环境资源价值	0	0	0	1
泄露物质健康危害性	0	0	0.001 2	0.964
公众恐惧程度	0	0	0.002 3	0.945

结合各指标的权重值,计算出在 4 个等级的综合确定度为(0.073,0.330,0.064,0.489),根据最大确定度原则,此次突发事件的分级等级为Ⅰ级(特别重大),这一结果与实际是相符合,与文献①的计算结果也比较一致。

根据此实例的类型,本书查找了我国政府对此制定的相关等级划分标准,其中比较相符的有《国家突发环境事件应急预案》分级标准,条文中规定"因危险化学品(含剧毒品)生产和贮运中发生泄漏,严重影响人民群众生产、生活的污染事故"属于特别重大环境事件(Ⅰ级)。从这条规定可以看出,"严重影响"一词就是判定等级的关键词,但这是一个主观性很强的词,每个人对这一程度的判断标准不一样,缺乏量化指标,因此不太适用于应急管理中快速响应突发事件时的等级划分,而本书提出的基于云模型的突发事件分级方法,既考虑了定量概念,即可观测性指标,如人员死亡、人员受伤、扩散区域面积等,又考虑了定性概念,即不可观测性指标,如泄露物质健康危害程度、恐慌程度等,通过

① 季学伟,翁文国,倪顺江等.突发公共事件预警分级模型[J].清华大学学报(自然科学版),2008,48(8):1252-1255.

云发生器算法，将定性因素与定量因素转换为同一判定指标，通过加权的方法，获得属于某一分级等级的综合确定度。通过此综合确定度集合可以明确地了解属于某一分级等级的确定度，可以给应急决策者提供更多的参考信息，而不仅仅是指出此突发事件属于具体的某一等级。

7.4 本章小结

突发事件分级受诸多不确定性因素的影响，是一个极其复杂的问题。本书在突发事件分级研究中，引入在定性与定量转化方面具有明显优势的云模型，相比较其他的突发事件分级方法，本方法充分考虑到突发事件的模糊性、随机性等特点，很好地体现了人类的思维特征和习惯，弥补了以往分级方法不能综合考虑指标随机性和模糊性的缺陷。同时，本书提出的基于云模型的突发事件分级模型，综合考虑了突发事件的各种复杂因素，具有一定的普适性，可以适用于突发事件事前的预警以及事中和事后的评判，为突发事件应急管理中分级级别的确定提供了科学而有效的方法。

第8章 基于层次粗糙集的突发事件规则知识库构建

随着人口、环境和能源等方面问题的日益突出，全球范围内的突发事件频繁发生，多年来，积累了海量的各类突发事件案例，以恐怖事件为例，仅全球恐怖主义事件数据库(Global Terrorism Database, GTD)就收录了125 000多项案例。[①] 如何对这些海量的数据资源进行分析和处理，挖掘其中潜在、有价值的知识，如何对这些提炼出的知识进行表示、存储、管理和利用，有效地为突发事件应急决策服务，是目前急需解决的问题。一方面，直接面对数据库中原始概念层的海量细节信息，往往无法得到有意义的知识，而对原始较低粒度的概念进行提升，抽象出较高的概念层，则可以发现更普遍、更有指导意义的知识；另一方面，对于在论域上不同概念之间的关系，人们习惯划分层次，从宏观、中观、微观上理解概念之间的层次关系，形成概念的树状结构，所谓的宏观、中观、微观又涉及概念的粒度表征，概念粒度越大，涵盖的数据范围越广，概念越抽象和宏观，而概念粒度越小，涵盖的数据范围越窄，概念越具体和精细。[②] 因此，对数据进行多角度、多层次的分析方法，可以辅助突发事件应急决策者实现数据到信息、信息到经验、经验到知识的认知过程，从而可以透过数据的表象，掌握事物的本质，进行科学的决策。粒计算作为一种新的计算范式，是当前人工智能领域模拟人类解决复杂问题求解理论的核心技术之一。从信息粒化的角度，粒计算为我们提供了一套求解问题的理论框架：对复杂问题化繁为简、化整为零，基于不同粒度层次对复杂问题进行多侧面、多视角的简化处理与分析，同时忽略无关紧要的细节，在保证一定的计算精度的条件下提高计算效率。其中，粗糙集理论模型是用来求解不确定性问题的一种重要的粒计算模型之一。[③] Feng Q. R.将多维数据模型与粗糙集理论有效地结合，构造了一

---

① National Consortium for the Study of Terrorism and Responses to Terrorism (START). (2016). Global Terrorism Database[Data file]. Retrieved from https://www.start.umd.edu/gtd

② 李德毅，杜鹢.不确定性人工智能(第2版)[M].北京：国防工业出版社，2014.

③ 李天瑞，罗川等.大数据挖掘的原理与方法[M].北京：科学出版社，2016.

种新的粒计算模型——层次粗糙集模型，该模型能够在多个抽象层上分析和解决问题。[①] 本章将层次粗糙集理论用于突发事件规则知识库的构建，实现了智能知识获取与知识发现及归纳推理等功能。

8.1 基于层次粗糙集的突发事件规则知识库构建思路

突发事件知识获取就是从海量的突发事件数据中挖掘知识规则的过程。一个具有巨大数据量的信息系统，从其中挖掘提炼出来的知识规则集通常也会很大，这样的知识规则往往让人难以理解，而且会导致过度拟合。在有些信息系统中，由于数据的稀疏性，通常难以在原始数据库中发现有价值的知识，或者，原始数据库存放的数据过于细节，人们希望从较高层次上来处理或观察数据，通过对数据进行不同层次的抽象，可能会挖掘出更有价值的知识，因此，需要构造层次知识规则挖掘框架来满足不同用户的需求。本书将层次粗糙集理论引入层次知识挖掘算法，实现突发事件规则知识库的构建。具体构建思路如图 8-1 所示。

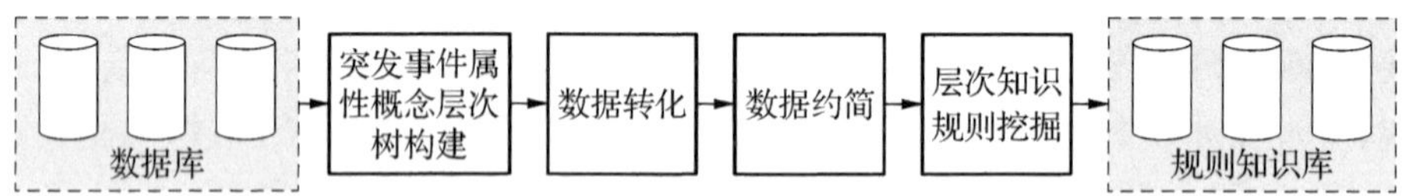

图 8-1 基于层次粗糙集的突发事件规则知识库构建思路

8.2 突发事件属性概念层次树构建

突发事件种类繁多，每一类型的突发事件由不同的属性进行描述，具有不同的知识范畴，即使是属于同一大类别的突发事件的属性也不尽相同，如，同属于自然灾害的火灾和地震。因此，很难用统一的模型来描述所有突发事件的属性。但经分析发现，突发事件的属性特征的类型是有限的。本书将这些属性类型分为：日期型、时间型、字符型、数值型和语言值型。日期型是表示日期的数据值，如，突发事件发生的日期时间；时间型是表示一日之中的具体时

① Feng Q. R., Miao D. Q., Cheng Y.. Hierarchical decision fules mining[J]. Expert Systems with Applications, 2010, 37: 156-159.

间，如上午 10 时 10 分等；字符型是指精确的文本字符值，如突发事件发生的地点、突发事件所属的类别等；数值型是指出通过观察、统计可以得到的数值类型，如死亡人数、财产损失值等；语言值型是指用语言值表达某定性值，如恐慌程度等。在这些属性类型中，在不经过任何数据处理的情况，属性取值就具有内在的偏序关系和一定的层次性。比如，日期型，其取值为年份、季度、月份、日等，如图 8－2 所示。时间型，如图 8－3 所示。属于字符型的突发事件地点属性，可以按照行政区域划分为地区、省、市、县、镇等，如图 8－4 所示。但是，有些突发事件属性取值范围比较大，数据分布比较分散，而且数据量也很大，如果直接在这些数据集合上操作，一方面，计算复杂度高，另一方面，也很难提取有价值的信息，如果在较高的抽象层上获得的知识就更具有意义。如突发事件属性“受影响人群的年龄分布”，假设年龄的取值范围为[0，150]，相对来说，属性的取值个数较多，较难反映数据的全局特征。根据联合国世界卫生组织提出的年龄分段将其取值概括为青年、中年、老年，这样就能更好地体现数据的全局特征，如图 8－5 所示。因此，将突发事件各个属性值域构造成相应的概念层次树，实现在多个抽象层次上分析数据，是项非常有意义的研究。Zhang J.等提出的一种与概念层次树非常类似的隐结构模型的构建方法，对概念层次树的构建有很好的借鉴作用。① Chen 和 Istvanjonyer 等学者将属性值域粒度化的过程看成是属性值聚类的过程，提出通过聚类方法构建概念层次树。②③ 不同类型的突发事件分属不同的学科领域，有些甚至是多学科领域的融合，因此，突发事件属性概念层次树的构建需要结合学科领域知识以及领域专家的参与来构建。下面将分别对字符型、语言值型、连续数值型的属性概念层次的构建进行阐述，具体构建思路，如图8－6所示。

① Zhang N. L.. Latent structure models and diagnosis in traditional Chinese medicine[J]. Latent Structure Models, 2004.

② Chen J., Li Q.. Concept Hierarchy Construction by Combining Spectral Clustering and Subsumption Estimation[C]//Web Information Systems—WISE 2006, International Conference on Web Information Systems Engineering, Wuhan, China, October 23－26, 2006, Proceedings. DBLP, 2006: 199－209.

③ Istvanjonyer, Holder L. B., Cook D. J.. GRAPH-BASED HIERARCHICAL CONCEPTUAL CLUSTERING[J]. International Journal of Artificial Intelligence Tools, 2012, 10(1n02): 19－43.

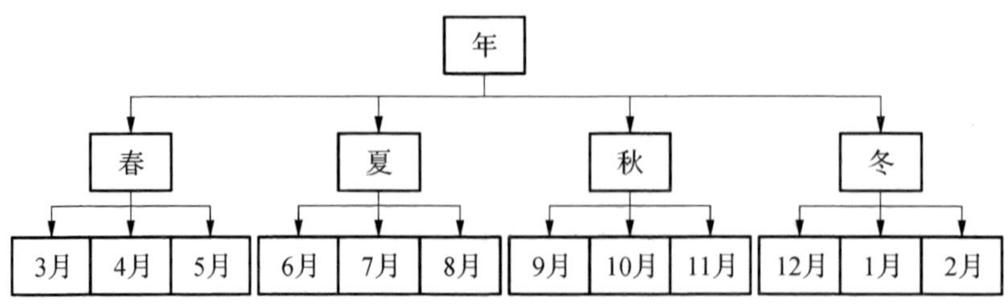

图 8-2 “日期”型属性的概念层次树

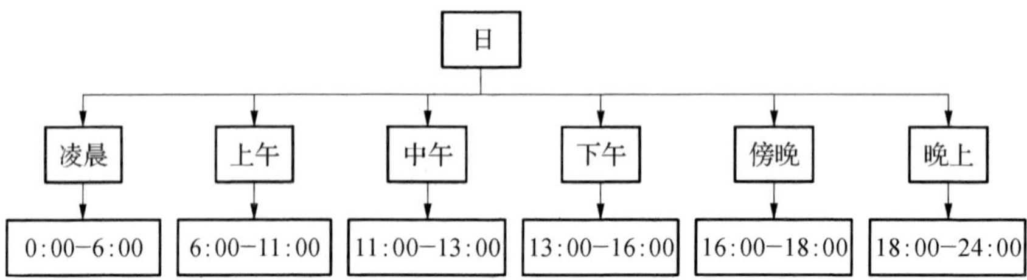

图 8-3 “时间”型属性的概念层次树

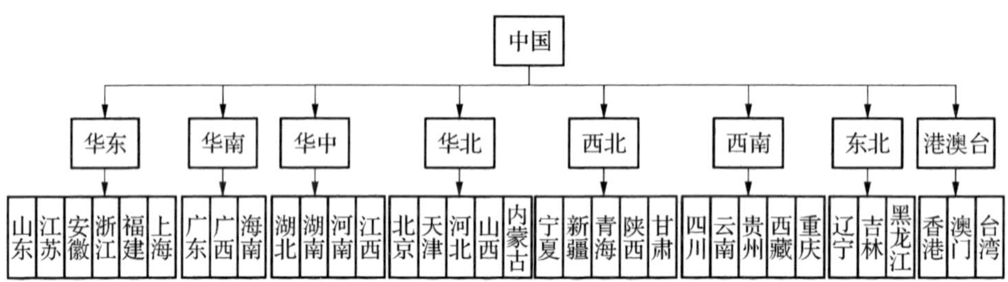

图 8-4 突发事件地点属性的概念层次树(省略了市、县、镇等)

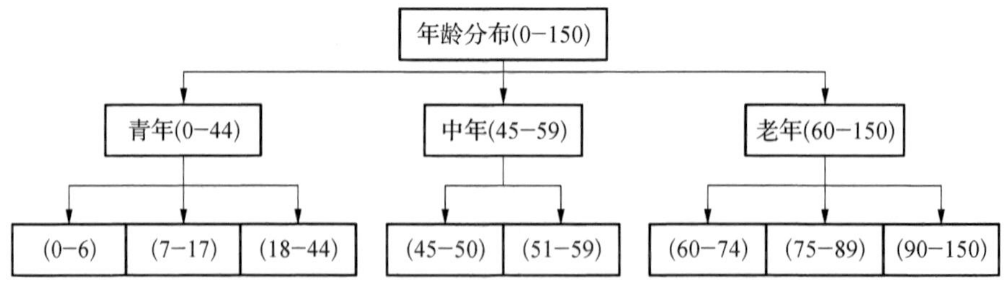

图 8-5 “受影响人群年龄分布”概念层次树

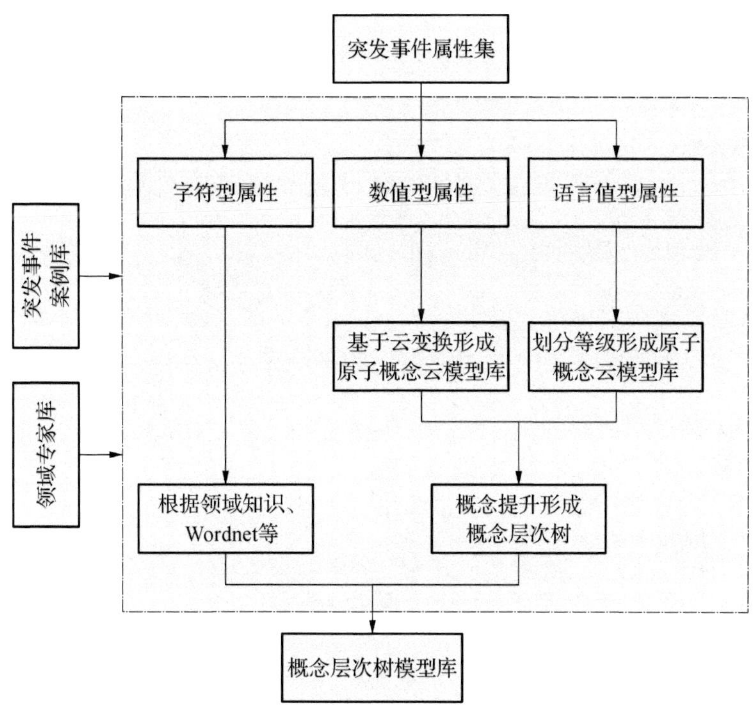

图 8-6　突发事件属性概念树构建

8.2.1　构建字符型属性概念层次树

字符型属性概念层次树的构建一般可以借助 WordNet、HowNet 等词库工具，根据领域知识，大多时候还需要领域专家的参与来完成。比如，突发事件发生的地点属性概念层次树，可以参照中华人民共和国行政区划来构建；火灾类别的概念层次树可以根据 GB/T 4968－2008 来构建。

8.2.2　构建语言值属性概念层次树

设语言值属性取值为语言集 $Q=(q_1,\cdots q_i,\cdots,q_n)$，语言集 Q 代表一组有序的语言评价值的集合，共 n 个评价值，n 的取值由领域专家确定，其中 q_i 的表示区间为 $\left(\frac{i-1}{n},\frac{i}{n}\right)$，$q_i$ 的期望为区间的中间值 $\frac{2i-1}{2n}$，则语言集 Q 对应的元素期望集 $O=\left(\frac{1}{2n},\cdots,\frac{2i-1}{2n},\cdots,\frac{2n-1}{2n}\right)$。

算法:语言值属性概念层次树构建

输入:$Q=(q_1,\cdots q_i,\cdots,q_n)$,$n$ 表示评价值个数

输出:概念层次树 W

步骤:

(1) $l=0$,l 表示概念层次树的层次,0 表示叶节点;计算 q_i 的表示区间为 $\left(\frac{i-1}{n},\frac{i}{n}\right)$;叶结点为原始 q_i 的表示区间。

(2) 当概念层次树第 l 层次节点个数大于 2 时,转到(3);否则,转到(5)

(3) 选择当前概念层次中相距最近的两个节点 q_i,q_{i+1} 进行综合,形成新的节点 W_{li} 的表示区间为 (a,b),其中,$a=\frac{i-1}{n}$,$b=\frac{i+1}{n}$;

(4) $l=l+1$;转到(2);

(5) 生成根节点 all,算法结束。

8.2.3 构建数值型属性概念层次树

数值型属性概念层次树的构建是本章的重点,也是本章的难点,笔者对此进行了深入的研究。突发事件属性中存在大量值域为连续数值取值的属性,数据取值范围广泛、数值量大,即使是领域专家,面对如此多的数据也无法构造出科学、合理的概念层次树来。采用等距离和等频率区间法等传统的概念提取方法对论域实行硬划分,不符合人的认知规律,而且传统的概念层次树也无法反映数据的实际分布情况。① 李德毅、蒋嵘、杜鹢等在结合概率论和模糊数据学理论的基础上提出的云模型能统一刻画概念中的随机性、模糊性及其关联性,并在云模型的基础上提出云变换(cloud Transformation)思想实现概念的软划分,此方法不仅较好地体现出概念的不确定性,而且能够根据数据的实际分布实现概念的划分。②③ 随着研究的深入,蒋建兵等在分析现有正态云的概念划分和概念提升的方法基础上,引入梯形云,提出一种新的概念划分方法,但文章中并没有给出实例论证。④ Wang Z.提出基于梯形云模型的数值关

---

① 李德毅,杜鹢.不确定性人工智能(第 2 版)[M].北京:国防工业出版社,2014.

② 蒋嵘,李德毅.数值型数据的泛概念树的自动生成方法[J].计算机学报,2000,23(5):471 - 477.

③ 杜鹢,李德毅.基于云的概念划分及其在关联采掘上的应用[J].软件学报,2001.12(2).196 - 203.

④ 蒋建兵,梁家荣,江伟,顾志鹏.梯形云模型在概念划分及提升中的应用[J].计算机工程与设计,2008,05:1235 - 1237+1240.

联规则的挖掘方法。[①] 马政朝等运用梯形云概念提升算法对物联网安全数据的定义域进行划分,并对划分结果进行了合理提升。[②] 本书借鉴上述的算法思想,针对突发事件属性数据的分布情况,提出一种基于多类型云变换的概念划分算法。通过此方法,可以对突发事件属性实现原子概念的归纳提取,并对原子概念进行提升,逐层构建出突发事件属性概念树。

一、概念提取

概念提取就是从连续的数据中提取出离散概念的过程。传统的方法主要有等距离区间法和等频率区间法。等距离区间法是将论域主观划分为多个宽度相等的子区间。等频率区间法是依据属性值发生的频率,将论域划分为频率宽度相同的子区间。这些方法既没有考虑实际的数据分布情况,也不能反映从实际的连续数据中抽取定性概念的不确定性。为解决上述问题,在云模型表示定性概念的基础上,引入云变换的思想,可以实现连续数据的离散化。[③]

设突发事件某属性 X 的频率分布函数 $f(x)$,根据 X 的实际频率分布情况,自动生成若干粒度不同的云 $C(Ex_i, En_i, He_i)$ 的叠加,每个云代表一个离散、定性的概念,实现从连续数值区间到离散概念的转换过程,这就是云变换的思想。马政朝等提出一种基于峰值法的云变换方法,即数据频率分布中的局部极大值点是数据的汇聚中心,可作为概念的中心,是云模型的数学期望;峰值越高,表示数据汇聚得越多,则优先考虑其反映的定性概念,在原分布中减去该定性概念对应的数值部分,再寻找局部极大值,并依次类推。但此方法没有就如何拟合变化的频率分布曲线做具体说明,对于峰值波动不大的情况,在拟合精度较高时,就会出现较多的拟合云模型,增加了计算复杂度。李德毅等用梯形云模型代替正态云模型对曲线拟合进行了改进。本书借鉴秦昆等[④]的思想,对拟合云模型的类型进行扩充,针对不同曲线段应用不同类型的云模型进行拟合,既减少了拟合云模型的个数,又有利于提高拟合的精度,此算法思路,如图 8－7 所示。

---

① Wang Z.. Quantitative Association Rules Mining Method Based on Trapezium Cloud Model[C]. Database Technology and Applications(DBTA),2010 2nd International Workshop on. IEEE. 2010:1－4.

② 马政朝,郑瑞娟,吴庆涛,张明川.一种物联网安全属性概念提取方法[J].计算机仿真,2014,03:303－307.

③ 李德毅,杜鹢.不确定性人工智能(第 2 版)[M].北京:国防工业出版社,2014.

④ 秦昆,王佩.基于云变换的曲线拟合新方法[J].计算机工程与应用,2008,23:56－58＋74.

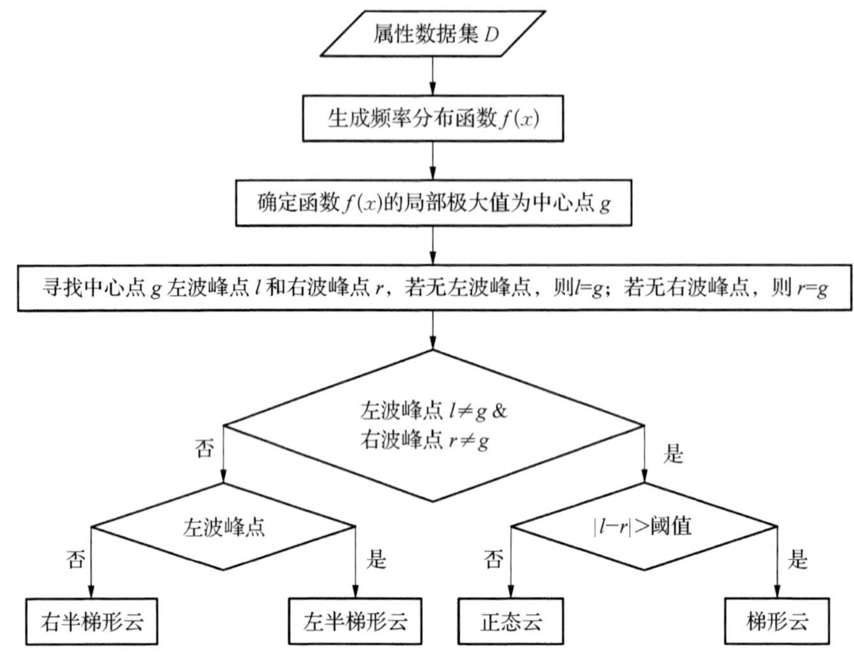

图 8-7　基于多类型云模型的云变换算法流程图

具体算法步骤如下所示。

算法 1　基于多类型云模型的云变换

输入：属性 X 的数据集合 D；变换允许的误差阈值 ε；波峰差阈值 θ；

输出：n 个离散的不同类型的原子概念的云模型集合 Clounds。

算法步骤：

(1) 对属性 X 的论域中每个可能属性值 x，计算其在数据集合 D 中含有该属性值的记录个数 y，得到属性 X 的频率分布函数 $f(x)$。

(2) 寻找频率分布函数 $f(x)$ 的波峰值所在位置，将其属性值定义为云模型的中心点 g。

(3) 初始值设 $l=g$，$r=g$；在中心点 g 的左右边寻找最相邻的波峰值，$l=$左波峰值，$r=$右波峰值。

(4) 根据 l 和 r 的值，判断云模型的类型，并确定云模型期望 Exl_i、Exr_i。

a. 若 $l=g$，则云模型为右半梯形云，$Exl_i=g$；若 $abs(r-l)\leqslant\theta$，则继续寻找下一个右波峰点，直到 $abs(r-l)>\theta$，$Exr_i=r$；

b. 若 $r=g$，则云模型为右半梯形云，$Exr_i=g$；若 $abs(r-l)\leqslant\theta$，则继续

寻找下一个左波峰点，直到 $abs(r-l)>\theta, Exl_i=l$；

c. 若 $l\neq g$ 且 $r\neq g$，如果 $abs(r-l)>\theta$，则云模型为正态云 $Exl_i=Exr_i=g$；否则，从左右两边继续寻找下一个波峰点，直到 $abs(r-l)>\theta$，$Exl_i=l, Exr_i=r$。

(5) 计算用于拟合 $f(x)$ 的、以 Exl_i, Exr_i 为期望的云模型的熵，计算云模型的分布函数 $f_i(x)$。

(6) 从 $f(x)$ 中减去已知云模型的数据分布 $f_i(x)$，得到新的数据分布函数 $f'(x)$，并在此基础上重复步骤(2)～(4)，得到多个基于云的数据分布函数。

根据已有的 $f(x)$，最后得到的拟合误差函数 $f'(x)$ 及各个云模型的分布函数，其计算基于云模型定性概念的 3 个特征值。

二、概念跃升及概念树的生成

算法 1 根据突发事件属性域中数据值的分布情况，自动生成一系列由云模型表示的基本概念，实现对论域的软划分。概念跃升就是在这些云模型表示的基本概念的基础上，通过合并相邻云概念，生成更高层次的云概念，达到概念提升来提升知识的粒度。概念跃升主要有三种策略：(1) 用户预先指定跃升的概念粒度，即用户指定概念个数；(2) 自动跃升，不预先由用户指定，而是根据具体情况，自动将概念跃升到合适的概念粒度；(3) 人机交互式的跃升，即用户干预并具体指导概念的跃升。① 本书采用第二种策略进行概念跃升。概念粒度提升主要是通过云综合来完成，即将两朵或多朵相同类型的子云进行综合，生成一朵新的高层概念的父云。可以使用“软或”云综合法和“积分”云综合法。“软或”云综合法简单易于计算，本书采用“软或”云综合法。一般只会在频率分布曲线的两端才会出现半云模型。因此，两类云模型进行云综合只会出现三种情形：(1) 右半云与全云；(2) 全云与全云；(3) 全云与左半云。其中，全云包括正态云和梯形云。

算法 2　“软或”云综合法

输入：给定两个云模型 $C_1(Exl_1, Exr_2, En_1, He_1, type_1)$，$C_2(Exl_2, Exr_2, En_2, He_2, type_2)$

输出：综合云模型 $C(Exl, Exr, En, He, type)$

算法步骤：

(1) 若 $type_1$ 为右半云，$type_2$ 为全云，则根据下列公式计算：

---

① 李德毅，杜鹢.不确定性人工智能(第 2 版)[M].北京：国防工业出版社，2014.5.

$Exl = Exl_1$；

$Exr = \frac{Exr_1 + Exr_2}{2} + \frac{|En_1 - En_2|}{4}$；

$En = \frac{Exr - Exl}{4} + \frac{En_1 + En_2}{2}$；

$He = \max(He_1, He_2)$；

$type$ 为右半云；

(2) 若 $type_1$，$type_2$ 同为全云，则根据下列公式计算：

$Exl = \frac{Exl_1 + Exl_2}{2} + \frac{|En_1 - En_2|}{4}$；

$Exr = \frac{Exr_1 + Exr_2}{2} + \frac{|En_1 - En_2|}{4}$；

$En = \frac{Exr - Exl}{4} + \frac{En_1 + En_2}{2}$；

$He = \max(He_1, He_2)$；

$type$ 为全云；

(3) 若 $type_1$ 为全云，$type_2$ 同为左半云，则根据下列公式计算：

$Exl = \frac{Exl_1 + Exl_2}{2} + \frac{|En_1 - En_2|}{4}$；

$Exr = Exr_2$；

$En = \frac{Exr - Exl}{4} + \frac{En_1 + En_2}{2}$；

$He = \max(He_1, He_2)$；

$type$ 为左半云；

通过对原子云模型运用云综合算法进行概念跃升可以得到较粗的粒度的概念，但不是距离最近的任何两个相邻的云模型都可以进行云综合算法，必须满足一定的条件。本章在操作中引入距离阈值 δ，即距离函数 $d(C1,C2) = |Exr_1 - Exl_2| / (En_1 + En_2) \leqslant \delta$，根据 $3En$ 规则，δ 的取值一般小于 3。

算法 3　概念树的生成

输入：云变换生成的原子概念集合 C，距离阈值 δ

输出：概念树 C^{lay}

算法步骤：

$BEGIN$
$C^{lay}=C^{(1)}$
$while(\min(d(C_i,C_{i+1})\leqslant\delta)$
$\{C=soft\_or(C_i,C_{i+1})$；//“软或”云综合法
$lay=delete(C^{lay},\{C_i,C_{i+1}\}$；
$C^{lay}=C^{lay}\cup\{C\}$；
$i=i+1$；
$\}$

本节实验数据来源于全球恐怖主义事件数据库(简称 GTD 数据库)①,该数据库包含了从 1970 年到 2013 年全球超过 125 000 例恐怖袭击的相关信息(此数据库的数据不断更新,截至本书完成时,此数据库数据更新到 2015 年,共收录超过 150 000 例记录),每个案例至少包含 45 个特征属性变量,其中最近发生的事件包含有 120 多个特征属性变量。本书以 nkill(死伤亡人数)这一属性为例进行概念树的构建。出于各种原因,数据库中存在字段缺失现象,将 nkill 字段数据缺失的记录删除后,得到 106 099 例数据。从理论上说,nkill 的取值范围 $nkill\in[0,\infty)$,但从实际情况来看,随着 nkill 取值越高,数据的分布越稀疏,从本数据库的分布情况来看,nkill 取值大于 100,共有 114 例,其中 nkill 取值最大为 1382(此次为 911 事件死亡人数)。由此可以看出:本数据属性 nkill 取值范围较广,数据分布非常稀疏,为了清晰地展示下文的效果图,100 以后的这段数据不在示图中显示,但参与计算。另外,需要说明的是,nkill 取值为 0 的记录共有 57 363 例,占总数的 54.07%,nkill 的取值从“0”到“1”,虽然数值之间只相差 1,但是从概念意义实现了从“无”到“有”的飞跃,在突发事件的数值分类上一般把“0”值单独划分为一类,在本书的处理中,“0”不参与计算。如果出于别的考虑需要将其加入计算,那么计算方法不变。

三、不确定性概念提取

图 8－8 是全球恐怖主义事件数据库中 nkill 字段数据的频率分布图。从图8－9中可以看出,nkill 数据的分布具有非常严重的偏倚现象,为了更好地进行概念提取,必须对频率进行对数变换,令 频率′＝log2(频率＋1),经转换后 nkill 数据分布曲线如图 8－9 所示。

---

① National Consortium for the Study of Terrorism and Responses to Terrorism (START). (2016). Global Terrorism Database[Data file]. Retrieved from https://www.start.umd.edu/gtd.

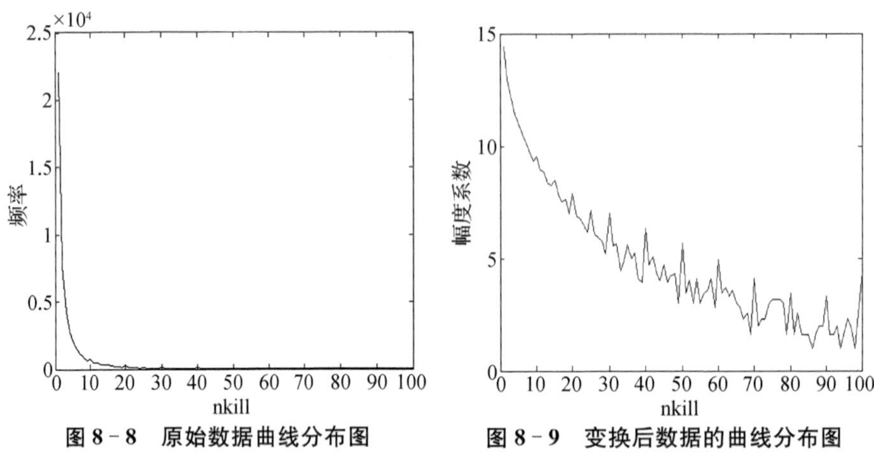

图 8-8 原始数据曲线分布图　　图 8-9 变换后数据的曲线分布图

经过对 nkill 数据进行算法 1 运算，得到一系列由半云、梯形云和正态云组成的原子概念。图 8-10 展示出了这些定性概念所对应的云模型以及这些云模型期望曲线的叠加。从图 8-10 可以看出，通过云变换得到的定性概念所对应的云模型期望曲线的叠加非常好地反映了实际的数据分布情况。为了说明此算法的优越性，本书将其与基于正态云拟合的云变换算法进行比较。在相同参数设置环境下，相同数据经过基于正态云拟合的云变换算法运算后，得到的原子概念所对应的云模型如图 8-11 所示。本书算法共得到 44 个不同类型的云模型，而基于正态云的云变换算法得出 59 个云模型，前者的残差方差值为 0.123 1，后者的残差方差值为 0.157 7。由此可见本书改进的算法不仅提高了拟合的精度，而且减少了云模型的个数。

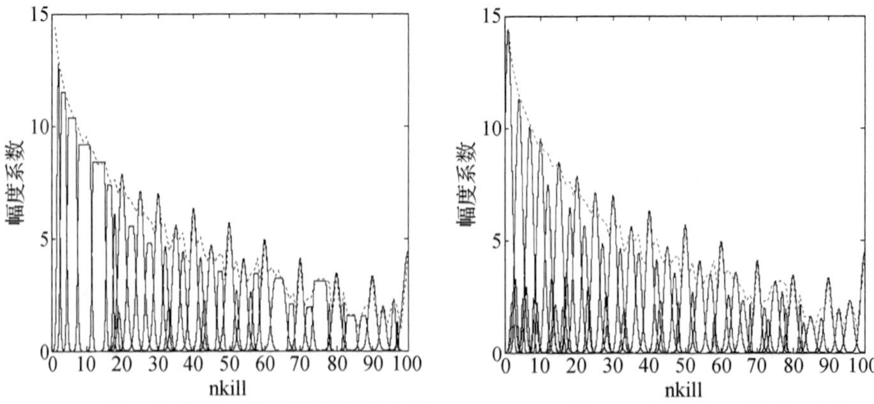

图 8-10 基于多类型云模型的数据分布图　　图 8-11 基于正态云模型的数据分布图

四、概念跃升及概念树的构建

按照概念云综合算法，对原子概念进行第一轮合并，得到 12 个较细粒度的不确定概念，如图 8－12 所示。然后对这 12 个较细度的不确定型概念进行进一步的合并，最后得到 5 个粗粒度的不确定型概念，其对应的云模型，如图 8－13所示(根据需要可以进一步合并)。图 8－14 表示概念云的合并过程，图中每个方框表示一个概念云，格式为 $C(Ex1,Ex2,En,He,Type)$，其中，$Type$ 表示概念云的类型，1 表示右半梯形云，2 表示左半梯形云，3 表示完整梯形云，4 表示完整正态云。

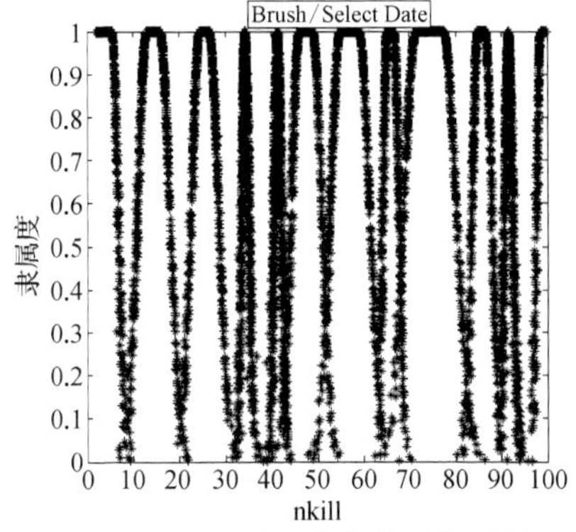

图 8－12　经过概念合并后得到的 12 个不确定性概念

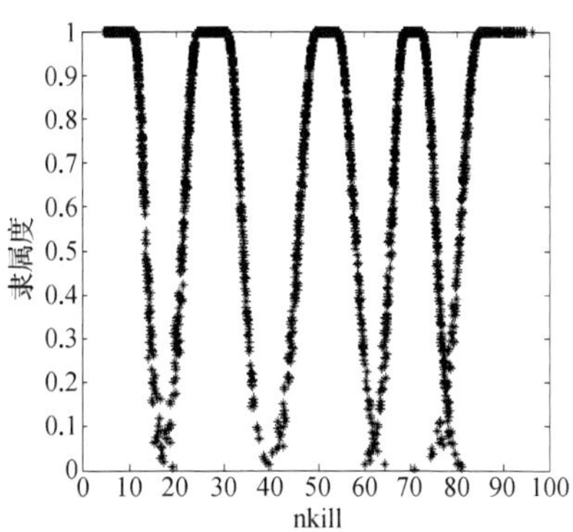

图 8－13　经过概念合并后得到的 5 个不确定性概念

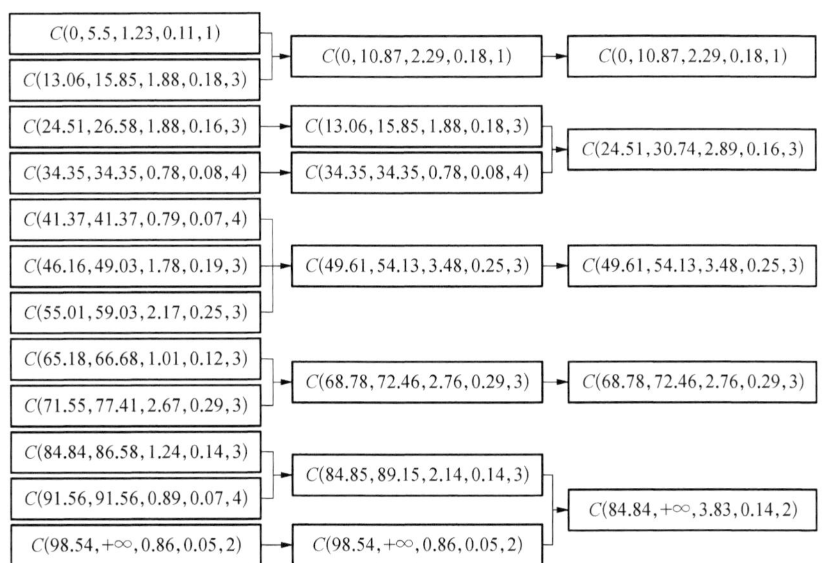

图 8－14　概念云的合并过程

最终得到的5个不确定性概念较为客观地反映了突发事件nkill数据的分布情况。从最初的44个概念跃升至最终的5个概念的过程，就是突发事件属性nkill概念树的构建过程。该方法不需要人为参与干预，可以直接从数据库中抽取概念，构建概念层次关系，形成概念树。

8.3 数据转化

数据转化，顾名思义，就是将选定的数据转换成另一种数据形式，且相比较而言，新的数据形式要具有某种优势，比如，更适合进行数据挖掘。在本书中，需要将单层数据表通过数据转化，变成多维数据立方体。多维数据模型是关系模型的一个变形，是为了满足从多角度、多层次进行数据查询和分析的需要而建立起来的基于事实和维度的一种数据库模型。通常来说，“维”是指观察问题的特定角度，“维的层次”是指针对观察问题的特定角度的多个描述方面。多维数据模型是利用多维结构来组织和表达数据间的关系，其中数据被表示为一个数据立方体，数据立方体是由若干个方体组成的格。一个多维数据模型包含多个维，每个维包含由概念层次定义的多个抽象层。[①] 下面通过例子来说明多维数据模型从多角度、多层次来展示数据的能力。

我们用记号来表示图8-2、图8-4、图8-5的概念，如表8-1、表8-2、表8-3所示。

表8-1 属性“日期”与符号的对应表

概念	年	春季	夏季	秋季	冬季	三月	四月	五月	六月	七月	八月	九月	十月	十一月	十二月	一月	二月
符号	Y	Y1	Y2	Y3	Y4	Y11	Y12	Y13	Y21	Y22	Y23	Y31	Y32	Y33	Y41	Y42	Y43

表8-2 属性“地点”与符号的对应表

概念	中国	华东	华南	华中	华北	西北	西南	东北	港澳台	山东	广西	湖北	北京	宁夏	四川	辽宁	香港
符号	Z	Z1	Z2	Z3	Z4	Z5	Z6	Z7	Z8	Z11	Z21	Z31	Z41	Z51	Z61	Z71	Z81

（注：因篇幅有限，每个地区选一个省，其他的省略）

① 张燕平，罗斌，姚一豫.商空间与粒计算：结构化问题求解理论与方法[M].北京：科学出版社，2010：161，177.

表 8-3　属性"受影响人群年龄分布"与符号的对应表

概念	年龄	青年	中年	老年	(0—6)	(7—17)	(18—44)	(45—50)	(55—59)	(60—74)	(75—89)	(90—150)
符号	X	X1	X2	X3	X11	X12	X13	X21	X22	X31	X32	X33

由上面三个突发事件概念层次结构组织的多维数据模型如图 8-15 所示。

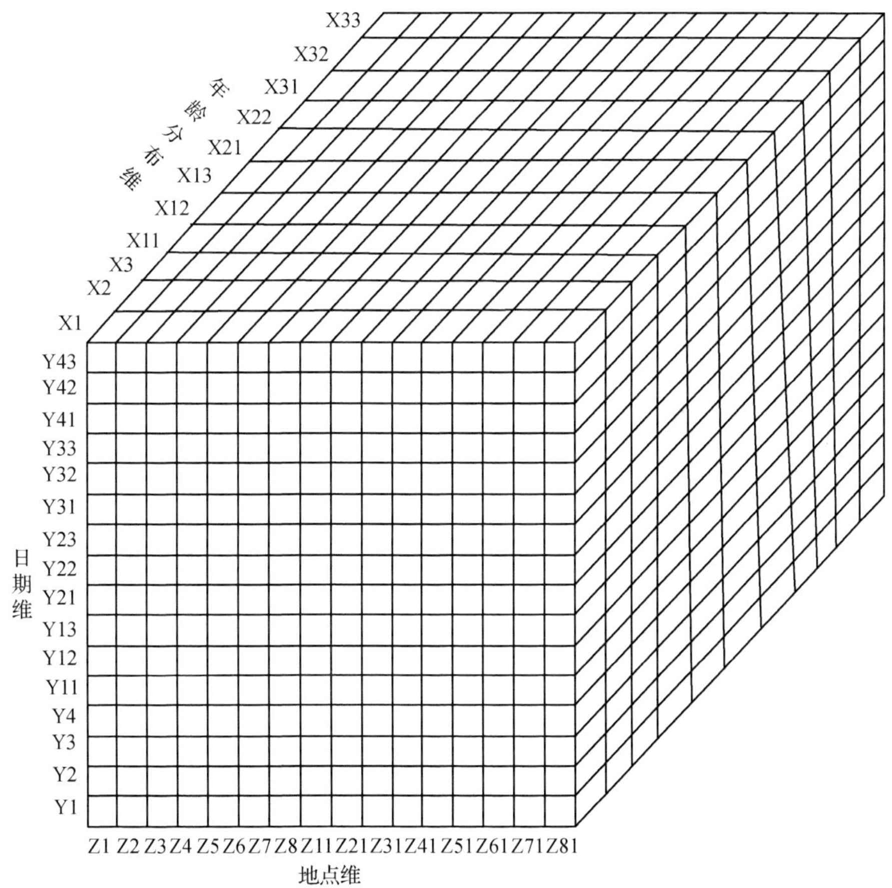

图 8-15　三个突发事件属性概念层次结构的多维数据模型表示

多维数据模型提供了沿一个或多个维去提升或泛化数据的工具，通过对数据的泛化或提升，可以生成一个更清晰、整洁、更小的数据集。①

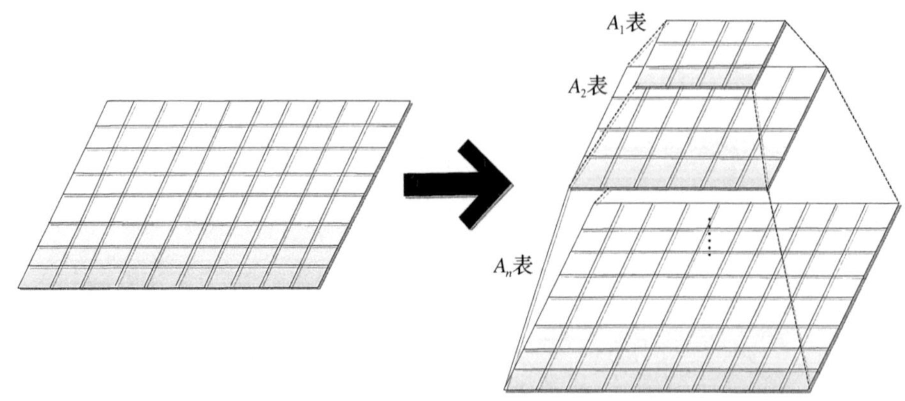

图 8-16 经典粗糙集的一张关系表扩展到层次粗糙集 n 张关系表

在经典粗糙集中数据被组织成一张二维关系表，一行行记录被称为对象，一列列数值被称为属性，所有的操作都在这一张二维关系表上进行。当属性扩展成为一棵概念层次树时，可以选择属性的任意层次组合来构造一张新的二维关系表，原来的一张二维关系表就扩展成 n 张具有不同抽象程度的二维关系表，如图 8-16 所示。由 3.1.1 节中层次粗糙集的理论知识可知，层次粗糙集中具有不同抽象程度的决策表构成了一个格。也就是说图 8-16 中的表 A_1、A_2、…、A_{i-1}、…、A_n 构成一个格，如果从格中 A_i 决策表沿着边可以到达 A_{i-1} 决策表，则称 A_{i-1}、A_i 这两个决策表可达，只有可达的决策表间才可以比较粗细，或者说，对可达的决策表来说，高层的决策表 A_{i-1} 是低层的决策表 A_i 的泛化而来的，高层的决策表 A_{i-1} 可以看做是低层的决策表 A_i 的概要表。表 A_1、A_2、…、A_{i-1}、…、A_n 之间存在偏序关系。

如何将层次粗糙集中的多个信息决策表存在的偏序关系表现出来，多维数据模型是比较合适的选择。信息决策表的属性对应多维数据模型的维，属性的概念层次树对应维的维分层结构。在多维数据模型中，当沿着某一属性的概念层次树做上卷操作时，比较抽象的维层会代替比较具体的维层，具有相同维值的对象就会被合并，从而实现信息决策表的数据简约，减少原信息决策表的数据量。

① Zhang S.. Information enhancement for data mining[J]. Wiley Interdisciplinary Reviews Data Mining & Knowledge Discovery, 2011, 1(1):284-295.

在经典粗糙集中，信息决策表的每个对象都是论域的一个元素，在层次粗糙集中，信息决策表的每个对象都是由原始信息决策表或下一级信息决策表的具有相似关系的某些元素组成集合，即，原始信息决策表论域的子集，可以称作“粒”。随着各属性数据的不断泛化，层次决策表的对象粒的粒度就会不断变大，那么，此时的信息决策表也会不断进行压缩。从图 8－16 可以看出，信息决策表 A_1 的对象粒的粒度是最大的，具有最大抽象程度。原始信息决策表 A_n 的对象的粒度最小，是原始数据，没有经过任何抽象化处理。

8.4　层次知识规则挖掘

知识规则挖掘的目的是找出一个简洁的知识规则集。其过程是先进行数据约简，简化给定的信息表，再利用粗糙集方法生成知识规则，最后，分析从不同抽象层挖掘出的知识规则间的关系。

8.4.1　数据约简

数据约简分为属性约简与属性值约简。

属性约简就是从原始特征属性中寻找一个最小子集，使得与未约简的属性集具有对论域空间相同的分类能力。主要是通过消除冗余和不相关属性，最大限度地保留原始数据的特征，起到降低高维数据计算的复杂性、提高数据计算的准确性的作用。寻找最小约简是一个 NP－难问题，一般寻求一个属性约简的近优解。为了实现高效的属性约简，学者们提出了许多启发式属性约简算法。[①②] 通过属性约简后，删除突发事件决策信息表中不重要的属性，保留核心属性，然后进属性值约简，即将相同的数据记录合并，将冗余的数据删除。

属性值约简是去掉冗余属性值，得到一个更简化的决策表。当数据向上卷时，一些相同属性值的单位格被合并，非空单位格大大减少，这样就降低了属性值约简的复杂性。

---

① Liang J., Xu Z.. The algorithm on knowledge reduction in incomplete information systems[J]. International Journal of Uncertainty Fuzziness and Knowledge-Based Systems, 2012, 10(1):95－103.

② Qian Y. H., Liang J. Y.. Combination entropy and combination granulation in rough set theory[J]. International Journal of Uncertainty Fuzziness and Knowledge-Based Systems, 2011, 16(2):179－193.

8.4.2 层次决策规则分析

数据约简后，决策表的每一行就能确定一条知识规则。但是对于大规模数据集，将会产生太多知识规则。在多维数据模型中，通过沿着一个或多个维进行上卷操作，能极大地减少数据量。对于信息决策表来说，当它的属性值被泛化到较高的抽象层时，相应地，此时论域中的元素会较原始层信息决策表论域中的减少，信息函数也会相应地改变，所以，信息决策表也相应地发生了改变。因此，具有不同抽象程度的属性值将确定不同的信息决策表。随着逐步上卷，最抽象层的数据的信息决策层为最粗信息决策表。通过数据约简后，最粗信息决策表挖掘出来的规则往往更少、更短。当信息决策表出现不一致情况时，根据粗糙集理论计算信息决策表的上、下近似：由属于下近似的那些对象确定的规则称为确定性规则，由属于上近似或者边界域的对象确定的规则是不确定规则。在进行层次决策规则挖掘时，本书采用 Feng Q.提出的层次决策规则挖掘算法。① 该算法遵循 separate-and-conquer 策略。该策略的思路是：学习一条规则，该规则覆盖给定训练样本的一部分，从训练样本中移去被覆盖的这部分（separate 部分），递归学习另一条规则，该规则覆盖剩余样本中的一部分（conquer 部分），直到不再有剩余样本为止。② 对于固定的决策维层，采用自顶向下的策略，从条件维的最粗层开始逐步下钻到最细层。算法流程图如 8-17 所示。

算法步骤：

输入：信息决策表 $DT=(U,C\cup D,V,f)$ 及每个属性构造概念层次树

输出：知识规则集 RS

(1) 设最抽象决策表为

$$DT_{k_1k_2\cdots k_m}=(U_{k_1k_2\cdots k_m},C\cup D,V^{k_1k_2\cdots k_m},f_{k_1k_2\cdots k_m})$$

$k_1+k_2+\cdots+k_m=n$，$\mathrm{i}=n$，$\mathrm{RS}=\varnothing$，k_i 是属性 C_i 的概念层次树的深度；

(2) 基于第 n 层数据方体构造信息决策表 DT_k，同时设 $RS_k=\varnothing$；

(3) 对信息决策表 DT_k 进行数据约简，生成决策规则，合并重复规则，合

---

① Feng Q., Miao D., Wang R.. Multidimensional model-based decision rules mining[J]. Chicago, 2009.

② Fürnkranz J.. Separate-and-Conquer Rule Learning[J]. Artificial Intelligence Review, 1999, 13(1): 3-54.

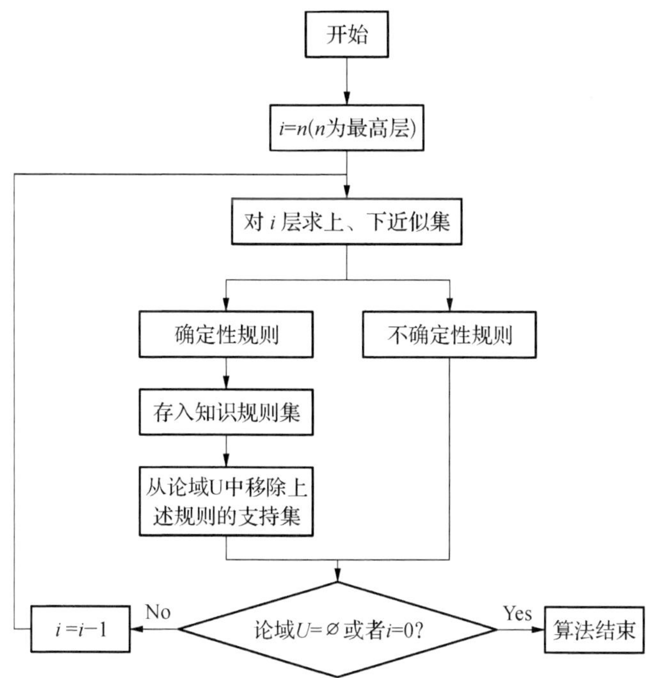

图 8－17　层次决策规则挖掘算法流程

并重复规则的支持集；

(4) 将确定性规则存入 RS_k，$RS:=RS\cup RS_k$，计算的支持集 $U:=U-SS(RS_k)$；

(5) 如果 $U=\varnothing$ 或者 $i=0$，转入(6)，否则，$i:=i-1$；

(6) 从剩余样本中导出规则，并入 RS，输出 RS，算法结束。

此算法实现了三个主要任务。首先，实现了数据的泛化。通过上文描述的突发事件属性概念层次树的构建方法，将信息决策表的属性构建成概念层次树，并将给定的信息决策表按照属性的概念层次树转换为多维数据立方体，为数据泛化做好的准备工作。通过算法第(5)步 $i:=i-1$，就可以沿着一个维度下钻一层，在实际应用中，也可以通过修改这一步，实现沿着多个维度下钻多层。其次，实现了数据的约简。算法的第(2)(3)步实现了数据的约简，减少了冗余属性，使得挖掘出的规则尽量简洁。最后，挖掘出确定性规则。在每个抽象层中，当挖掘出确定性规则时，就将其归入规则库 RS，并从支持集中删除此规则。通过此算法就能实现从不同抽象层挖掘出具有不同抽象程度(即不同粒度)的确定性规则。

8.5 突发事件规则知识库的应用

接下来将以突发事件智能检索与突发事件预测分析为例来阐述如何用本书提出的方法从突发事件数据资源中挖掘知识、构建突发事件规则知识库以及如何使用规则知识。

8.5.1 应用一突发事件智能检索

本节仍采用全球恐怖主义事件数据库(简称 GTD 数据库)作为实验数据,截至 2017 年 1 月 1 日,共收录 1970 年到 2015 年全球范围内超过 150 000 例案例,每一案例包含的特征属性变量超过 45 项,但有些特征属性变量值处于缺省状态。为了阐述方便,GTD 数据库截取部分数据记录和部分特征属性变量。如表 8 - 4 所示。

表 8 - 4 GTD 数据库部分记录

ID	year	month	day	city	nkill	……
1	1973	1	25	New York	2	
2	1985	6	23	Toronto	329	……
3	1994	9	20	Beijing	14	……
4	1994	2	28	Tokyo	1	……
5	1996	8	12	SunBo	2	……
6	2001	2	24	Laghouat	3	……
7	2001	9	11	New York	1382	……
8	2003	2	10	Auki	1	……
9	2006	2	28	Baqubah	5	……
10	2009	7	5	Urumqi	184	……
11	2012	6	22	Ciudad Victoria	2	……

根据上文的突发事件属性概念树的构建方法给表 8 - 4 中各属性构建层次概念树。其中 year、month、day 是日期型的三个分属性,是将日期型拆分为 year、month、day 的结果,因此,只要为日期型构建好概念层次树,此概念层次

树会包含 year、month、day 三个分属性，如图 8－2 所示。属性 nkill 已经在上文的实例中构建好，如图 8－14 所示。属性 city 根据行政地区划分建立概念层次树，如图 8－18 所示。

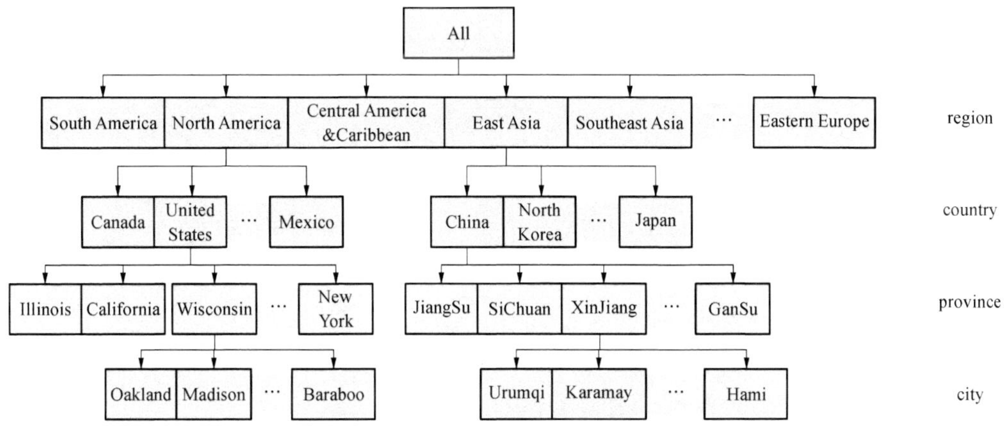

图 8－18　属性 city 的概念层次树

本书的突发事件智能检索功能主要是为不同用户提供不同粒度的检索以及模糊检索。下面将通过几个具体的突发事件检索实例来阐述基于层次粗糙集突发事件规则知识库的应用。

实例 1　检索出满足下列条件的突发事件。发生地点(city**)：**New York**；发生月份(**month**)：9 月**

求解过程如下：

将表 8－4 看作是一个信息系统简写为 S，简写为 $S=(U,A,V,f)$，其中，$U=\{1,2,3,4,5,6,7,8,9,10\}$，$A=\{year,month,day,city,nkill\}$，$V_{city}=\{Oakland,Madison,Baraboo,NewYork,Urumqi,Karamay,Hami,\cdots\cdots\}$，$V_{month}=\{1,2,3,4,5,6,7,8,9,10,11,12\}$，注意，这里的 1,2,3,…,12 代表月份，定义等价关系：$R_1=\{city\}$，$R_2=\{month\}$，则，$U/R_1=\{\{1,7\},\{2\},\{3\},\{4\},\{5\},\{6\},\{7\},\{8\},\{9\},\{10\},\{11\}\}$ 对应知识库为 $K_1=\{U,R_1\}$，

$U/R_2=\{\{1\},\{2,11\},\{3,7\},\{4,6,8,9\},\{5\},\{10\}\}$ 对应知识库为 $K_2=\{U,R_2\}$，$R_3=\{R_1,R_2\}$，$U/R_3=\{\{1\},\{2\},\{3\},\{4\},\{5\},\{6\},\{7\},\{8\},\{9\},\{10\},\{11\}\}$ 对应知识库为 $K_2=\{U,R_3\}$

根据实例 1 的要求，检索出的结果集为{10}，即第 10 条记录。

实例 1 是一项非常简单、基础的检索项，通传统的检索方法就能完成此检

索任务。下面来分析实例 2。

实例 2　检索出满足下列条件的突发事件。发生地点(region): North America;**发生季节(season):秋季。**

与实例 1 不同,实例 2 的检索条件属性在表 8-4 中无法找到,按照传统的检索方法,将无法检索出满意的结果。但只要结合上文构建的属性概念层次树,问题就能得到很好的解决。求解方法如下:

观察图 8-18 可以发现,当从叶节点(即属性 city)往上遍历到第 2 层,就是对 region 的划分。就会找到 North America。观察图 8-2 可以发现,当从叶节点(即属性 month)往上遍历到第 2 层,就是对 season 的划分。

$V_{region}=\{SouthAmerica, NorthAmerica, CentralAmerica\&Carbbean, EastAsia, SoutheastAsia, \cdots\cdots\}$, $V_{season}=\{spring, summer, autumn, winter\}$,

为了分析方便,笔者通过查找相关知识,将表 8-4 中的 city 属性值与 region 对应起来。如表 8-5 所示。

表 8-5　部分 city 属性值与 region 的映射关系

ID	city	region
1	New York	North America
2	Toronto	North America
3	Beijing	East Asia
4	Tokyo	East Asia
5	SunBo	East Asia
6	Laghouat	Middle East &North Africa
7	New York	North America
8	Auki	Australasia&Oceania
9	Baqubah	Middle East& North Africa
10	Urumqi	East Asia
11	Ciudad Victoria	North America

定义等价关系:$R_4=\{region\}$,$R_5=\{season\}$,则,

$U/R_4=\{\{1,2,7,11\},\{3,4,5,10\},\{6,9\}\}$ 对应知识库为 $K_4=\{U,R_4\}$,

$U/R_5=\{\{1,4,6,8,9\},\{2,5,10,11\},\{3,7\}\}$ 对应知识库为 $K_5=\{U,R_5\}$,

$R_6=\{R_4,R_5\}$,$U/R_6=\{\{1\},\{2\},\{3\},\{4\},\{5,10\},\{6,9\},\{7\},\{8\},\{11\}\}$对应知识库为 $K_6=\{U,R_6\}$,

根据实例 2 的要求,检索出的结果集为{5,10},即第 5,10 条记录。

从实例 1 与实例 2 的检索结果分析,实例 2 的结果包含实例 1 的结果,相对实例 1,实例 2 的检索条件更为抽象,检索出的结果集合粒度更粗。通过两个简单的实例可以说明基于层次粗糙集的知识挖掘方法能够为不同用户提供不同粒度的检索需要。下面将通过实例 3 说明如何采用本书的方法实现突发事件的模糊检索。

实例 3　检索出伤亡人数少的突发事件。

与实例 1、实例 2 不同,实例 3 的检索条件是个模糊词:“少”。“少”的定义标准因人而异,传统的检索技术根本无法满足此类检索需要。本书的检索方法如下。

(1) 确定模糊词“少”的概念,并采用数学方法描述。

传统的方法只能定义一个数值区间[0,10]或[0,20]之类的,但本书的方法是通过数据库中数据的实际分布情况来划分并描述“少”的概念,也就是本书提出的基于云变换的数值型属性概念层次树的构建方法,上文的实例已经构建好属性 nkill 概念层次树,如图 8 - 14 所示。属性 nkill 概念层次树的最高层为{C(0,10.87,2.29,0.18,1),C(24.51, 30.74,2.89,0.16,3),C(49.61,54.13,3.48,0.25,3),C(68.78,72.46,2.76,0.29,3),C(84.84,$+\infty$,3.83,0.14, 2)},其中 C(0,10.87,2.29,0.18,1)比较适合来描述模糊词“少”的概念,并设定阈值为 0.8。因此,在本实例中,模糊词“少”的数学描述是:对于任何数值 x 属于属性 nkill 的取值范围内,x 对 C(0,10.87,2.29,0.18,1)的确定度 $\mu(x)$ 大于等于阈值 0.8。

(2) 计算表 8 - 4 中每条记录的属性 nkill 的取值在 C(0,10.87,2.29,0.18,1)的确定度,并将确定度大于等于 0.8 的记录归入检索结果集。例如,第 1 条记录,nkill 的属性值为 2,计算 2 在 C(0,10.87,2.29,0.18,1)的确定度,$\mu(2)=1$ 大于阈值 0.8,因此,归入检索结果集。

(3) 通过计算分析,实例 3 的检索结果为{1,3,4,5,6,8,9,11}。

实例 1、实例 2、实例 3 只是本书基于层次粗略集构建规则知识库在突发事件智能检索方面最简单的应用,可以通过条件属性的合取或析取、条件属性在概念层次树上进行概念的提升或下降等形式,来组合更为复杂的检索式,从而实现更高级别的突发事件检索服务。

8.5.2 应用二突发事件预测分析

突发事件的预测分析功能比较多，比如，预测当前突发事件的发展趋势等。本书以对潜在突发事件的预测分类为例，对基于层次粗糙集的突发事件规则知识库应用进行说明。

突发事件爆发前期，采集的信息往往具有不精确、不对称、不完备和不确定等特点，在这样的信息条件下，往往难以判断突发事件的类型。如果能通过以往发生过的大量同类突发事件的发展态势进行预测分类，可以起到突发事件预警作用，并提前进行应急处理，这将大大减少突发事件造成的损失。因此，对突发事件进行预测分类具有非常大的现实意义。

突发事件的分类过程就是这样一个决策问题：目标突发事件完全属于某一类型；目标突发事件完全不属于某一类型；目标突发事件可能属于某一类型，即属于不确定状态。对于第三个选项，可以采用进一步搜集数据、分析数据或者求助领域专家等办法。本书认为，对于第三个选项最好的处理方式，就是计算属于或不属于某种类型的概率，或者分别属于某些类型的概率，然后，由专家结合实际情况进行判断。这一过程类似于医生诊断病情时，往往需要根据患者患病的症状以及通过医疗设备的检查结果，来判断患者是生的某种病，当这些信息还是不够做决策的时候，医生会结合临床实际情况来下定论。

对潜在突发事件预测分类的目的是辅助领域专家做出更好的分类判断。在现实环境中，当无法准确判定目标突发事件属于某一类型时，如能给出一些候选类型以及属于候选类型的置信值让领域专家参考，就可以做出科学的判断。下面将以 2008 年的南方冰雪灾害导致电网事故为例，对此案例挖掘分类规则，并将规则用于对目标突发事件进行预测分类上。

从 2008 年 1 月 10 日起，我国先后出现 4 次大范围雨雪冰冻天气，我国南方大部分区域电网设施覆冰严重，出现了不同程度的损害。本书以受灾最为严重的贵州、湖南、江西三省且时间在 2008 年 1 月 10 日到 2008 年 2 月 20 日间发生的数据作为样本空间，详细数据来自中国气象数据网提供的中国地面降水日值 0.5°×0.5°格点数据集(V2.0)[①]、中国地面气温日值 0.5°×0.5°格点数

---

① 中国地面降水日值 0.5°×0.5°格点数据集（V2.0)[EB/OL].[2016 - 12 - 24]. http://data.cma.cn/data/detail/dataCode/SURF_CLI_CHN_PRE_DAY_GRID_0.5/keywords/0.5.html.

据集(V2.0)①、中国地面国际交换站气候资料日值数据集(V3.0)②、电网受损的调查报告文献资料等。其中,中国地面降水日值 0.5°×0.5°格点数据集(V2.0)、中国地面气温日值 0.5°×0.5°格点数据集(V2.0)是基于国家气象信息中心基础资料专项最新整编的中国地面高密度台站(2 472 个国家级气象观测站)的降水、气温资料,利用 ANUSPLIN 软件的薄盘样条法(TPS,Thin Plate spline)进行空间插值,生成 1961 年至今的中国地面水平分辨率 0.5°×0.5°的日值降水格点数据。③④ 将样本空间以 0.5°×0.5°格点为一个数据单位共划分为 448 单位。除去部分无意义的样本,共计 405 个样本,将其分为训练集(305 个)和测试集(100 个样本)。

(1) 建立决策信息表

输电线路(电网)覆冰常常会产生电线覆冰、电线杆(塔)闪络、断线、倒塔等重大事故。大量分析表明,影响电网覆冰的因素很多,主要有气象条件、地形及地理条件、海拔高度、线路走向等。⑤⑥ 综合考虑重要程度,选择了以下影响因素,如图 8-19 所示。但因供电设施架设的地形和海拔高度获取较困难,故未将这两个属性考虑其中,如有条件获取到则应将这两个属性加入计算。因此,突发事件条件属性集设为:温度(T)、相对湿度(S)、降水量(J)、风速(F)、日照时长(R)、气温零度(含)以下天数(T_SUM)。为了降低本实例的计算难度,本书只考虑覆冰事故,因此,决策分类属性取值为:正常、覆冰(FL)。决策分类属性值根据三个省份 2008 年年初冰雪灾害导致电网灾害的调查报告整理而成。

---

① 中国地面气温日值 0.5°×0.5°格点数据集(V2.0)[EB/OL].[2016-12-24]. http://data.cma.cn/data/detail/dataCode/SURF_CLI_CHN_TEM_DAY_GRID_0.5/keywords/0.5.html.

② 中国地面国际交换站气候资料日值数据集(V3.0)[EB/OL].[2016-12-24]. http://data.cma.cn/data/detail/dataCode/SURF_CLI_CHN_MUL_DAY_CES_V3.0/keywords/%E4%B8%AD%E5%9B%BD%E5%9C%B0%E9%9D%A2%E5%9B%BD%E9%99%85%E4%BA%A4%E6%8D%A2%E7%AB%99%E6%B0%94%E5%80%99%E8%B5%84%E6%96%99%E6%97%A5%E5%80%BC%E6%95%B0%E6%8D%AE%E9%9B%86.html.

③ Hutchinson M. F., Interpolation of Rainfall Data with Thin Plate Smoothing Splines—Part I: Two Dimensional Smoothing of Data with Short Range Correlation. Journal of Geographic Information and Decision Analysis, vol. 2, no. 2, pp.139-151, 1998.

④ Hutchinson M. F., Interpolation of Rainfall Data with Thin Plate Smoothing Splines—Part II: Analysis of Topographic Dependence Journal of Geographic Information and Decision Analysis, vol. 2, no. 2, pp.152-167, 1998.

⑤ 蒋兴良,易辉.输电线路覆冰及防护[M].北京:中国电力出版社,2002.

⑥ 张永胜.输电线路覆冰原因分析及防护[J].青海电力,2006,25(1):34-36.

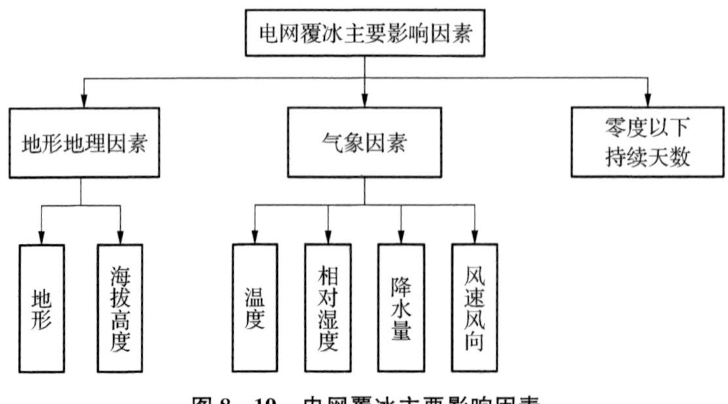

图 8-19　电网覆冰主要影响因素

（2）处理数据

温度(T)、降水量(J)的每个样本单位数值都可以从中国气象数据网提供的数据集直接获得，相对湿度(S)、风速(F)、日照时长(R)只能获得基站站点的直接数据，每个样本单位的数值为离得最近的基站站点数据，气温零度(含)以下天数(T_SUM)由温度计算获得。数据离散化处理根据国家对每个属性的划分等级标准进行适当调整操作。如表 8-6 气温等级划分。① 将气温化为 22 级，本书认为划分过细，可以进行适当合并。合并后如表 8-7 所示。降水量等级合并后划分，如表 8-8 所示，风速等级合并后划分，如表 8-9 所示，相对湿度等级合并后划分，如表 8-10 所示，日照时长等级合并后划分，如表 8-11 所示。

表 8-6　气温等级划分

等级	温度(℃)	等级	温度(℃)	等级	温度(℃)	等级	温度(℃)	等级	温度(℃)
极寒	小于等于 −40	奇寒	−35～39.9	酷寒	−30～ −34.9	严寒	−20～29.9	深寒	−15～ −19.9
大寒	−10～ −14.9	小寒	−5～−9.9	轻寒	−4.9～0	微寒	0～4.9	凉	5～9.9
温凉	10～11.9	微温凉	12～13.9	温和	14～15.9	微温和	16～17.9	温暖	18～19.9
暖	20～21.9	热	22～24.9	炎热	25～27.9	暑热	28～29.9	酷热	30～34.9
奇热	35～39	极热	高于等于 40						

① 气温等级划分[EB/OL].[2016-12-24]. http://www.1718world.com/news/6/2/news_info_5636.html.

表 8－7　合并后的气温等级划分

等级	温度(℃)	等级	温度(℃)	等级	温度(℃)	等级	温度(℃)	等级	温度(℃)
寒	小于等于 0	微寒	0～4.9	凉	5～9.9	温	10～19.9	热	大于等于 20

表 8－8　降水量等级划分

降水等级	24 小时降水总量(mm)
小雨	小于 10
中雨	[10,25)
大雨	[25,50)
暴雨	[50,100)
大暴雨	[100,250)
特大暴雨	大于等于 250

表 8－9　风速等级划分

风力等级	风速(m/s)
无风	小于等于 2
弱风	[3,10)
小风	[10,30)
中风	[30,50)
大风	大于等于 50

表 8－10　相对湿度等级划分

相对湿度等级	相对湿度(%)
低	小于等于 20
中	(20,85)
高	大于等于 85

表 8－11　日照时长等级划分

相对湿度等级	日照时长(0.1 h)
无	0
短	(0,20)
中	[20,40]
长	大于 40

(3) 数据约简与预警分类规则生成

为了说明基于层次粗糙集的知识规则挖掘算法优于基于粗糙集的知识规则挖掘算法，本书分别实现了这两种算法，并将两者的实验结果进行了比较。

方法一　基于粗糙集的知识规则挖掘算法

粗糙集算法软件 ROSETTA 集成了 8 种属性约简的算法，本书采用 Johnson 算法对上述离散化处理后的数据进行了约简操作。结果如图 8 - 20 所示。约简后的属性集为平均气温、20—20 时降水量、平均风速、平均气温为零及以下连续天数。

Rosetta - [No name]

File Edit View Window Help

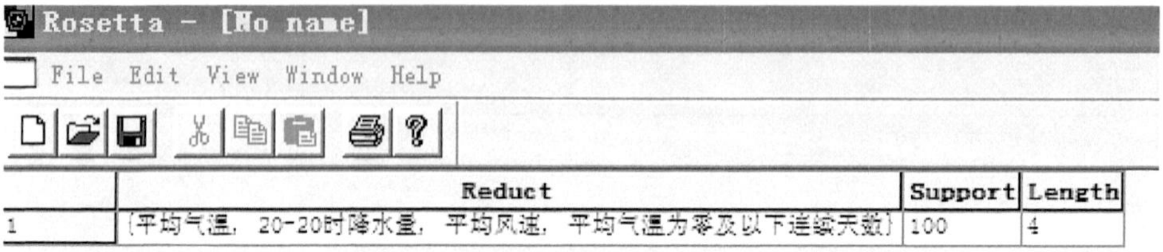

	Reduct	Support	Length
1	{平均气温, 20-20时降水量, 平均风速, 平均气温为零及以下连续天数}	100	4

图 8 - 20　约简后的属性集

在进行属性约简操作后，再次运用粗糙集算法软件 ROSETTA 生成规则式，共生成 54 条规则，部分结果如图 8 - 21 所示。设置过滤规则：support>5 and accuracy>0.8，获得预警分类规则。如表 8 - 12 所示。

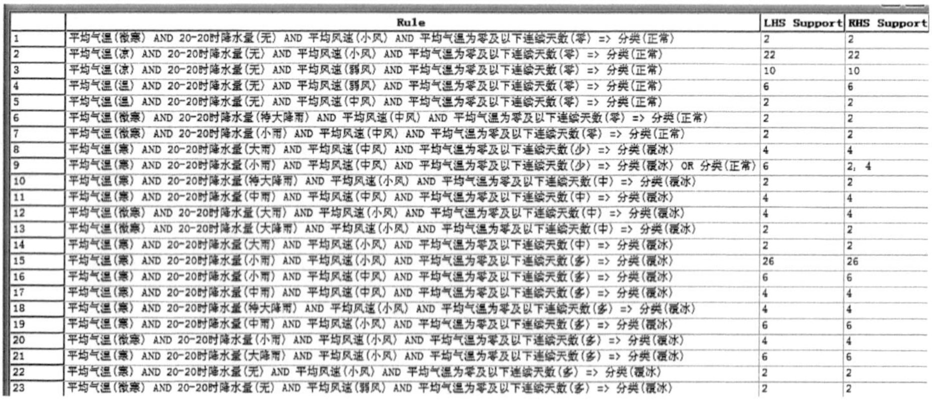

	Rule	LHS Support	RHS Support
1	平均气温(微寒) AND 20-20时降水量(无) AND 平均风速(小风) AND 平均气温为零及以下连续天数(零) => 分类(正常)	2	2
2	平均气温(凉) AND 20-20时降水量(无) AND 平均风速(小风) AND 平均气温为零及以下连续天数(零) => 分类(正常)	22	22
3	平均气温(凉) AND 20-20时降水量(无) AND 平均风速(弱风) AND 平均气温为零及以下连续天数(零) => 分类(正常)	10	10
4	平均气温(温) AND 20-20时降水量(无) AND 平均风速(弱风) AND 平均气温为零及以下连续天数(零) => 分类(正常)	6	6
5	平均气温(温) AND 20-20时降水量(无) AND 平均风速(中风) AND 平均气温为零及以下连续天数(零) => 分类(正常)	2	2
6	平均气温(微寒) AND 20-20时降水量(特大降雨) AND 平均风速(中风) AND 平均气温为零及以下连续天数(零) => 分类(正常)	2	2
7	平均气温(微寒) AND 20-20时降水量(小雨) AND 平均风速(中风) AND 平均气温为零及以下连续天数(零) => 分类(正常)	2	2
8	平均气温(寒) AND 20-20时降水量(大雨) AND 平均风速(中风) AND 平均气温为零及以下连续天数(少) => 分类(覆冰)	4	4
9	平均气温(寒) AND 20-20时降水量(小雨) AND 平均风速(中风) AND 平均气温为零及以下连续天数(少) => 分类(覆冰) OR 分类(正常)	6	2, 4
10	平均气温(寒) AND 20-20时降水量(特大降雨) AND 平均风速(小风) AND 平均气温为零及以下连续天数(中) => 分类(覆冰)	2	2
11	平均气温(寒) AND 20-20时降水量(中雨) AND 平均风速(中风) AND 平均气温为零及以下连续天数(中) => 分类(覆冰)	4	4
12	平均气温(微寒) AND 20-20时降水量(大雨) AND 平均风速(小风) AND 平均气温为零及以下连续天数(中) => 分类(覆冰)	4	4
13	平均气温(微寒) AND 20-20时降水量(大降雨) AND 平均风速(小风) AND 平均气温为零及以下连续天数(中) => 分类(覆冰)	2	2
14	平均气温(寒) AND 20-20时降水量(大雨) AND 平均风速(小风) AND 平均气温为零及以下连续天数(中) => 分类(覆冰)	2	2
15	平均气温(寒) AND 20-20时降水量(小雨) AND 平均风速(小风) AND 平均气温为零及以下连续天数(多) => 分类(覆冰)	26	26
16	平均气温(寒) AND 20-20时降水量(小雨) AND 平均风速(中风) AND 平均气温为零及以下连续天数(多) => 分类(覆冰)	6	6
17	平均气温(寒) AND 20-20时降水量(中雨) AND 平均风速(中风) AND 平均气温为零及以下连续天数(多) => 分类(覆冰)	4	4
18	平均气温(寒) AND 20-20时降水量(特大降雨) AND 平均风速(小风) AND 平均气温为零及以下连续天数(多) => 分类(覆冰)	4	4
19	平均气温(寒) AND 20-20时降水量(中雨) AND 平均风速(小风) AND 平均气温为零及以下连续天数(多) => 分类(覆冰)	6	6
20	平均气温(微寒) AND 20-20时降水量(小雨) AND 平均风速(小风) AND 平均气温为零及以下连续天数(多) => 分类(覆冰)	4	4
21	平均气温(寒) AND 20-20时降水量(大降雨) AND 平均风速(小风) AND 平均气温为零及以下连续天数(多) => 分类(覆冰)	6	6
22	平均气温(寒) AND 20-20时降水量(无) AND 平均风速(小风) AND 平均气温为零及以下连续天数(多) => 分类(覆冰)	2	2
23	平均气温(微寒) AND 20-20时降水量(无) AND 平均风速(弱风) AND 平均气温为零及以下连续天数(多) => 分类(覆冰)	2	2

图 8 - 21　部分突发事件预警分类规则

表 8-12　过滤后部分突发事件预警分类规则

序号	rule	LRS Support	RRS support	accuracy
1	平均气温(凉) AND 20—20 时降水量(无) AND 平均风速(小风) AND 平均气温为零及以下连续天数(零)⇒分类(正常)	22	22	1.0
2	平均气温(凉) AND 20—20 时降水量(无) AND 平均风速(弱风) AND 平均气温为零及以下连续天数(零)⇒分类(正常)	10	10	1.0
3	平均气温(温) AND 20—20 时降水量(无) AND 平均风速(弱风) AND 平均气温为零及以下连续天数(零)⇒分类(正常)	6	6	1.0
4	平均气温(温) AND 20—20 时降水量(无) AND 平均风速(无) AND 平均气温为零及以下连续天数(零)⇒分类(正常)	6	6	1.0
5	平均气温(温) AND 20—20 时降水量(无) AND 平均风速(小风) AND 平均气温为零及以下连续天数(零)⇒分类(正常)	12	12	1.0
6	平均气温(寒) AND 20—20 时降水量(小雨) AND 平均风速(小风) AND 平均气温为零及以下连续天数(多)⇒分类(覆冰)	26	26	1.0
7	平均气温(寒) AND 20—20 时降水量(小雨) AND 平均风速(中风) AND 平均气温为零及以下连续天数(多)⇒分类(覆冰)	6	6	1.0
8	平均气温(寒) AND 20—20 时降水量(中雨) AND 平均风速(小风) AND 平均气温为零及以下连续天数(多)⇒分类(覆冰)	6	6	1.0
9	平均气温(寒) AND 20—20 时降水量(大降雨) AND 平均风速(小风) AND 平均气温为零及以下连续天数(多)⇒分类(覆冰)	6	6	1.0
10	平均气温(寒) AND 20—20 时降水量(小雨) AND 平均风速(弱风) AND 平均气温为零及以下连续天数(多)⇒分类(覆冰)	6	6	1.0

从表 8-12 可以看出，平均气温为寒(即 0 度以下)、20—20 时降水量为小雨以上、连续多天零度以下的气温是导致电线覆冰并进一步恶化的主要条件，此结论与现象情况非常吻合。

方法二　基于层次粗糙集的知识规则挖掘算法

根据决策信息表的条件属性建立属性层次概念树，如图 8－22 所示。采用上文提出的层次决策规则挖掘算法，得到的部分分类规则集，如表 8－13 所示。

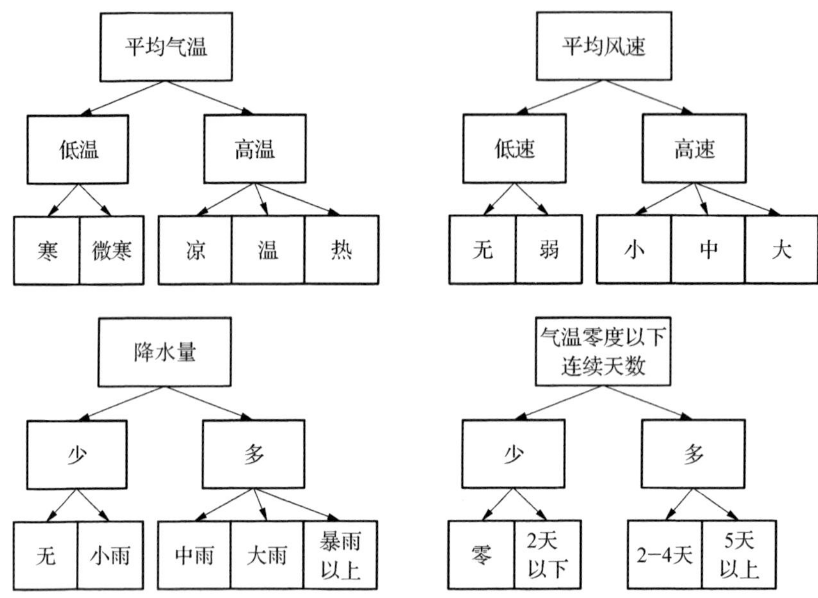

图 8－22　部分条件属性层次概念树

表 8－13　部分知识规则

序号	规则	确定因子
1	平均气温(高温)⇒分类(正常)	1
2	平均气温(低) AND 20—20 时降水量(多)⇒分类(正常)	0.3
3	平均气温(低) AND 20—20 时降水量(多)⇒分类(覆冰)	0.7
4	平均气温(微寒) AND 20—20 时降水量(多) AND 平均气温为零及以下连续天数(零)⇒分类(正常)	1
5	平均气温(微寒) AND 20—20 时降水量(多) AND 平均气温为零及以下连续天数(多)⇒分类(正常)	1
6	平均气温(低温) AND 20—20 时降水量(多)⇒分类(覆冰)	0.5
7	平均气温(寒) AND 20—20 时降水量(多)⇒分类(覆冰)	1
8	平均气温(寒) AND 20—20 时降水量(小雨)⇒分类(覆冰)	1
9	平均气温(微寒) AND 20—20 时降水量(多雨) AND 平均气温为零及以下连续天数(多)⇒分类(覆冰)	1

表 8－13 中的确定因子是用来衡量推导出的规则是否具有确定性，如规则“平均气温（低） AND 20—20 时降水量（多）⇒分类（正常）”的确定因子为0.3，规则“平均气温（低） AND 20—20 时降水量（多）⇒分类（覆冰）”的确定因子为 0.7，即由条件“平均气温（低） AND 20—20 时降水量（多）”推导出，结论为正常的概率是 30％，结论为覆冰的概率为 70％。在这种情况下，需要将决策信息表进行下钻操作，得出确定因子为 1 的具体规则。从表 8－13 中可以看出，规则的抽象程度不一，这是因为条件属性处于不同的抽象层进行推导的原因。将表 8－13 与表 8－12 进行比较可以发现，表 8－13 的规则更容易理解。

通过比较可以看出，相对于经典粗糙集，层次粗糙集通过增加额外的领域知识，将条件属性建立层次关系，形成条件属性层次树的形式结构，在保持原始信息决策表分类能力不变的情况下，条件属性可以扩展成层次树结构，形成不同层次的泛化空间，通过不同的泛化能力，可以归纳出具有不同抽象能力的信息决策表。一方面可以推导出具有不同粒度的知识规则，满足不同层次用户的需求；另一方面可以挖掘出更具有普适性的有价值的知识规则。

（4）预测分类

预测分类应该是利用挖掘出来的规则知识对将来可能发生的突发事件进行分类。但因为，将来发生的突发事件属于未知状态，无法进行验证，因此，本书将实例中的全部样本，分为训练集和测试集，利用训练集得出的预警分类规则，对测试集的样本进行分类，分类结果如表 8－14 所示。

表 8－14　雪灾导致电网灾害预测分类结果

分类	正确数	错误数	正确率
覆冰	46	14	76.67％

从表 8－14 可以看出，实验数据测试类型为覆冰的正确率为 76.67％，虽然预测正确率不太高，但随着相关的历史案例数量的增加，挖掘出的知识规则更具有普遍性，会不断提高突发事件预测分类判断的精确度。

从上述雪灾导致电网灾害预测分类实例可以看出，预测分类是建立在历史样本数据的基础之上，通过分析案例数据之间的内在联系，挖掘出知识规则，从而达到预测分类的目的。

8.5.3　应用小结

粗糙集理论的应用大致可以分为两大类：无决策的信息系统分析和有决

策的信息系统(即信息决策系统)分析。上述两个实例非常具有代表性,突发事件智能检索是属于针对无决策的信息系统的应用。预测分析是属于针对信息决策系统的应用。前者主要是通过分析提取有用的信息(或者是满足检索条件的信息),主要目的是从大型数据库进行知识发现。后者主要目的是规则获取,利用数据约简方法从案例集中直接获取规则知识。

基本粗糙集理论认为,分类即知识,知识就是人类对对象进行分类的能力。例如,上述的突发事件智能检索,通过检索条件特征将整个数据库分为几大类,辨别出满足检索条件的记录。它的知识就在于辨别出记录属于哪个类,这种分类可以用一个等价关系来描述。如检索实例 2,定义等价关系:$R_4=\{region\}$,$R_5=\{season\}R_6=\{R_4,R_5\}$,$U/R_6=\{\{1\},\{2\},\{3\},\{4\},\{5,10\},\{6,9\},\{7\},\{8\},\{11\}\}$,通过等价关系将整个论域分为 9 类,满足检索条件关系的为$\{5,10\}$。记录 5 与记录 10 就具有不可分辨关系,因为描述他们的检索特征的信息相同——发生地点(region):North America;发生季节(season):秋季。同样,上述实例的预测分类也是一种分类能力的描述。预测分类属于信息决策系统,相较于无决策的信息系统,增加了决策属性。通过对条件属性与决策属性等价定义,形成条件类与决策类。经过数据约简后,能形成从条件属性推导出决策属性的规则,形如,$P \rightarrow Q$ 或者 $IF\ P\ THEN\ Q$。下面将从这种类型知识规则的存储与维护等方面进行阐述。

8.6 突发事件规则知识库的规则存储

知识挖掘后会获得知识规则集,知识规则集中规则一般采用产生式表示法表示。基本形式是 $P \rightarrow Q$ 或者 $IF\ P\ THEN\ Q$,其中,P 是产生式的前提,用来说明产生式的条件;Q 是一组结论或者操作,用来表示前提条件满足后,得到的结论或者操作。

在突发事件知识规则中,设突发事件条件属性为 $P=[p_1,p_2,\cdots,p_n]$,其中 p_i 为第 i 个属性的属性取值。结论 $Q=[q_1,q_2,\cdots,q_m]$ 知识规则一般表示如下:

$$if\ p_1 \text{ is } r_1 \text{ and } p_2 \text{ is } r_2 \text{ and } \cdots p_n \text{ is } r_n \text{ then}$$
$$q_1 \text{ is } \omega_1 \text{ and } q_2 \text{ is } \omega_2 \text{ and } \cdots q_m \text{ is } \omega_m \text{ with } g$$

其中,r_i 是规则中条件属性变量 p_i 取值,g 是规则后件"Q"的置信度。

与数据库相比，知识库中记录的是大量规则，而不是数据，这些规则通常通过能够反映各知识点之间关系的二维关系表来存储。具体数据结构，如表 8 -15、8 - 16、8 - 17 所示。

表 8 - 15　知识规则表数据结构

序号	字段名	数据类型	长度	属性	备注
1	规则编号	字符型	10	非空	主键，知识规则中规则表中的编号
2	规则名	字符型	50	非空	此规则的名称
3	置信度	数值型	6	可空	取值为 0～1 之间，默认为 1
4	条件属性数目	数值型	10	可空	包含的条件属性的数目
5	结论属性数目	数值型	10	可空	包含的结论属性的数目
6	规则执行标记	逻辑值	1	可空	表示该规则是否被执行过，执行过取值为 1，否则为 0
7	更新标记	逻辑值	1	可空	表示该规则是否被更新过，更新过取值为 1，否则为 0
8	描述	字符	1 000	可空	简要描述此规则的情况，如用途、执行等

表 8 - 15 是用来存储完整的知识规则，有 8 个字段组成：规则编号用来唯一表示 1 条知识规则；规则名用来表示此规则的名称；置信度，取值范围为 0～1 之间，对于确定性规则取值为 1，默认为 1；条件属性数目，知识规则一般包括多个条件属性，此字段表示条件属性的数目；结论属性数目，知识规则一般包括 1 个结论属性，但也有多个结论属性的情况，此字段表示结论属性的数目；规则执行标记表示该规则是否被执行过，执行过取值为 1，否则为 0，间接地表示此规则有无意义，如从来不执行的规则可能是冗余规则，可以通过一定的机制删除掉；随着数据发生变化，如数据增加和删除，会引起知识规则的变化，用更新标记表示该规则是否被更新过，更新过取值为 1，否则为 0；描述用来阐述此规则的基本情况，比如此规则的用途等。

表 8 - 16　知识规则中前提条件数据结构

序号	字段名	数据类型	长度	属性	备注
1	规则编号	字符型	10	非空	关键键，知识规则中规则表中的编号

续　表

序号	字段名	数据类型	长度	属性	备注
2	条件编号	字符型	10	非空	关键键,此规则的前提条件编号
3	条件属性 1	字符型	50	可空	条件属性 1 的取值
4	条件属性 2	数值型	10	可空	条件属性 2 的取值
5	……	……	……	……	……
6	条件属性 n	字符型	50	可空	条件属性 n 的取值

表 8－17　知识规则中结论属性数据结构

序号	字段名	数据类型	长度	属性	备注
1	规则编号	字符型	10	非空	关键键,知识规则中规则表中的编号
2	结论编号	字符型	10	非空	关键键,此规则的结论编号
3	结论属性 1	字符型	50	可空	条件属性 1 的取值
4	结论属性 2	数值型	10	可空	条件属性 2 的取值
5	……	……	……	……	……
6	结论属性 m	字符型	50	可空	条件属性 m 的取值

8.7　突发事件规则知识库的规则维护

突发事件规则知识库的知识是从突发事件数据库的大量数据中挖掘出来的,如果数据库中数据进行了增删,对应的知识库也要随之发生变化。因此,知识库中新知识的扩充可以通过新产生的知识规则的添加来实现;同时,对于那些无实际意义的知识规则,即无效知识规则,可以通过删除操作来去除,如冗余规则、不适用的规则等。但是,对突发事件规则知识库进行增添、删除操作时,一般要对知识规则的一致性、完整性等进行检验,以达到对突发事件知识库的有效维护。

本书基于层次粗糙集理论构建的突发事件规则知识库是建立在数据库技术基础之上的,所以通过数据库本身的技术,如关联、过滤机制和索引等技术可以对突发事件知识进行维护。

8.8　本章小结

突发事件的频发，对人类社会带来了巨大的损害，同时，其突发性与不确定性等特点也给应急管理带来了挑战。通过对积累下来的海量数据进行多角度、多层次的分析，可以辅助突发事件应急决策者实现数据到信息、信息到经验、经验到知识的认知过程，从而可以透过数据的表象掌握事物的本质，及时进行科学的决策。本书将层次粗糙集理论用于突发事件知识的挖掘，获取到不同粒度层次的知识，并通过实例应用来阐述如何通过本书提出的方法发现、获取知识。同时，对突发事件知识规则的存储与维护进行了研究。

第 9 章　总结与展望

9.1　本书的主要研究内容总结

在对突发事件演化规律、突发事件知识库以及粒计算在突发事件的应用等方面进行文献梳理的基础上，本书主要进行了突发事件案例知识库和突发事件规则知识库构建以及为构建案例知识库时获取分类、分级知识而建立的分类、分级模型的研究。具体的研究内容概括如下。

(1) 突发事件案例知识库的构建。基于粒计算与知识组织理论，通过对突发事件分类体系与突发事件演化规律进行分析，分别从外部架构和内部机理两方面来构建突发事件案例知识库的粒结构。外部架构方面，主要从纵向和横向两个方面阐述了突发事件案例知识库的构建：纵向方面，将突发事件按照突发事件分类体系的层次结构组成一个统一体；横向方面，按照突发事件演化模型将原生、次生、衍生突发事件等链接成一个整体。内部机理方面，突发事件是一个动态发展的过程，将突发事件分成一组组突发事件案例情景，基于“情景—应急”的应急模型，针对每个案例情景记录其对应的处理策略。因此，突发事件案例知识库由情景知识库与决策知识库组成，并设计出情景知识库与决策知识库的数据结构。

(2) 突发事件分类模型的构建。突发事件的类别信息是突发事件中的重要属性，为了实现自动识别突发事件的类型，获取突发事件分类知识，本书对突发事件进行了分类模型构建的研究。通过提取突发事件分类属性，构建突发事件分类特征词典，将特征词典按照突发事件分类体系的层级关系组织类目，采用机器学习的方法构建基于突发事件分类特征词典的突发事件多层次分类模型。

(3) 突发事件分级模型的构建。突发事件的级别信息同样也是突发事件中的重要属性，为了获取突发事件分级知识，本书进行了突发事件分级模型的研究。首先分析传统的突发事件分级规定，指出其中的不足之处，针对事故危害程度、影响范围和当地控制事态的能力等因素，将突发事件分为不同的等级，建立具体的分级指标体系，按照分级负责的原则，明确应急响应级别。本书将粒计算的具体模型之一——云模型理论引入突发事件分级研究中，提出一种新的突发事件分级模型，较好地解决了分级过程中存在的模糊性与随机性等不确定性特征，并实例验证了该方法的可行性和有效性。

(4) 突发事件规则知识库的构建。突发事件规则知识库构建包含突发事件知识的获取、存储和维护等方面。其中，如何从海量的突发事件数据中挖掘出有价值的突发知识，并辅助应急管理者做出有效的突发事件决策，是本书的难点。本书将粒计算的具体模型之一——层次粗糙集理论应用于突发事件知识的获取，提出一种新的突发事件多层次知识规则的获取方法。首先，分析突发事件属性特征，将突发事件属性值类型分为字符型、语言值型、数值型等类型，针对不同类型分别提出了构建突发事件属性层次概念树的方法。然后，将突发事件数据转化成利于数据挖掘的多维数据立方体形式。在基于多维数据的模型表示下，采用自顶向下的策略，进行数据约简，利用粗糙集技术生成知识规则，并从不同抽象层挖掘出规则间的关系，最后，通过突发事件智能检索和预测分类来阐述突发事件规则知识的应用。同时，本书对知识的存储和维护进行了研究，设计出知识规则存储的数据结构以及维护的方法。

9.2　本书存在的不足

本书基于粒计算理论，从知识组织角度，对突发事件情报知识进行了深入的研究，虽然取得了一些研究成果，但仍存在一些不足之处。

(1) 从总体来看，本书提出的突发事件案例知识库与规则知识库的构建虽然具有很好的操作性，并有实例验证，但仍停留在理论阶段，缺乏大规模的数据支撑。一方面，由于突发事件数据获取困难，特别是政府部门的应急决策和具体场景的监测数据。另一方面，由于自然语言处理的质量不够好，不能做到完全自动化，不少过程需要人工干预。限于研究的时间与精力，无法做到短时间内处理大规模的数据。

(2) 由于整个突发事件类型繁多，各项突发事件特征属性不一，本书构建的基于突发事件分类特征词典的突发事件分类模型，仅以公共卫生事件为例，缺乏充足的其他类型的案例数据进行验证。

(3) 本书第 4 章突发事件案例知识库、第 7 章突发事件规则知识库的应用都是以2008年年初南方冰雪灾害为实例验证，缺乏更具时效性的数据验证。

9.3 进一步的研究工作展望

面向突发事件应急响应的知识库的构建是为了更好地利用突发事件信息资源，通过一定的技术与方法将突发事件信息资源提升为知识资源，更好地为突发事件应急决策管理服务。突发事件知识服务的基础工作是突发事件知识体系架构的资源建设，也就是说要加强突发事件案例知识库、突发事件分类特征词典等基础知识的资源建设。其次，信息技术在突发事件应急响应的实践中发挥着不可估量的作用，为提高突发事件数据与信息的使用效率提供了更加有效的手段。突发事件知识库是当前突发事件领域的研究热点之一，随着研究的持续进行会不断完善。作者总结了研究的体会，认为以下几个方面还有待进一步深入。

(1) 不断完善突发事件分类特征词典。随着突发事件数据的不断增加，突发事件分类体系会越来越完善，对突发事件的分类特征描述会更加全面，突发事件分类特征词典也应不断完善，这样才能提高突发事件分类模型的精确度。同时，在建立分类体系之间的自动转化，实现突发事件分类知识检索。另外，还可以建立与其他知识词表的联系，如同义词表、领域词汇表等，为分类特征词汇进行扩展标引，并进行分类知识推理。

(2) 加强信息技术与突发事件知识库研究的联系。技术的发展必然带来知识组织革命性的变化。未来的知识组织将是一个在技术引导下的数据间密切关联的数据结构。① 自然语言处理技术的日益成熟和实用，将提高突发事件数据处理的准确性，提高突发事件数据的质量，减少人工参与，提高计算机处理数据的自动化程度，提升突发事件情报组织的效率。机器学习、数据挖掘、人工智能等领域的发展，将为大数据时代下突发事件知识挖掘提供切实可行的实践方法。云计算技术将使突发事件知识组织发生巨大的变革。因此，突发事件知识组织，特别是突发事件知识库的建设，应紧跟信息技术的发展。

(3) 构建大规模的突发事件案例知识库。突发事件案例是极其宝贵的信息资源。文献综述部分指出了现有的突发事件数据库存在的不足，但本书构建的突发事件案例知识库主要是从理论角度进行探讨。在今后的工作中，应

---

① 苏新宁.面向知识服务的知识组织理论与方法[M].北京:科学出版社,2014.

增加人力与物力，加强与各个突发事件相关部门的联系，获取更多的突发事件数据，在智能信息技术处理能力提升的基础上，构建大规模的突发事件案例知识库。

(4) 实现信息的多粒度表示和多粒度推理。近年来，粒计算成为人工智能研究一个新的热点，本书借鉴粒计算的思想，从人的认识出发，将层次粗糙集模型应用到突发事件知识库的构建中，实现从多层次、多角度来处理数据。在今后的研究中，将针对突发事件信息的多粒度表示和多粒度推理作进一步的探索，实现不同粒层间的自由转换。

参考文献

[1] Ai F. L., Comfort L. K., Dong Y. Q., et al. A dynamic decision support system based on geographical information and mobile social networks: A model for tsunami risk mitigation in Padang, Indonesia[J]. Safety Science, 2016, 90: 62 - 74.

[2] Anderson J. R.. The Architecture of Cognition[M]. Harvard University, 1983.

[3] Arru M., Negre E., Rosenthal-Sabroux C., et al. "Towards a Responsible Early-Warning System: Knowledge Implications in Decision Support Design", in 2016 Ieee Tenth International Conference on Research Challenges in Information Science, ed. by S. Espana, J. Ralyte and C. Souveyet (New York: Ieee, 2016), pp.399 - 410.

[4] Bakillah M., Mostafavi M. A., Isprs, "A REAL TIME SEMANTIC INTEROPERABILITY FRAMEWORK FOR AD HOC NETWORK OF GEOSPATIAL DATABASES: DISASTER MANAGEMENT CONTEXT", in 2010 Canadian Geomatics Conference and Symposium of Commission I, Isprs Convergence in Geomatics—Shaping Canada's Competitive Landscape (Gottingen: Copernicus Gesellschaft Mbh, 2010).

[5] Basu M., Bandyopadhyay S., Ghosh S.. Post Disaster Situation Awareness and Decision Support Through Interactive Crowdsourcing[J]. Procedia Engineering, 2016, 159: 167 - 173.

[6] Bianchi F. M., Scardapane S., Rizzi A., et al. Granular Computing Techniques for Classification and Semantic Characterization of Structured Data[J]. Cognitive Computation, 2016, 8(3): 442 - 461.

[7] Bizid I., Faiz S., Boursier P., et al. "Integration of Heterogeneous Spatial Databases for Disaster Management", in Advances in Conceptual

Modeling, Er 2013, ed. by J. Parsons and D. Chiu (Berlin: Springer-Verlag Berlin, 2014), pp.77 - 86.

[8] Blahut J., Poretti I., Amicis M. D., et al. Database of geo-hydrological disasters for civil protection purposes[J]. Natural Hazards, 2012, 60(3): 1065 - 1083.

[9] Bordoloi R., Muzaddadi A. U.. Indigenous technical knowledge associated with disaster management and fisheries related activities in the highest flood affected district (Dhemaji) of Assam, India[J]. Indian Journal of Traditional Knowledge, 2015, 14(3): 407 - 415.

[10] Burkholder B. T., Toole M. J.. Evolution of complex disasters: The Lancet[J]. Lancet, 1995, 346(8981): 1012 - 1015.

[11] Chen J., Li Q.. Concept Hierarchy Construction by Combining Spectral Clustering and Subsumption Estimation[C]//Web Information Systems—WISE 2006, International Conference on Web Information Systems Engineering, Wuhan, China, October 23 - 26, 2006, Proceedings. DBLP, 2006: 199 - 209.

[12] Chen L.. Topological structure in visual perception. Science, 1982, 218(4573), 699 - 700.

[13] Cheung K. F., Phadke A. C., Wei Y., et al. Modeling of storm-induced coastal flooding for emergency management[M]//Elementary information theory /. Clarendon Press, 2003: 1353 - 1386.

[14] Coombs W. T.. Ongoing Crisis Communication: Planning, Managing and Responding[M]. 1999.

[15] Cortes C., Vapnik V.. Support-vector networks. Machine Learning, 1995(20), 273 - 297.

[16] Cruz-Vega I., Escalante H. J., Reyes C. A., et al. Surrogate modeling based on an adaptive network and granular computing[J]. Soft Computing, 2016, 20(4): 1549 - 1563.

[17] Cutter S. L., Ismail-Zadeh A., Alcántara-Ayala I., et al. Global risks: Pool knowledge to stem losses from disasters[J]. Nature, 2015, 522 (7556): 277 - 9.

[18] Daniela Pohl, Abdelhamid Bouchachi, Hermann Hellwagner.

Social media for crisis management: clustering approaches for sub-event detection[J].Multimedia Tools & Applications, 2013, 74(11): 1 - 32.

[19] Daniela Pohl, Abdelhamid Bouchachi, Hermann Hellwagner. Supporting Crisis Management via Detection of Sub-Events in Social Networks [J]. International Journal of Information Systems for Crisis Response and Management, 2013, 5(3): 20 - 36.

[20] Daniela Pohl, Abdelhamid Bouchachi, Hermann Hellwagner. Online indexing and clustering of social media data for emergency management[J].Neurocomputing, 2016, 172(C): 168 - 179.

[21] Daniela Pohl, Abdelhamid Bouchachi. Propagation Phenomena in Real World Networks[M]. Switzerland: Springer International Publishing, 2015: 293 - 309.

[22] Day B., Burnice McKay R., Ishman M., et al. "It will happen again" What SARS taught businesses about crisis management [J]. Management Decision, 2004, 42(7): 822 - 836.

[23] Ding H., Sun L. S., Wang J. L., et al. Design and Realization of 3S Technology-Based Geological Disaster Database System in Liaoning Province[J]. Applied Mechanics & Materials, 2014, 580 - 583.

[24] Ereifej K. I.. Establishing Database for Food Products and Ingredients to Strengthen Readiness in Food Terrorism Attack [M]// Advances in Food Protection. Springer Netherlands, 2011: 137 - 153.

[25] Esfeh M. A., Caldera H. J., Heshami S., et al. The severity of earthquake events—statistical analysis and classification [J]. International Journal of Urban Sciences, 2016: 1 - 21.

[26] Feng Q. R., Miao D. Q., Cheng Y.. Hierarchical decision fules mining[J]. Expert Systems with Applications, 2010, 37: 156 - 159

[27] Feng Q., Miao D., Wang R.. Multidimensional model-based decision rules mining[J]. Chicago, 2009.

[28] Fink S. Crisis Management: Planning for the Inevitable[M]. New York: American Management Association, 1986, : 20 - 21.

[29] Fürnkranz J.. Separate-and-Conquer Rule Learning[J]. Artificial Intelligence Review, 1999, 13(1): 3 - 54.

[30] Gall M.. The suitability of disaster loss databases to measure loss and damage from climate change [J]. International Journal of Global Warming, 2015, 8(2): 170 - 190.

[31] Gernand J. M.. Machine Learning Classification Models for More Eeffective Mine Safety Inspections[C]//International Mechanical Engineering Congress and Exposition. 2014.

[32] Guo D., Liao K., Morgan M.. Visualizing patterns in a global terrorism incident database [J]. Environment and Planning B-Planning & Design, 2007, 34(5): 767 - 784.

[33] Guthrie S., Manivannan S.. A Knowledge-based Assignment Methodology for Personal Identification in Mass Disaster[J]. Information and Decision Technologies, 1992, 18(5): 309 - 322.

[34] Hearit K. M.. Crisis management by apology: Corporate response to allegations of wrongdoing[M]. Routledge, 2006.

[35] Hecht-Nielsen R.. Ⅲ.3 - Theory of the Back propagation Neural Network[J]. Neural Networks for Perception, 1992, 1(1): 65 - 93.

[36] Hilhorst D., Baart J., van der Haar G., et al. Is disaster "normal" for indigenous people? Indigenous knowledge and coping practices [J]. Disaster Prevention and Management, 2015, 24(4): 506 - 522.

[37] Hiroki Onuma, Kong Joo Shin, Shunsuke Managi. Household preparedness for natural disasters: Impact of disaster experience and implications for future disaster risks in Japan [J]. International Journal of Disaster Risk Reduction, 2017, 12: 148 - 158.

[38] Hiwasaki L., Luna E., Syamsidik, et al. Process for integrating local and indigenous knowledge with science for hydro-meteorological disaster risk reduction and climate change adaptation in coastal and small island communities[J]. International Journal of Disaster Risk Reduction, 2014, 10: 15 - 27.

[39] Horita F. E. A., Link D., Albuquerque J. P. D., et al. oDMN: An Integrated Model to Connect Decision-Making Needs to Emerging Data Sources in Disaster Management [C]//Hawaii International Conference on System Sciences. IEEE, 2016: 2882 - 2891.

[40] Hryniewicz O., Kaczmarek K.. Bayesian analysis of time series using granular computing approach[J]. Applied Soft Computing, 2016, 47: 644 - 652.

[41] Hu Q. H., Mi J. S., Chen J. S.. Granular Computing Based Machine Learning in the Era of Big Data[J]. Information Sciences, 2017, 378: 242 -243.

[42] Hutchinson, M. F.. Interpolation of Rainfall Data with Thin Plate Smoothing Splines—Part II: Analysis of Topographic Dependence Journal of Geographic Information and Decision Analysis, vol. 2, no. 2, pp. 152 - 167, 1998.

[43] Ilyas Q. M.. A Disaster Document Classification Technique Using Domain Specific Ontologies[J]. International Journal of Advanced Computer Science and Applications, 2015, 6(12): 124 - 130.

[44] Istvanjonyer, Holder L. B., Cook D. J.. GRAPH-BASED HIERARCHICAL CONCEPTUAL CLUSTERING[J]. International Journal of Artificial Intelligence Tools, 2012, 10(1n02): 19 - 43.

[45] Jiang F., Chen Y. M.. Outlier detection based on granular computing and rough set theory[J]. Applied Intelligence, 2015, 42(2): 303 -322.

[46] Jin X. F., D. L. Guo, S. Wang, et al. "A Framework Study of Bohai Sea Ice Comprehensive Service and Expert Aid Decision-making System", in International Conference on Engineering Technology and Application, ed. by J. Y. Li, T. Y. Liu, T. Deng and M. Tian (Cedex A: E D P Sciences, 2015).

[47] Kaewkitipong L., Chen C. C., Ractham P.. A community-based approach to sharing knowledge before, during, and after crisis events[M]. Elsevier Science Publishers B. V. 2016.

[48] Kaklauskas A., Amaratunga D., Haigh R.. Knowledge Model for Post-Disaster Management[J]. International Journal of Strategic Property Management, 2009, 13(2): 117 - 128.

[49] Karanikola P., Panagopoulos T., Tampakis S., et al. Perception and Knowledge about Natural Disasters in the Sporades Islands of Greece[J].

Journal of Environmental Protection and Ecology，2015，16(2)：498－509.

[50] Khamespanah F.，Delavar M. R.，Alinia H. S.，et al. Granular Computing and Dempster-Shafer Integration in Seismic Vulnerability Assessment[J]. 2013，59(426)：147－158.

[51] Koley S.，Sadhu A. K.，Mitra P.，et al. Delineation and diagnosis of brain tumors from post contrast T1-weighted MR images using rough granular computing and random forest[J]. Applied Soft Computing，2016，41：453－465.

[52] Kumar J. A.，Chakrabarti A.. Bounded awareness and tacit knowledge：revisiting Challenger disaster [J]. Journal of Knowledge Management，2012，16(6)：934－949.

[53] Kureshi I.，Theodoropoulos G.，Mangina E.，et al. Towards an Info-Symbiotic Decision Support System for Disaster Risk Management[C]//Ieee/acm，International Symposium on Distributed Simulation and Real Time Applications. IEEE，2015：85－91.

[54] Lafree G.，Dugan L.. Introducing the Global Terrorism Database[J]. Terrorism & Political Violence，2007，19(2)：181－204.

[55] Le G.，Mcnutt G.，Mercier A.. Using an Ontology to Improve Search in a Terrorism Database System[C]//International Workshop on Database and Expert Systems Applications，2003. Proceedings. IEEE，2003：753－757.

[56] Li B.，Sun D. Y.，Guo S. Q.，et al. Agent Based Simulation of Group Emotions Evolution and Strategy Intervention in Extreme Events[J]. Discrete Dynamics in Nature and Society，2014：17.

[57] Li C.，Hsia P. F.. The Integration of Nature Disaster and Tourist Database：The Effect of Extreme Weather Event on the Seasonal Tourist Arrival in Taiwan[C]//International Conference on Multidisciplinary Social Networks Research. Springer Berlin Heidelberg，2015：94－105.

[58] Li J.，Chen C. K.. Modeling the dynamics of disaster evolution along causality networks with cycle chains[J]. Physica a-Statistical Mechanics and Its Applications，2014，401：251－264.

[59] Li L.，Wang F. Z.，Wei Q.，et al. A Framework Research on

Railway Emergency Intelligent Decision Support System (REIDSS), in Proceedings of the 28th Chinese Control and Decision Conference (New York: Ieee, 2016), pp.4507 - 4512.

[60] Li N., Sun M. H., Bi Z. M., et al. A new methodology to support group decision-making for IoT-based emergency response systems [J]. Information Systems Frontiers, 2014, 16(5): 953 - 977.

[61] Liang J., Xu Z.. The algorithm on knowledge reduction in incomplete information systems [J]. International Journal of Uncertainty Fuzziness and Knowledge-Based Systems, 2012, 10(1): 95 - 103.

[62] Liao L., Zhou J. Z., Liu Y., et al. "Formulation of Flood Disaster Classification Standards based on Fuzzy Clustering Iterative Model and Chaotic Differential Evolution Algorithm", in 2012 Asia-Pacific Power and Energy Engineering Conference (New York: Ieee, 2012).

[63] Liu J., Fan X. T., Chen L., et al. "DESIGN AND IMPLEMENTATION OF DISASTER BACKGROUND DATABASE AND VISUALIZATION SYSTEM", in 2013 Ieee International Geoscience and Remote Sensing Symposium (New York: Ieee, 2013), pp.597 - 599.

[64] Liu Y., Li D., Wen H., et al. Granular Computing Based on Gaussian Cloud Transformation[J]. Fundamenta Informaticae, 2013, 127(1 - 4): 385 - 398.

[65] Lubitz Dkje von, Beakley J. E., Patricelli F.. "All hazards approach" to disaster management: the role of information and knowledge management, Boyd's OODA Loop, and network-centricity [J]. Disasters, 2008, 32(4): 561 - 585.

[66] Ma X. F., Zhong Q. Y.. Missing value imputation method for disaster decision-making using K nearest neighbor [J]. Journal of Applied Statistics, 2016, 43(4): 767 - 781.

[67] Mariagrazia Fugini, Mahsa Teimourikia, George Hadjichristofi. A web-based cooperative tool for risk management with adaptive security [J]. Future Generation Computer Systems, 2016, 54: 409 - 422.

[68] Martin T. P., Shen Y., Azvine B.. Granular Association Rules for Multiple Taxonomies: A Mass Assignment Approach [C]//Uncertainty

Reasoning for the Semantic Web I, ISWC International Workshops, URSW 2005 - 2007, Revised Selected and Invited Papers. DBLP, 2008: 224 - 243.

[69] Matthieu L., Sébastien T., Frédérick B.. Towards a better management of complex emergencies through crisis management meta-modelling[J]. Disasters, 2015, 39(4): 687 - 714.

[70] Mercer J., Kelman I., Taranis L., et al. Framework for integrating indigenous and scientific knowledge for disaster risk reduction[J]. Disasters, 2010, 34(1): 214.

[71] Moghaddam H. K., Wang X.. Vehicle Accident Severity Rules Mining Using Fuzzy Granular Decision Tree[M]//Rough Sets and Current Trends in Computing. Springer International Publishing, 2014: 280 - 287.

[72] Musaev A., Wang D., Shridhar S., et al. Fast Text Classification Using Randomized Explicit Semantic Analysis [C]//IEEE International Conference on Information Reuse and Integration. IEEE, 2015: 364 - 371.

[73] NatCatSERVICE (Munich Re) [EB/OL]. [2016 - 12 - 24]. https: //www. munichre. com/en/reinsurance/business/non-life/natcatservice/index.html

[74] National Consortium for the Study of Terrorism and Responses to Terrorism (START). (2016). Global Terrorism Database [Data file]. Retrieved from https: //www.start.umd.edu/gtd

[75] Neville K., O'Riordan S., Pope A., et al. Towards the development of a decision support system for multi-agency decision-making during cross-border emergencies[J]. Journal of Decision System, 2016, 25 (sup1): 381 -396.

[76] Nor Surayahani Suriani, Aini Hussain, Mohd Asyraf Zulkifley. Sudden Event Recognition: A Survey[J].Sensors, 2013, 13(8): 9966 - 9998.

[77] Nowak M.. Solving a Multicriteria Decision Tree Problem Using Interactive Approach[M]//Knowledge, Information and Creativity Support Systems: Recent Trends, Advances and Solutions. Springer International Publishing, 2016.

[78] Othman S. H., Beydoun G.. A metamodel-based knowledge sharing system for disaster management [J]. Expert Systems with

Applications, 2016, 63: 49 - 65.

[79] Othman S. H., Beydoun G.. Model-driven disaster management [J]. Information & Management, 2013, 50(5): 218 - 228.

[80] Othman S. H., Beydoun G., Sugumaran V. Development and validation of a Disaster Management Metamodel (DMM) [J]. Information Processing & Management, 2014, 50(2): 235 - 271.

[81] Panda M., Abraham A., Tripathy B K. Soft granular computing based classification using hybrid fuzzy-KNN-SVM [J]. Intelligent Decision Technologies-Netherlands, 2016, 10(2): 115 - 128.

[82] Paul J. A., Macdonald L.. Location and capacity allocations decisions to mitigate the impacts of unexpected disasters [J]. European Journal of Operational Research, 2016, 251(1): 252 - 263.

[83] Pawlak Z.. Rough set[J]. International Journal of Computer and Information Sciences, 1982, 11(5): 341 - 356.

[84] Qian Y. H., Liang J. Y.. Combination entropy and combination granulation in rough set theory [J]. International Journal of Uncertainty Fuzziness and Knowledge-Based Systems, 2011, 16(2): 179 - 193.

[85] Raman M., Dorasamy M., Muthaiyah S., et al. Knowledge Management for Social Workers Involved in Disaster Planning and Response in Malaysia: An Action Research Approach[J]. Systemic Practice and Action Research, 2011, 24(3): 261 - 272.

[86] Reichel C., Fromming U. U.. Participatory Mapping of Local Disaster Risk Reduction Knowledge: An Example from Switzerland [J]. International Journal of Disaster Risk Science, 2014, 5(1): 41 - 54.

[87] Reid E., Qin J., Chung W., et al. Terrorism Knowledge Discovery Project: A Knowledge Discovery Approach to Addressing the Threats of Terrorism [C]//Intelligence and Security Informatics, Second Symposium on Intelligence and Security Informatics, ISI 2004, Tucson, AZ, USA, June 10 -11, 2004, Proceedings. 2004: 10 - 11.

[88] Reyers B., Nel J. L., O'Farrell P. J., et al. Navigating complexity through knowledge coproduction: Mainstreaming ecosystem services into disaster risk reduction[J]. Proceedings of the National Academy of Sciences

of the United States of America, 2015, 112(24): 7362 - 7368.

[89] Rob Toulson, Tim Wilmshurst. Fast and Effective Embedded Systems Design [M]. Second Edition. Oxford: Jonathan Simpson, 2017: 257 -290.

[90] Sang-Hyun Cho, Hang-Bong Kang. Abnormal behavior detection using hybrid agents in crowded scenes[J].Pattern Recognition Letters, 2014, 44(8): 64 - 70.

[91] Shaluf I. M., Ahmadun F., Mustapha S.. Technological disaster's criteria and models[J]. Disaster Prevention and Management, 2003, 12(4): 305 - 311.

[92] Sheikhian H., Delavar M. R., Stein A., "UNCERTAINTY HANDLING IN DISASTER MANAGEMENT USING HIERARCHICAL ROUGH SET GRANULATION", in Isprs Geospatial Week 2015, ed. by C. Mallet, N. Paparoditis, I. Dowman, S. O. Elberink, A. M. Raimond, F. Rottensteiner, M. Yang, S. Christophe, A. Coltekin and M. Bredif (Gottingen: Copernicus Gesellschaft Mbh, 2015), pp.271 - 276.

[93] Shi Z. M., Cao J. C., L. Feng, et al. Construction of a technique plan repository and evaluation system based on AHP group decision-making for emergency treatment and disposal in chemical pollution accidents [J]. Journal of Hazardous Materials, 2014, 276: 200 - 206.

[94] Shook E., Turner V. K.. The socio-environmental data explorer (SEDE): a social media-enhanced decision support system to explore risk perception to hazard events [J]. Cartography & Geographic Information Science, 2016.

[95] Sitas N., Reyers B., Cundill G., et al.Fostering collaboration for knowledge and action in disaster management in South Africa[J]. Current Opinion in Environmental Sustainability, 2016, 19: 94 - 102.

[96] Skowron A.. " Complex Adaptive Systems and Interactive Granular Computing", in Computer Information Systems and Industrial Management, Cisim 2016, ed. by K. Saeed and W. Homenda (Cham: Springer Int Publishing Ag, 2016), pp.17 - 22.

[97] Song K., Kim D. H., Shin S. J., et al. "Identifying the Evolution

of Disasters and Responses with Network-Text Analysis", in 2014 IEEE International Conference on Systems, Man and Cybernetics (New York: Ieee, 2014), pp.664－671.

[98] Sun B. Z., Ma W. M., Zhao H. Y.. An approach to emergency decision making based on decision-theoretic rough set over two universes[J]. Soft Computing, 2016, 20(9): 3617－3628.

[99] Thanurjan R., Seneviratne Ldip. The role of knowledge management in post-disaster housing reconstruction[J]. Disaster Prevention and Management, 2009, 18(1): 66－77.

[100] Thomas T. N., Leandergriffith M., Harp V., et al. Influences of Preparedness Knowledge and Beliefs on Household Disaster Preparedness.[J]. Mmwr Morbidity & Mortality Weekly Report, 2015, 64(35): 965－971.

[101] TMartin T. P., Shen Y., Azvine B.. Granular Association Rules for Multiple Taxonomies: A Mass Assignment Approach[C]//Uncertainty Reasoning for the Semantic Web I, ISWC International Workshops, URSW 2005－2007, Revised Selected and Invited Papers. DBLP, 2008: 224－243.

[102] Turner B. A.. The Organization and Inter Organization Development of Disasters [J]. Administrative Science Quarterly. 1976, 21(3): 378.

[103] Vasileios Lampos, Nello Cristianini. Nowcasting Events from the Social Web with Statistical Learning[J].ACM Transactions on Intelligent Systems and Technology, 2012, 3(4): 565－582.

[104] Vincenzo Torretta, Elena Cristina Rada, Marco Schiavon, Paolo Viotti. Decision support systems for assessing risks involved in transporting hazardous materials: A review[J].Safety Science, 2017, 92: 1－9.

[105] Wang J. H., Qin Q. M., Zhao J. H., et al. Knowledge-Based Detection and Assessment of Damaged Roads Using Post-Disaster High-Resolution Remote Sensing Image [J]. Remote Sensing, 2015, 7 (4): 4948－4967.

[106] Wang Q. D., Wang X. J., Zhao M., et al. Conceptual hierarchy based rough set model[C]//International Conference on Machine Learning and Cybernetics. IEEE Xplore, 2003: 402－406 Vol.1.

[107] Wang Z.. Quantitative Association Rules Mining Method Based on Trapezium Cloud Model [C]. Database Technology and Applications (DBTA), 2010 2nd International Workshop on. IEEE. 2010: 1 - 4.

[108] Way S., Yuan Y. F.. Transitioning From Dynamic Decision Support to Context-Aware Multi-Party Coordination: A Case for Emergency Response[J]. Group Decision and Negotiation, 2014, 23(4): 649 - 672.

[109] Wei J. C., Wang F., Lindell M. K.. The evolution of stakeholders' perceptions of disaster: A model of information flow [J]. Journal of the Association for Information Science and Technology, 2016, 67 (2): 441 - 453.

[110] Weichselgartner J., Pigeon P.. The Role of Knowledge in Disaster Risk Reduction[J]. International Journal of Disaster Risk Science, 2015, 6(2):107 - 116.

[111] Widyani Y., Laksmiwati H.. Preliminary design of spatio-temporal disaster database in Indonesia to support emergency response[C]// International Conference on Electrical Engineering and Informatics. IEEE, 2015: 517 - 522.

[112] Wirtz A., Kron W., Löw P., et al. The need for data: natural disasters and the challenges of database management[J]. Natural Hazards, 2014, 70(1): 135 - 157.

[113] Witham C. S.. Volcanic disasters and incidents: A new database[J]. Journal of Volcanology & Geothermal Research, 2005, 148(3 - 4): 191 - 233.

[114] Xie X. L., Gu X. F.. Research on Data Mining Model of Intelligent Transportation Based on Granular Computing [J]. International Journal of Security and Its Applications, 2016, 10(7): 281 - 286.

[115] Xie Z. H., He Z.. "The Study on the Development of Decision Support Systems in Response to Catastrophic Social Risks", in Proceedings of the 3rd International Conference on Computer Science and Service System, ed. by A. Datta (Paris: Atlantis Press, 2014), pp.461 - 464.

[116] Xu W. H., Yu J. H.. A novel approach to information fusion in multi-source datasets: A granular computing viewpoint [J]. Information Sciences, 2017, 378: 410 - 423.

[117] Xu Z., Zhang H., Hu C. P., et al. Building knowledge base of urban emergency events based on crowdsourcing of social media [J]. Concurrency and Computation-Practice & Experience, 2016, 28 (15): 4038 -4052.

[118] Xue Y.. A new fuzzy risk assessment model of natural disaster based on fuzzy information granulation-exemplified by earthquake disasters[J]. Disaster Advances, 2013, 6(5): 78 - 87.

[119] Yan H. C., Zhang F., Liu B. X.. Granular Computing Based Ontology Learning Model and Its Applications [J]. Cybernetics and Information Technologies, 2015, 15(6): 103 - 112.

[120] Yan L. J., Wen J. H., Yan J. P., et al. "Comparing and Analyzing of Disaster Databases from Domestic and Abroad", in Innovative Theories and Methods for Risk Analysis and Crisis Response, ed. by C. F. Huang and G. F. Zhai (Paris: Atlantis Press, 2012), pp.114 - 120.

[121] Yang Y., Ha H. Y., Fleites F., et al. Hierarchical disaster image classification for situation report enhancement[C]//IEEE International Conference on Information Reuse and Integration. IEEE, 2011: 181 - 186.

[122] Yu D. J.. Softmax function based intuitionistic fuzzy multi-criteria decision making and applications[J]. Operational Research, 2016, 16 (2): 327 -348.

[123] Zhang N. L.. Latent structure models and diagnosis in traditional Chinese medicine[J]. Latent Structure Models, 2004.

[124] Zhang R., Chen X., Cai X., et al. A fast integrated searching strategy and application in multi-source massive image database for Disaster Mitigation and Relief [C]//Geoscience and Remote Sensing Symposium, 2007. IGARSS 2007. IEEE International. IEEE, 2008: 4769 - 4772.

[125] Zhang S.. Information enhancement for data mining[J]. Wiley Interdisciplinary Reviews Data Mining & Knowledge Discovery, 2011, 1(1): 284 - 295.

[126] Zhang Y., Xiang Y. B., Yu G. H., et al. Classification of environmental disaster in Hunan Province [J]. Disaster Advances, 2012, 5(4):1756 - 1759.

[127] Zhou D. C., Dai X.. A granulation analysis method for cutting tool material selection using granular computing [J]. Proceedings of the Institution of Mechanical Engineers Part C-Journal of Mechanical Engineering Science, 2016, 230(13): 2323 - 2336.

[128] Zhou D. C., Dai X.. Integrating granular computing and bioinformatics technology for typical process routes elicitation: A process knowledge acquisition approach [J]. Engineering Applications of Artificial Intelligence, 2015, 45: 46 - 56.

[129] Zhou Y. X., Liu G. J., Fu E. J., et al. "An object-relational prototype of GIS-based disaster database", in Proceedings of the International Conference on Mining Science & Technology, ed. by S. Ge, J. Liu and C. Guo (Amsterdam: Elsevier Science Bv, 2009), pp.1060 - 1066.

[130] Zhou Z. Q., Li S. C., Li L. P., et al. An optimal classification method for risk assessment of water inrush in karst tunnels based on grey system theory[J]. Geomechanics and Engineering, 2015, 8(5): 631 - 647.

[131] "联合国利用天基技术进行灾害管理—推动落实2015—2030年仙台减灾框架国际会议"在京开幕[EB/OL].[2016 - 12 - 24] http://www.jianzai.gov.cn/DRpublish/sytpgd/0000000000013462.html.

[132] "十二五"国家自主创新能力建设规划[EB/OL].[2016 - 12 - 24]. http://www.chinanews.com/gn/2013/05 - 29/4871462.shtml.

[133] 鲍丹,路威铭,刁雅静.基于全生命周期理论的高校突发事件应急管理研究[J].改革与开放,2013,(19):52 - 54.

[134] 蔡华利,刘鲁,王理.突发事件 Web 新闻多层次自动分类方法[J].北京工业大学学报,2011,(06):947 - 954.

[135] 曹学艳,宋彦宁,李仕明.基于网络舆情热度的突发事件动态分类分级研究[J].电子科技大学学报(社科版),2014,(02):24 - 27.

[136] 陈刚,谢科范,刘嘉,等.非常规突发事件情景演化机理及集群决策模式研究[J].武汉理工大学学报(社会科学版),2011,24(4):458 - 462.

[137] 陈雪龙,卢丹,代鹏.基于粒计算的非常规突发事件情景层次模型[J].中国管理科学,2017,25(1):129 - 138.

[138] 陈雪龙,卢丹,代鹏.基于粒计算的非常规突发事件情景层次模型[J].中国管理科学,2017,25(01):129 - 138.

[139] 陈长坤,孙云凤,李智.冰雪灾害危机事件演化及衍生链特征分析[J].灾害学,2009,24(1):18-21.

[140] 陈祖琴,苏新宁.基于情景划分的突发事件应急响应策略库构建方法[J].图书情报工作,2014,(19):105-110.

[141] 陈祖琴.面向应急情报采集与组织的突发事件特征词典编制[J].图书与情报,2015(3):26-33.

[142] 陈祖琴.面向应急情报采集与组织的突发事件特征词典编制[J].图书与情报,2015,(3):26-33.

[143] 程泽军.基于突变理论的非常规突发事件演化机理研究[D].大连:辽宁师范大学,2013.

[144] 池宏,计雷,陈安等.突发事件应急管理[M].北京:高等教育出版社,2006.

[145] 邓三鸿,刘喜文,蒋勋.基于利益相关者理论的突发事件案例知识库构建研究[J].图书与情报,2015,(03):1-8.

[146] 东方之星客轮翻沉事故调查报告[EB/OL].[2016-12-24].http://news.sina.com.cn/c/2015-12-30/181432681495.shtml.

[147] 杜鹢,李德毅.基于云的概念划分及其在关联采掘上的应用[J].软件学报,2001.12(2):196-203.

[148] 范海军,肖盛燮,郝艳广等.自然灾害链式效应结构关系及其复杂性规律研究[J].岩石力学与工程学报,2006,25(S1):2603-2611.

[149] 范珉,刘晓君.基于突变理论的公共场所集群事件预警分级[J].中国安全科学学报,2010(2):171-176+181.

[150] 范一大.我国灾害风险管理的未来挑战——解读《2015-2030年仙台减轻灾害风险框架》[J].中国减灾,2015,07:18-21.

[151] 方付建.突发事件网络舆情演变研究[D].武汉:华中科技大学,2011.

[152] 郭捷,杨立成,孙子旭.基于科技视角与双周期模型的我国突发事件危机管理研究——以新型冠状病毒危机事件为例[J].科技进步与对策,2020,37(14):8-13.

[153] 郭倩倩.突发事件的演化周期及舆论变化[J].新闻与写作,2012,(07):9-12.

[154] 国家突发公共事件总体应急预案[EB/OL].[2016-12-24].

http://www.gov.cn/yjgl/2006-08/07/content_21048.htm.

[155] 何琳,侯汉清,白振田等.基于标引经验和机器学习相结合的多层自动分类[J].情报学报,2006,25(6):39-43.

[156] 季学伟,翁文国,倪顺江,范维澄.突发公共事件预警分级模型[J].清华大学学报(自然科学版),2008,08:1252-1255.

[157] 姜卉,黄钧.突发事件分类与应急处置范式研究[J].中国应急管理,2009,(07):22-25.

[158] 蒋建兵,梁家荣,江伟,顾志鹏.梯形云模型在概念划分及提升中的应用[J].计算机工程与设计,2008,05:1235-1237+1240.

[159] 蒋嵘,李德毅.数值型数据的泛概念树的自动生成方法[J].计算机学报,2000,23(5):471～477

[160] 蒋兴良,易辉.输电线路覆冰及防护[M].北京:中国电力出版社,2002.

[161] 蒋勋,毛燕,苏新宁,王波.突发事件驱动的信息语义组织与跨领域协同处理模型[J].情报理论与实践,2014,(11):114-119+123.

[162] 蒋勋,苏新宁,刘喜文.突发事件驱动的应急决策知识库结构研究[J].情报资料工作,2015,(01):25-29.

[163] 蒋勋,徐绪堪,苏新宁,顾绮芳.知识服务驱动的知识库框架系统内的逻辑架构[J].情报理论与实践,2014,(10):125-129.

[164] 蒋勋,徐绪堪,唐明伟,苏新宁.适应突发事件演化的知识表示模型研究[J].情报理论与实践,2016,(03):122-124+134.

[165] 李德毅,杜鹢.不确定性人工智能(第2版)[M].北京:国防工业出版社,2014.

[166] 李德毅,刘常昱,杜鹢等.不确定性人工智能[J].软件学报,2004(11):1583-1594.

[167] 李德毅,刘常昱.论正态云模型的普适性[J].中国工程科学,2004(8):28-34.

[168] 李德毅,孟海军,史雪梅.隶属云和隶属云发生器[J].计算机研究与发展,1995,06:15-20.

[169] 李纲,陈璟浩,毛进.突发公共卫生事件网络语料库系统构建[J].情报学报,2013,32(9):936-944.

[170] 李纲,李阳.情报视角下的突发事件监测与识别研究[J].图书情报

工作,2014,58(24):66－72.

[171] 李立明.流行病学[M].第4版.北京:人民卫生出版社,1999:124 -125.

[172] 李藐,陈建国,陈涛等.突发事件的事件链概率模型[J].清华大学学报(自然科学版),2010(8):1173－1177.

[173] 李明强,岳晓.透视混沌理论看突发事件预警机制的建设[J].湖北社会科学,2006,01:45－47.

[174] 李双双,杨赛霓,刘宪锋等.2008年中国南方低温雨雪冰冻灾害网络建模及演化机制研究[J].地理研究,2015,34(10):1887－1896.

[175] 李天瑞等著.大数据挖掘的原理与方法——基于粒计算与粗糙集的视角[M].北京:科学出版社,2016.

[176] 李燕凌,李丽君.我国农村社会突发事件分类研究[J].农业经济问题,2007,(08):11－18＋110.

[177] 李勇建,乔晓娇,孙晓晨,李春艳.基于系统动力学的突发事件演化模型[J].系统工程学报,2015,03:306－318.

[178] 梁冠华,鞠玉梅.基于舆情演化生命周期的突发事件网络舆情风险评估分析[J].情报科学,2018,36(10):48－53.DOI:10.13833/j.issn.1007－7634.2018.10.009.

[179] 梁吉业,钱宇华,李德玉,胡清华.面向大数据的粒计算理论与方法研究进展[J].大数据,2016,(04):13－23.

[180] 刘佳,陈建明,陈安.应急管理中的动态模糊分类分级算法研究[J].管理评论,2007(3):38－43＋64.

[181] 刘雅姝,张海涛,徐海玲等.多维特征融合的网络舆情突发事件演化话题图谱研究[J].情报学报,2019,38(08):798－806.

[182] 刘耀龙,许世远,王军,等.国内外灾害数据信息共享现状研究[J].灾害学,2008,23(3):109－113.

[183] 刘志明,刘鲁.面向突发事件的民众负面情绪生命周期模型[J].管理工程学报,2013,(01):15－21.

[184] 罗伯特・希斯等.危机管理[M].北京:中信出版社,2004.

[185] 马政朝,郑瑞娟,吴庆涛,张明川.一种物联网安全属性概念提取方法[J].计算机仿真,2014,03:303－307.

[186] 苗夺谦,张清华,钱宇华,梁吉业,王国胤,吴伟志,高阳,商琳,顾

沈明，张红云.从人类智能到机器实现模型——粒计算理论与方法[J].智能系统学报，2016，(06)：743－757.

[187] 牛宏睿，李秋明，王超，常慧辉.轨道交通突发事件的分级分类方法研究[J].铁路计算机应用，2012，(05)：26－28.

[188] 诺曼.R.奥古斯丁等.危机管理[M].北京：中国人民大学出版社，2001

[189] 戚建刚.突发事件管理中的“分类”“分级”与“分期”原则——《中华人民共和国突发事件应对法(草案)》的管理学基础[J].江海学刊，2006，(06)：133－137.

[190] 气温等级划分[EB/OL].[2016－12－24].http://www.1718world.com/news/6/2/news_info_5636.html.

[191] 秦昆，王佩.基于云变换的曲线拟合新方法[J].计算机工程与应用，2008，23：56－58＋74.

[192] 裘江南，杨书宁，翟劼.基于扫描统计量的微博中突发事件舆情动态监测方法[J].情报学报，2015，34(4)：414－423.

[193] 瞿志凯，兰月新，夏一雪，刘媛，刘冰月.大数据背景下突发事件情报分析模型构建研究[J].现代情报，2017，37(01)：45－50.

[194] 全球恐怖主义事件数据库[EB/OL].[2016－12－24].http://www.start.umd.edu/gtd/.

[195] 山东输油管线爆燃事故[EB/OL].[2016－12－24].http://news.sohu.com/20140111/n393346554.shtml.

[196] 佘廉，黄超.我国突发事件案例库建设评价分析[J].电子科技大学学报(社科版)，2015，06：24－31.

[197] 宋莎莎，戴锋，卫保璐.基于模糊层次分析法和聚类分析的突发事件分级研究[J].科学决策，2010(10)：68－72.

[198] 苏新宁，朱晓峰，崔露方.基于生命周期的应急情报体系理论模型构建[J].情报学报，2017，36(10)：989－997.

[199] 苏新宁，朱晓峰.面向突发事件应急决策的快速响应情报体系构建[J].情报学报，2014，33(12)：1264－1276.

[200] 苏新宁.面向知识服务的知识组织理论与方法[M].北京：科学出版社，2014.

[201] 唐明伟，蒋勋，姚兴山.“互联网＋”环境下面向公共安全的突发事

件快速响应系统[J].情报科学,2016,34(11):154-159.

[202] 唐明伟,苏新宁,姚兴山.本体驱动的突发事件案例知识库[J].情报理论与实践,2016,(09):123-127.

[203] 天津滨海新区发生爆炸[EB/OL].[2016-12-24].http://news.qq.com/zt2015/tjbz/.

[204] 外滩拥挤踩踏事件调查报告[EB/OL].[2016-12-24].http://news.xinhuanet.com/legal/2015-01/21/c_1114075965.htm.

[205] 王昊,严明,苏新宁.基于机器学习的中文书目自动分类研究[J].中国图书馆学报,2010,36(6):28-39.

[206] 王国胤,傅顺,杨洁等.基于多粒度认知的智能计算研究[J].计算机学报,2022,45(06):1161-1175.

[207] 王国胤,李帅,杨洁.知识与数据双向驱动的多粒度认知计算[J].西北大学学报:自然科学版,2018,48(4):13.

[208] 王微.基于模糊决策的突发事件分级评估算法的改进研究[D].北京:北京工商大学,2009.

[209] 王兴鹏,桂莉.基于超图的突发灾害事件演化网络研究[J].数学的实践与认识,2019,49(12):61-69.

[210] 闻畅,刘宇,顾进广.基于注意力机制的双向长短时记忆网络模型突发事件演化关系抽取[J].计算机应用,2019,39(06):1646-1651.

[211] 吴锋,张红强.我国民族因素突发事件案例统计评析与应对策略——基于1980—2015年中国大陆民族因素突发事件知识库的研究[J].情报杂志,2016,(01):122-128.

[212] 吴凤平,程铁军.基于改进的灰色定权聚类分析的突发事件分级研究[J].中国管理科学,2013(S1):110-113.

[213] 吴鹏,杨爽,张晶晶,高庆宁.突发事件网络舆情中网民群体行为演化的Agent建模与仿真研究[J].现代图书情报技术,2015,(Z1):65-72.

[214] 夏华林,张仰森.基于规则与统计的Web突发事件新闻多层次分类[J].计算机应用,2012,02:392-394+415.

[215] 夏彦,何琳,潘运来,欧阳辰晨.基于规则与统计相结合的互联网突发事件识别研究[J].现代图书情报技术,2010,(10):65-69.

[216] 肖盛燮.生态环境灾变链式理论原创结构梗概[J].岩石力学与工程学报,2005,25(S1).

[217] 谢科范，赵湜，陈刚，蔡文静.网络舆情突发事件的生命周期原理及集群决策研究[J].武汉理工大学学报(社会科学版)，2010，(04)：482－486.

[218] 徐计，王国胤，于洪.基于粒计算的大数据处理[J].计算机学报，2015，(08)：1497－1517.

[219] 徐久成，孙林，张倩倩.粒计算及其不确定信息度量的理论与方法[M].北京：科学出版社，2013.

[220] 徐绪堪，钟宇翀，魏建香等.基于组织-流程-信息的突发事件情报分析框架构建[J].情报理论与实践，2015，38(4)：70－73.

[221] 薛耀文，杨元勋，甄烨，高键.基于时空维度的社会性突发事件分类研究[J].重庆工商大学学报(社会科学版)，2013，(06)：82－86.

[222] 严丽军，温家洪，颜建平等.国内外灾害数据库比较与分析[C]//中国灾害防御协会风险分析专业委员会年会.2012.

[223] 盐城龙卷风袭击事件[EB/OL].[2016－12－24].http://yuqing.people.com.cn/n1/2016/0624/c209043－28477243.html.

[224] 杨静，陈建明，赵红.应急管理中的突发事件分类分级研究[J].管理评论，2005，04：37－41＋8－64.

[225] 杨丽英，李红娟，张永奎.突发事件新闻语料分类体系研究[A].中国中文信息学会.中文信息处理前沿进展——中国中文信息学会二十五周年学术会议论文集[C].中国中文信息学会，2006：7.

[226] 杨志，祁凯.基于"情景—应对"的突发网络舆论事件演化博弈分析[J].情报科学，2018，36(2)：30－36，94.

[227] 姚占雷，许鑫.互联网新闻报道中的突发事件识别研究[J].现代图书情报技术，2011，(4)：52－57.

[228] 叶成志，吴贤云，黄小玉.湖南省历史罕见的一次低温雨雪冰冻灾害天气分析[J].气象学报，2009，67(3)：488－500.

[229] 于峰，李向阳，孙钦莹.突发事件情景应对案例库族谱设计[J].系统工程理论与实践，2015，10：2596－2605.

[230] 于海峰，王延章，王宁等.基于情境的突发事件演化网络约简研究[J].情报杂志，2012(11)：1－4.

[231] 于海峰.基于知识元的突发事件系统结构模型及演化研究[D].大连：大连理工大学，2013.

[232] 袁宏永，付成伟，疏学明等.论事件链、预案链在应急管理中的角色

与应用[J].中国应急管理,2008(1):28－31.

[233] 袁辛奋,胡子林.浅析突发事件的特征、分类及意义[J].科技与管理,2005,(02):23－25.

[234] 张明红,佘廉.基于情景的突发事件演化模型研究——以青岛"11·22"事故为例[J].情报杂志,2016,35(5):65－71.

[235] 张平.国务院关于抗击低温雨雪冰冻灾害及灾后重建工作情况的报告——2008年4月22日在第十一届全国人民代表大会常务委员会第二次会议上[C]//2008:487－491.

[236] 张琪玉.分类标记原理与方法概述[J].图书馆,1993(1):12－16.

[237] 张文修.粗糙集理论与方法[M].北京:科学出版社,2001.

[238] 张艳琼,陈祖琴,苏新宁.基于云模型的突发事件分级模型研究[J].情报学报,2015(1):76－84.

[239] 张艳琼,邓三鸿.基于云变换的突发事件属性概念树的构建[J].现代情报,2016,(02):46－52+69.

[240] 张艳琼.改进的云自适应粒子群优化算法[J].计算机应用研究,2010,27(9):3250－3252.

[241] 张燕平,罗斌,姚一豫.商空间与粒计算:结构化问题求解理论与方法[M].北京:科学出版社,2010:169－175.

[242] 张永奎,李红娟.基于类别关键词的突发事件新闻文本分类方法[J].计算机应用,2008,S1:139－140+143.

[243] 张永胜.输电线路覆冰原因分析及防护[J].青海电力,2006,25(1):34－36.

[244] 赵廷彦.转型期东北区域社会突发事件生成原因及演化机制研究[D].长春:吉林大学,2009.

[245] 郑魁,疏学明,袁宏永,金思魁.突发事件网络舆情信息分类方法研究[J].计算机应用与软件,2010,(05):3－5+37.

[246] 郑远攀,金保华,苏晓珂.面向省级应急平台的突发事件案例库系统设计[J].安全与环境学报,2012,(03):248－251.

[247] 中国地面国际交换站气候资料日值数据集(V3.0)[EB/OL].[2016－12－24].http://data.cma.cn/data/detail/dataCode/SURF_CLI_CHN_MUL_DAY_CES_V3.0/keywords/%E4%B8%AD%E5%9B%BD%E5%9C%B0%E9%9D%A2%E5%9B%BD%E9%99%85%E4%BA%A4%E6%

8D%A2%E7%AB%99%E6%B0%94%E5%80%99%E8%B5%84%E6%96%99%E6%97%A5%E5%80%BC%E6%95%B0%E6%8D%AE%E9%9B%86.html.

[248] 中国地面降水日值0.5°×0.5°格点数据集(V2.0)[EB/OL].[2016-12-24].http://data.cma.cn/data/detail/dataCode/SURF_CLI_CHN_PRE_DAY_GRID_0.5/keywords/0.5.html.

[249] 中国气象数据务网 http://www.cams.cma.gov.cn/cams_kxsy/qky_kxsy_index.htm.

[250] 中华人民共和国突发事件应对法[EB/OL].[2016-12-24].http://www.gov.cn/flfg/2007-08/30/content_732593.htm.

[251] 周焕.基于生命周期理论的监狱突发事件应急管理研究[D].湖南:湖南大学,2014.

[252] 朱广宇,张萌,裔扬.基于知识图谱的城市轨道交通突发事件演化结果预测[J].电子与信息学报,2023,45(03):949-957.

[253] 朱力.突发事件的概念、要素与类型[J].南京社会科学,2007,11:81-88.

附录 1　国家突发公共事件总体应急预案

1　总则

1.1　编制目的

提高政府保障公共安全和处置突发公共事件的能力，最大程度地预防和减少突发公共事件及其造成的损害，保障公众的生命财产安全，维护国家安全和社会稳定，促进经济社会全面、协调、可持续发展。

1.2　编制依据

依据宪法及有关法律、行政法规，制定本预案。

1.3　分类分级

本预案所称突发公共事件是指突然发生，造成或者可能造成重大人员伤亡、财产损失、生态环境破坏和严重社会危害，危及公共安全的紧急事件。

根据突发公共事件的发生过程、性质和机理，突发公共事件主要分为以下四类：

(1) 自然灾害。主要包括水旱灾害，气象灾害，地震灾害，地质灾害，海洋灾害，生物灾害和森林草原火灾等。

(2) 事故灾难。主要包括工矿商贸等企业的各类安全事故，交通运输事故，公共设施和设备事故，环境污染和生态破坏事件等。

(3) 公共卫生事件。主要包括传染病疫情，群体性不明原因疾病，食品安全和职业危害，动物疫情，以及其他严重影响公众健康和生命安全的事件。

(4) 社会安全事件。主要包括恐怖袭击事件，经济安全事件和涉外突发事件等。

各类突发公共事件按照其性质、严重程度、可控性和影响范围等因素，一般分为四级：Ⅰ级（特别重大）、Ⅱ级（重大）、Ⅲ级（较大）和Ⅳ级（一般）。

1.4 适用范围

本预案适用于涉及跨省级行政区划的，或超出事发地省级人民政府处置能力的特别重大突发公共事件应对工作。

本预案指导全国的突发公共事件应对工作。

1.5 工作原则

（1）以人为本，减少危害。切实履行政府的社会管理和公共服务职能，把保障公众健康和生命财产安全作为首要任务，最大程度地减少突发公共事件及其造成的人员伤亡和危害。

（2）居安思危，预防为主。高度重视公共安全工作，常抓不懈，防患于未然。增强忧患意识，坚持预防与应急相结合，常态与非常态相结合，做好应对突发公共事件的各项准备工作。

（3）统一领导，分级负责。在党中央、国务院的统一领导下，建立健全分类管理、分级负责，条块结合、属地管理为主的应急管理体制，在各级党委领导下，实行行政领导责任制，充分发挥专业应急指挥机构的作用。

（4）依法规范，加强管理。依据有关法律和行政法规，加强应急管理，维护公众的合法权益，使应对突发公共事件的工作规范化、制度化、法制化。

（5）快速反应，协同应对。加强以属地管理为主的应急处置队伍建设，建立联动协调制度，充分动员和发挥乡镇、社区、企事业单位、社会团体和志愿者队伍的作用，依靠公众力量，形成统一指挥、反应灵敏、功能齐全、协调有序、运转高效的应急管理机制。

（6）依靠科技，提高素质。加强公共安全科学研究和技术开发，采用先进的监测、预测、预警、预防和应急处置技术及设施，充分发挥专家队伍和专业人员的作用，提高应对突发公共事件的科技水平和指挥能力，避免发生次生、衍生事件；加强宣传和培训教育工作，提高公众自救、互救和应对各类突发公共事件的综合素质。

1.6 应急预案体系

全国突发公共事件应急预案体系包括：

（1）突发公共事件总体应急预案。总体应急预案是全国应急预案体系的总纲，是国务院应对特别重大突发公共事件的规范性文件。

（2）突发公共事件专项应急预案。专项应急预案主要是国务院及其有关部门为应对某一类型或某几种类型突发公共事件而制定的应急预案。

（3）突发公共事件部门应急预案。部门应急预案是国务院有关部门根据总体应急预案、专项应急预案和部门职责为应对突发公共事件制定的预案。

（4）突发公共事件地方应急预案。具体包括：省级人民政府的突发公共事件总体应急预案、专项应急预案和部门应急预案；各市（地）、县（市）人民政府及其基层政权组织的突发公共事件应急预案。上述预案在省级人民政府的领导下，按照分类管理、分级负责的原则，由地方人民政府及其有关部门分别制定。

（5）企事业单位根据有关法律法规制定的应急预案。

（6）举办大型会展和文化体育等重大活动，主办单位应当制定应急预案。

各类预案将根据实际情况变化不断补充、完善。

2　组织体系

2.1　领导机构

国务院是突发公共事件应急管理工作的最高行政领导机构。在国务院总理领导下，由国务院常务会议和国家相关突发公共事件应急指挥机构（以下简称相关应急指挥机构）负责突发公共事件的应急管理工作；必要时，派出国务院工作组指导有关工作。

2.2　办事机构

国务院办公厅设国务院应急管理办公室，履行值守应急、信息汇总和综合协调职责，发挥运转枢纽作用。

2.3　工作机构

国务院有关部门依据有关法律、行政法规和各自的职责，负责相关类别突发公共事件的应急管理工作。具体负责相关类别的突发公共事件专项和部门应急预案的起草与实施，贯彻落实国务院有关决定事项。

2.4 地方机构

地方各级人民政府是本行政区域突发公共事件应急管理工作的行政领导机构，负责本行政区域各类突发公共事件的应对工作。

2.5 专家组

国务院和各应急管理机构建立各类专业人才库，可以根据实际需要聘请有关专家组成专家组，为应急管理提供决策建议，必要时参加突发公共事件的应急处置工作。

3 运行机制

3.1 预测与预警

各地区、各部门要针对各种可能发生的突发公共事件，完善预测预警机制，建立预测预警系统，开展风险分析，做到早发现、早报告、早处置。

3.1.1 预警级别和发布

根据预测分析结果，对可能发生和可以预警的突发公共事件进行预警。预警级别依据突发公共事件可能造成的危害程度、紧急程度和发展势态，一般划分为四级：Ⅰ级（特别严重）、Ⅱ级（严重）、Ⅲ级（较重）和Ⅳ级（一般），依次用红色、橙色、黄色和蓝色表示。

预警信息包括突发公共事件的类别、预警级别、起始时间、可能影响范围、警示事项、应采取的措施和发布机关等。

预警信息的发布、调整和解除可通过广播、电视、报刊、通信、信息网络、警报器、宣传车或组织人员逐户通知等方式进行，对老、幼、病、残、孕等特殊人群以及学校等特殊场所和警报盲区应当采取有针对性的公告方式。

3.2 应急处置

3.2.1 信息报告

特别重大或者重大突发公共事件发生后，各地区、各部门要立即报告，最迟不得超过4小时，同时通报有关地区和部门。应急处置过程中，要及时续报有关情况。

3.2.2 先期处置

突发公共事件发生后，事发地的省级人民政府或者国务院有关部门在报告特别重大、重大突发公共事件信息的同时，要根据职责和规定的权限启动相关应急预案，及时、有效地进行处置，控制事态。

在境外发生涉及中国公民和机构的突发事件，我驻外使领馆、国务院有关部门和有关地方人民政府要采取措施控制事态发展，组织开展应急救援工作。

3.2.3 应急响应

对于先期处置未能有效控制事态的特别重大突发公共事件，要及时启动相关预案，由国务院相关应急指挥机构或国务院工作组统一指挥或指导有关地区、部门开展处置工作。

现场应急指挥机构负责现场的应急处置工作。

需要多个国务院相关部门共同参与处置的突发公共事件，由该类突发公共事件的业务主管部门牵头，其他部门予以协助。

3.2.4 应急结束

特别重大突发公共事件应急处置工作结束，或者相关危险因素消除后，现场应急指挥机构予以撤销。

3.3 恢复与重建

3.3.1 善后处置

要积极稳妥、深入细致地做好善后处置工作。对突发公共事件中的伤亡人员、应急处置工作人员，以及紧急调集、征用有关单位及个人的物资，要按照规定给予抚恤、补助或补偿，并提供心理及司法援助。有关部门要做好疫病防治和环境污染消除工作。保险监管机构督促有关保险机构及时做好有关单位和个人损失的理赔工作。

3.3.2 调查与评估

要对特别重大突发公共事件的起因、性质、影响、责任、经验教训和恢复重建等问题进行调查评估。

3.3.3 恢复重建

根据受灾地区恢复重建计划组织实施恢复重建工作。

3.4 信息发布

突发公共事件的信息发布应当及时、准确、客观、全面。事件发生的第一时间要向社会发布简要信息，随后发布初步核实情况、政府应对措施和公众防范措施等，并根据事件处置情况做好后续发布工作。

信息发布形式主要包括授权发布、散发新闻稿、组织报道、接受记者采访、举行新闻发布会等。

4　应急保障

各有关部门要按照职责分工和相关预案做好突发公共事件的应对工作，同时根据总体预案切实做好应对突发公共事件的人力、物力、财力、交通运输、医疗卫生及通信保障等工作，保证应急救援工作的需要和灾区群众的基本生活，以及恢复重建工作的顺利进行。

4.1　人力资源

公安（消防）、医疗卫生、地震救援、海上搜救、矿山救护、森林消防、防洪抢险、核与辐射、环境监控、危险化学品事故救援、铁路事故、民航事故、基础信息网络和重要信息系统事故处置，以及水、电、油、气等工程抢险救援队伍是应急救援的专业队伍和骨干力量。地方各级人民政府和有关部门、单位要加强应急救援队伍的业务培训和应急演练，建立联动协调机制，提高装备水平；动员社会团体、企事业单位以及志愿者等各种社会力量参与应急救援工作；增进国际间的交流与合作。要加强以乡镇和社区为单位的公众应急能力建设，发挥其在应对突发公共事件中的重要作用。

中国人民解放军和中国人民武装警察部队是处置突发公共事件的骨干和突击力量，按照有关规定参加应急处置工作。

4.2　财力保障

要保证所需突发公共事件应急准备和救援工作资金。对受突发公共事件影响较大的行业、企事业单位和个人要及时研究提出相应的补偿或救助政策。要对突发公共事件财政应急保障资金的使用和效果进行监管和评估。

鼓励自然人、法人或者其他组织（包括国际组织）按照《中华人民共和国公益事业捐赠法》等有关法律、法规的规定进行捐赠和援助。

4.3 物资保障

要建立健全应急物资监测网络、预警体系和应急物资生产、储备、调拨及紧急配送体系，完善应急工作程序，确保应急所需物资和生活用品的及时供应，并加强对物资储备的监督管理，及时予以补充和更新。

地方各级人民政府应根据有关法律、法规和应急预案的规定，做好物资储备工作。

4.4 基本生活保障

要做好受灾群众的基本生活保障工作，确保灾区群众有饭吃、有水喝、有衣穿、有住处、有病能得到及时医治。

4.5 医疗卫生保障

卫生部门负责组建医疗卫生应急专业技术队伍，根据需要及时赴现场开展医疗救治、疾病预防控制等卫生应急工作。及时为受灾地区提供药品、器械等卫生和医疗设备。必要时，组织动员红十字会等社会卫生力量参与医疗卫生救助工作。

4.6 交通运输保障

要保证紧急情况下应急交通工具的优先安排、优先调度、优先放行，确保运输安全畅通；要依法建立紧急情况社会交通运输工具的征用程序，确保抢险救灾物资和人员能够及时、安全送达。

根据应急处置需要，对现场及相关通道实行交通管制，开设应急救援“绿色通道”，保证应急救援工作的顺利开展。

4.7 治安维护

要加强对重点地区、重点场所、重点人群、重要物资和设备的安全保护，依法严厉打击违法犯罪活动。必要时，依法采取有效管制措施，控制事态，维护社会秩序。

4.8 人员防护

要指定或建立与人口密度、城市规模相适应的应急避险场所，完善紧急疏散管理办法和程序，明确各级责任人，确保在紧急情况下公众安全、有序的转移或疏散。

要采取必要的防护措施，严格按照程序开展应急救援工作，确保人员安全。

4.9　通信保障

建立健全应急通信、应急广播电视保障工作体系，完善公用通信网，建立有线和无线相结合、基础电信网络与机动通信系统相配套的应急通信系统，确保通信畅通。

4.10　公共设施

有关部门要按照职责分工，分别负责煤、电、油、气、水的供给，以及废水、废气、固体废弃物等有害物质的监测和处理。

4.11　科技支撑

要积极开展公共安全领域的科学研究；加大公共安全监测、预测、预警、预防和应急处置技术研发的投入，不断改进技术装备，建立健全公共安全应急技术平台，提高我国公共安全科技水平；注意发挥企业在公共安全领域的研发作用。

5　监督管理

5.1　预案演练

各地区、各部门要结合实际，有计划、有重点地组织有关部门对相关预案进行演练。

5.2　宣传和培训

宣传、教育、文化、广电、新闻出版等有关部门要通过图书、报刊、音像制品和电子出版物、广播、电视、网络等，广泛宣传应急法律法规和预防、避险、自救、互救、减灾等常识，增强公众的忧患意识、社会责任意识和自救、互救能力。各有关方面要有计划地对应急救援和管理人员进行培训，提高其专业技能。

5.3 责任与奖惩

突发公共事件应急处置工作实行责任追究制。

对突发公共事件应急管理工作中做出突出贡献的先进集体和个人要给予表彰和奖励。

对迟报、谎报、瞒报和漏报突发公共事件重要情况或者应急管理工作中有其他失职、渎职行为的，依法对有关责任人给予行政处分；构成犯罪的，依法追究刑事责任。

6 附则

6.1 预案管理

根据实际情况的变化，及时修订本预案。

本预案自发布之日起实施。

附录2　中华人民共和国突发事件应对法

《中华人民共和国突发事件应对法》由中华人民共和国第十届全国人民代表大会常务委员会第二十九次会议于2007年8月30日通过，自2007年11月1日起施行。该法律共七章70条。

第一章　总则

第一条　为了预防和减少突发事件的发生，控制、减轻和消除突发事件引起的严重社会危害，规范突发事件应对活动，保护人民生命财产安全，维护国家安全、公共安全、环境安全和社会秩序，制定本法。

第二条　突发事件的预防与应急准备、监测与预警、应急处置与救援、事后恢复与重建等应对活动，适用本法。

第三条　本法所称突发事件，是指突然发生，造成或者可能造成严重社会危害，需要采取应急处置措施予以应对的自然灾害、事故灾难、公共卫生事件和社会安全事件。

按照社会危害程度、影响范围等因素，自然灾害、事故灾难、公共卫生事件分为特别重大、重大、较大和一般四级。法律、行政法规或者国务院另有规定的，从其规定。

突发事件的分级标准由国务院或者国务院确定的部门制定。

第四条　国家建立统一领导、综合协调、分类管理、分级负责、属地管理为主的应急管理体制。

第五条　突发事件应对工作实行预防为主、预防与应急相结合的原则。国家建立重大突发事件风险评估体系，对可能发生的突发事件进行综合性评估，减少重大突发事件的发生，最大限度地减轻重大突发事件的影响。

第六条　国家建立有效的社会动员机制，增强全民的公共安全和防范风险的意识，提高全社会的避险救助能力。

第七条　县级人民政府对本行政区域内突发事件的应对工作负责；涉及

两个以上行政区域的，由有关行政区域共同的上一级人民政府负责，或者由各有关行政区域的上一级人民政府共同负责。

突发事件发生后，发生地县级人民政府应当立即采取措施控制事态发展，组织开展应急救援和处置工作，并立即向上一级人民政府报告，必要时可以越级上报。

突发事件发生地县级人民政府不能消除或者不能有效控制突发事件引起的严重社会危害的，应当及时向上级人民政府报告。上级人民政府应当及时采取措施，统一领导应急处置工作。

法律、行政法规规定由国务院有关部门对突发事件的应对工作负责的，从其规定；地方人民政府应当积极配合并提供必要的支持。

第八条 国务院在总理领导下研究、决定和部署特别重大突发事件的应对工作；根据实际需要，设立国家突发事件应急指挥机构，负责突发事件应对工作；必要时，国务院可以派出工作组指导有关工作。

县级以上地方各级人民政府设立由本级人民政府主要负责人、相关部门负责人、驻当地中国人民解放军和中国人民武装警察部队有关负责人组成的突发事件应急指挥机构，统一领导、协调本级人民政府各有关部门和下级人民政府开展突发事件应对工作；根据实际需要，设立相关类别突发事件应急指挥机构，组织、协调、指挥突发事件应对工作。

上级人民政府主管部门应当在各自职责范围内，指导、协助下级人民政府及其相应部门做好有关突发事件的应对工作。

第九条 国务院和县级以上地方各级人民政府是突发事件应对工作的行政领导机关，其办事机构及具体职责由国务院规定。

第十条 有关人民政府及其部门作出的应对突发事件的决定、命令，应当及时公布。

第十一条 有关人民政府及其部门采取的应对突发事件的措施，应当与突发事件可能造成的社会危害的性质、程度和范围相适应；有多种措施可供选择的，应当选择有利于最大程度地保护公民、法人和其他组织权益的措施。

公民、法人和其他组织有义务参与突发事件应对工作。

第十二条 有关人民政府及其部门为应对突发事件，可以征用单位和个人的财产。被征用的财产在使用完毕或者突发事件应急处置工作结束后，应当及时返还。财产被征用或者征用后毁损、灭失的，应当给予补偿。

第十三条 因采取突发事件应对措施，诉讼、行政复议、仲裁活动不能正常进行的，适用有关时效中止和程序中止的规定，但法律另有规定的除外。

第十四条　中国人民解放军、中国人民武装警察部队和民兵组织依照本法和其他有关法律、行政法规、军事法规的规定以及国务院、中央军事委员会的命令，参加突发事件的应急救援和处置工作。

第十五条　中华人民共和国政府在突发事件的预防、监测与预警、应急处置与救援、事后恢复与重建等方面，同外国政府和有关国际组织开展合作与交流。

第十六条　县级以上人民政府作出应对突发事件的决定、命令，应当报本级人民代表大会常务委员会备案；突发事件应急处置工作结束后，应当向本级人民代表大会常务委员会作出专项工作报告。

第二章　预防与应急准备

第十七条　国家建立健全突发事件应急预案体系。

国务院制定国家突发事件总体应急预案，组织制定国家突发事件专项应急预案；国务院有关部门根据各自的职责和国务院相关应急预案，制定国家突发事件部门应急预案。

地方各级人民政府和县级以上地方各级人民政府有关部门根据有关法律、法规、规章、上级人民政府及其有关部门的应急预案以及本地区的实际情况，制定相应的突发事件应急预案。

应急预案制定机关应当根据实际需要和情势变化，适时修订应急预案。应急预案的制定、修订程序由国务院规定。

第十八条　应急预案应当根据本法和其他有关法律、法规的规定，针对突发事件的性质、特点和可能造成的社会危害，具体规定突发事件应急管理工作的组织指挥体系与职责和突发事件的预防与预警机制、处置程序、应急保障措施以及事后恢复与重建措施等内容。

第十九条　城乡规划应当符合预防、处置突发事件的需要，统筹安排应对突发事件所必需的设备和基础设施建设，合理确定应急避难场所。

第二十条　县级人民政府应当对本行政区域内容易引发自然灾害、事故灾难和公共卫生事件的危险源、危险区域进行调查、登记、风险评估，定期进行检查、监控，并责令有关单位采取安全防范措施。

省级和设区的市级人民政府应当对本行政区域内容易引发特别重大、重大突发事件的危险源、危险区域进行调查、登记、风险评估，组织进行检查、监控，并责令有关单位采取安全防范措施。

县级以上地方各级人民政府按照本法规定登记的危险源、危险区域，应当按照国家规定及时向社会公布。

第二十一条 县级人民政府及其有关部门、乡级人民政府、街道办事处、居民委员会、村民委员会应当及时调解处理可能引发社会安全事件的矛盾纠纷。

第二十二条 所有单位应当建立健全安全管理制度，定期检查本单位各项安全防范措施的落实情况，及时消除事故隐患；掌握并及时处理本单位存在的可能引发社会安全事件的问题，防止矛盾激化和事态扩大；对本单位可能发生的突发事件和采取安全防范措施的情况，应当按照规定及时向所在地人民政府或者人民政府有关部门报告。

第二十三条 矿山、建筑施工单位和易燃易爆物品、危险化学品、放射性物品等危险物品的生产、经营、储运、使用单位，应当制定具体应急预案，并对生产经营场所、有危险物品的建筑物、构筑物及周边环境开展隐患排查，及时采取措施消除隐患，防止发生突发事件。

第二十四条 公共交通工具、公共场所和其他人员密集场所的经营单位或者管理单位应当制定具体应急预案，为交通工具和有关场所配备报警装置和必要的应急救援设备、设施，注明其使用方法，并显著标明安全撤离的通道、路线，保证安全通道、出口的畅通。

有关单位应当定期检测、维护其报警装置和应急救援设备、设施，使其处于良好状态，确保正常使用。

第二十五条 县级以上人民政府应当建立健全突发事件应急管理培训制度，对人民政府及其有关部门负有处置突发事件职责的工作人员定期进行培训。

第二十六条 县级以上人民政府应当整合应急资源，建立或者确定综合性应急救援队伍。人民政府有关部门可以根据实际需要设立专业应急救援队伍。

县级以上人民政府及其有关部门可以建立由成年志愿者组成的应急救援队伍。单位应当建立由本单位职工组成的专职或者兼职应急救援队伍。

县级以上人民政府应当加强专业应急救援队伍与非专业应急救援队伍的合作，联合培训、联合演练，提高合成应急、协同应急的能力。

第二十七条 国务院有关部门、县级以上地方各级人民政府及其有关部门、有关单位应当为专业应急救援人员购买人身意外伤害保险，配备必要的防护装备和器材，减少应急救援人员的人身风险。

第二十八条 中国人民解放军、中国人民武装警察部队和民兵组织应当有计划地组织开展应急救援的专门训练。

第二十九条 县级人民政府及其有关部门、乡级人民政府、街道办事处应当组织开展应急知识的宣传普及活动和必要的应急演练。

居民委员会、村民委员会、企业事业单位应当根据所在地人民政府的要求，结合各自的实际情况，开展有关突发事件应急知识的宣传普及活动和必要的应急演练。

新闻媒体应当无偿开展突发事件预防与应急、自救与互救知识的公益宣传。

第三十条 各级各类学校应当把应急知识教育纳入教学内容，对学生进行应急知识教育，培养学生的安全意识和自救与互救能力。

教育主管部门应当对学校开展应急知识教育进行指导和监督。

第三十一条 国务院和县级以上地方各级人民政府应当采取财政措施，保障突发事件应对工作所需经费。

第三十二条 国家建立健全应急物资储备保障制度，完善重要应急物资的监管、生产、储备、调拨和紧急配送体系。

设区的市级以上人民政府和突发事件易发、多发地区的县级人民政府应当建立应急救援物资、生活必需品和应急处置装备的储备制度。

县级以上地方各级人民政府应当根据本地区的实际情况，与有关企业签订协议，保障应急救援物资、生活必需品和应急处置装备的生产、供给。

第三十三条 国家建立健全应急通信保障体系，完善公用通信网，建立有线与无线相结合、基础电信网络与机动通信系统相配套的应急通信系统，确保突发事件应对工作的通信畅通。

第三十四条 国家鼓励公民、法人和其他组织为人民政府应对突发事件工作提供物资、资金、技术支持和捐赠。

第三十五条 国家发展保险事业，建立国家财政支持的巨灾风险保险体系，并鼓励单位和公民参加保险。

第三十六条 国家鼓励、扶持具备相应条件的教学科研机构培养应急管理专门人才，鼓励、扶持教学科研机构和有关企业研究开发用于突发事件预防、监测、预警、应急处置与救援的新技术、新设备和新工具。

第三章　监测与预警

第三十七条　国务院建立全国统一的突发事件信息系统。

县级以上地方各级人民政府应当建立或者确定本地区统一的突发事件信息系统，汇集、储存、分析、传输有关突发事件的信息，并与上级人民政府及其有关部门、下级人民政府及其有关部门、专业机构和监测网点的突发事件信息系统实现互联互通，加强跨部门、跨地区的信息交流与情报合作。

第三十八条　县级以上人民政府及其有关部门、专业机构应当通过多种途径收集突发事件信息。

县级人民政府应当在居民委员会、村民委员会和有关单位建立专职或者兼职信息报告员制度。

获悉突发事件信息的公民、法人或者其他组织，应当立即向所在地人民政府、有关主管部门或者指定的专业机构报告。

第三十九条　地方各级人民政府应当按照国家有关规定向上级人民政府报送突发事件信息。县级以上人民政府有关主管部门应当向本级人民政府相关部门通报突发事件信息。专业机构、监测网点和信息报告员应当及时向所在地人民政府及其有关主管部门报告突发事件信息。

有关单位和人员报送、报告突发事件信息，应当做到及时、客观、真实，不得迟报、谎报、瞒报、漏报。

第四十条　县级以上地方各级人民政府应当及时汇总分析突发事件隐患和预警信息，必要时组织相关部门、专业技术人员、专家学者进行会商，对发生突发事件的可能性及其可能造成的影响进行评估；认为可能发生重大或者特别重大突发事件的，应当立即向上级人民政府报告，并向上级人民政府有关部门、当地驻军和可能受到危害的毗邻或者相关地区的人民政府通报。

第四十一条　国家建立健全突发事件监测制度。

县级以上人民政府及其有关部门应当根据自然灾害、事故灾难和公共卫生事件的种类和特点，建立健全基础信息数据库，完善监测网络，划分监测区域，确定监测点，明确监测项目，提供必要的设备、设施，配备专职或者兼职人员，对可能发生的突发事件进行监测。

第四十二条　国家建立健全突发事件预警制度。

可以预警的自然灾害、事故灾难和公共卫生事件的预警级别，按照突发事件发生的紧急程度、发展势态和可能造成的危害程度分为一级、二级、三级和四级，分别用红色、橙色、黄色和蓝色标示，一级为最高级别。

预警级别的划分标准由国务院或者国务院确定的部门制定。

第四十三条　可以预警的自然灾害、事故灾难或者公共卫生事件即将发生或者发生的可能性增大时，县级以上地方各级人民政府应当根据有关法律、行政法规和国务院规定的权限和程序，发布相应级别的警报，决定并宣布有关地区进入预警期，同时向上一级人民政府报告，必要时可以越级上报，并向当地驻军和可能受到危害的毗邻或者相关地区的人民政府通报。

第四十四条　发布三级、四级警报，宣布进入预警期后，县级以上地方各级人民政府应当根据即将发生的突发事件的特点和可能造成的危害，采取下列措施：

（一）启动应急预案；

（二）责令有关部门、专业机构、监测网点和负有特定职责的人员及时收集、报告有关信息，向社会公布反映突发事件信息的渠道，加强对突发事件发生、发展情况的监测、预报和预警工作；

（三）组织有关部门和机构、专业技术人员、有关专家学者，随时对突发事件信息进行分析评估，预测发生突发事件可能性的大小、影响范围和强度以及可能发生的突发事件的级别；

（四）定时向社会发布与公众有关的突发事件预测信息和分析评估结果，并对相关信息的报道工作进行管理；

（五）及时按照有关规定向社会发布可能受到突发事件危害的警告，宣传避免、减轻危害的常识，公布咨询电话。

第四十五条　发布一级、二级警报，宣布进入预警期后，县级以上地方各级人民政府除采取本法第四十四条规定的措施外，还应当针对即将发生的突发事件的特点和可能造成的危害，采取下列一项或者多项措施：

（一）责令应急救援队伍、负有特定职责的人员进入待命状态，并动员后备人员做好参加应急救援和处置工作的准备；

（二）调集应急救援所需物资、设备、工具，准备应急设施和避难场所，并确保其处于良好状态、随时可以投入正常使用；

（三）加强对重点单位、重要部位和重要基础设施的安全保卫，维护社会治安秩序；

（四）采取必要措施，确保交通、通信、供水、排水、供电、供气、供热等公共设施的安全和正常运行；

（五）及时向社会发布有关采取特定措施避免或者减轻危害的建议、劝告；

（六）转移、疏散或者撤离易受突发事件危害的人员并予以妥善安置，转移重要财产；

（七）关闭或者限制使用易受突发事件危害的场所，控制或者限制容易导致危害扩大的公共场所的活动；

（八）法律、法规、规章规定的其他必要的防范性、保护性措施。

第四十六条 对即将发生或者已经发生的社会安全事件，县级以上地方各级人民政府及其有关主管部门应当按照规定向上一级人民政府及其有关主管部门报告，必要时可以越级上报。

第四十七条 发布突发事件警报的人民政府应当根据事态的发展，按照有关规定适时调整预警级别并重新发布。

有事实证明不可能发生突发事件或者危险已经解除的，发布警报的人民政府应当立即宣布解除警报，终止预警期，并解除已经采取的有关措施。

第四章 应急处置与救援

第四十八条 突发事件发生后，履行统一领导职责或者组织处置突发事件的人民政府应当针对其性质、特点和危害程度，立即组织有关部门，调动应急救援队伍和社会力量，依照本章的规定和有关法律、法规、规章的规定采取应急处置措施。

第四十九条 自然灾害、事故灾难或者公共卫生事件发生后，履行统一领导职责的人民政府可以采取下列一项或者多项应急处置措施：

（一）组织营救和救治受害人员，疏散、撤离并妥善安置受到威胁的人员以及采取其他救助措施；

（二）迅速控制危险源，标明危险区域，封锁危险场所，划定警戒区，实行交通管制以及其他控制措施；

（三）立即抢修被损坏的交通、通信、供水、排水、供电、供气、供热等公共设施，向受到危害的人员提供避难场所和生活必需品，实施医疗救护和卫生防疫以及其他保障措施；

（四）禁止或者限制使用有关设备、设施，关闭或者限制使用有关场所，中止人员密集的活动或者可能导致危害扩大的生产经营活动以及采取其他保护措施；

（五）启用本级人民政府设置的财政预备费和储备的应急救援物资，必要时调用其他急需物资、设备、设施、工具；

（六）组织公民参加应急救援和处置工作，要求具有特定专长的人员提供服务；

（七）保障食品、饮用水、燃料等基本生活必需品的供应；

（八）依法从严惩处囤积居奇、哄抬物价、制假售假等扰乱市场秩序的行为，稳定市场价格，维护市场秩序；

（九）依法从严惩处哄抢财物、干扰破坏应急处置工作等扰乱社会秩序的行为，维护社会治安；

（十）采取防止发生次生、衍生事件的必要措施。

第五十条　社会安全事件发生后，组织处置工作的人民政府应当立即组织有关部门并由公安机关针对事件的性质和特点，依照有关法律、行政法规和国家其他有关规定，采取下列一项或者多项应急处置措施：

（一）强制隔离使用器械相互对抗或者以暴力行为参与冲突的当事人，妥善解决现场纠纷和争端，控制事态发展；

（二）对特定区域内的建筑物、交通工具、设备、设施以及燃料、燃气、电力、水的供应进行控制；

（三）封锁有关场所、道路，查验现场人员的身份证件，限制有关公共场所内的活动；

（四）加强对易受冲击的核心机关和单位的警卫，在国家机关、军事机关、国家通讯社、广播电台、电视台、外国驻华使领馆等单位附近设置临时警戒线；

（五）法律、行政法规和国务院规定的其他必要措施。

严重危害社会治安秩序的事件发生时，公安机关应当立即依法出动警力，根据现场情况依法采取相应的强制性措施，尽快使社会秩序恢复正常。

第五十一条　发生突发事件，严重影响国民经济正常运行时，国务院或者国务院授权的有关主管部门可以采取保障、控制等必要的应急措施，保障人民群众的基本生活需要，最大限度地减轻突发事件的影响。

第五十二条　履行统一领导职责或者组织处置突发事件的人民政府，必要时可以向单位和个人征用应急救援所需设备、设施、场地、交通工具和其他物资，请求其他地方人民政府提供人力、物力、财力或者技术支援，要求生产、供应生活必需品和应急救援物资的企业组织生产、保证供给,要求提供医疗、交通等公共服务的组织提供相应的服务。

履行统一领导职责或者组织处置突发事件的人民政府,应当组织协调运输经营单位,优先运送处置突发事件所需物资、设备、工具、应急救援人员和受到突发事件危害的人员。

第五十三条 履行统一领导职责或者组织处置突发事件的人民政府,应当按照有关规定统一、准确、及时发布有关突发事件事态发展和应急处置工作的信息。

第五十四条 任何单位和个人不得编造、传播有关突发事件事态发展或者应急处置工作的虚假信息。

第五十五条 突发事件发生地的居民委员会、村民委员会和其他组织应当按照当地人民政府的决定、命令,进行宣传动员,组织群众开展自救和互救,协助维护社会秩序。

第五十六条 受到自然灾害危害或者发生事故灾难、公共卫生事件的单位,应当立即组织本单位应急救援队伍和工作人员营救受害人员,疏散、撤离、安置受到威胁的人员,控制危险源,标明危险区域,封锁危险场所,并采取其他防止危害扩大的必要措施,同时向所在地县级人民政府报告;对因本单位的问题引发的或者主体是本单位人员的社会安全事件,有关单位应当按照规定上报情况,并迅速派出负责人赶赴现场开展劝解、疏导工作。

突发事件发生地的其他单位应当服从人民政府发布的决定、命令,配合人民政府采取的应急处置措施,做好本单位的应急救援工作,并积极组织人员参加所在地的应急救援和处置工作。

第五十七条 突发事件发生地的公民应当服从人民政府、居民委员会、村民委员会或者所属单位的指挥和安排,配合人民政府采取的应急处置措施,积极参加应急救援工作,协助维护社会秩序。

第五章　事后恢复与重建

第五十八条 突发事件的威胁和危害得到控制或者消除后,履行统一领导职责或者组织处置突发事件的人民政府应当停止执行依照本法规定采取的应急处置措施,同时采取或者继续实施必要措施,防止发生自然灾害、事故灾难、公共卫生事件的次生、衍生事件或者重新引发社会安全事件。

第五十九条　突发事件应急处置工作结束后，履行统一领导职责的人民政府应当立即组织对突发事件造成的损失进行评估，组织受影响地区尽快恢复生产、生活、工作和社会秩序，制定恢复重建计划，并向上一级人民政府报告。

受突发事件影响地区的人民政府应当及时组织和协调公安、交通、铁路、民航、邮电、建设等有关部门恢复社会治安秩序，尽快修复被损坏的交通、通信、供水、排水、供电、供气、供热等公共设施。

第六十条　受突发事件影响地区的人民政府开展恢复重建工作需要上一级人民政府支持的，可以向上一级人民政府提出请求。上一级人民政府应当根据受影响地区遭受的损失和实际情况，提供资金、物资支持和技术指导，组织其他地区提供资金、物资和人力支援。

第六十一条　国务院根据受突发事件影响地区遭受损失的情况，制定扶持该地区有关行业发展的优惠政策。

受突发事件影响地区的人民政府应当根据本地区遭受损失的情况，制定救助、补偿、抚慰、抚恤、安置等善后工作计划并组织实施，妥善解决因处置突发事件引发的矛盾和纠纷。

公民参加应急救援工作或者协助维护社会秩序期间，其在本单位的工资待遇和福利不变；表现突出、成绩显著的，由县级以上人民政府给予表彰或者奖励。

县级以上人民政府对在应急救援工作中伤亡的人员依法给予抚恤。

第六十二条　履行统一领导职责的人民政府应当及时查明突发事件的发生经过和原因，总结突发事件应急处置工作的经验教训，制定改进措施，并向上一级人民政府提出报告。

第六章　法律责任

第六十三条　地方各级人民政府和县级以上各级人民政府有关部门违反本法规定，不履行法定职责的，由其上级行政机关或者监察机关责令改正；有下列情形之一的，根据情节对直接负责的主管人员和其他直接责任人员依法给予处分：

（一）未按规定采取预防措施，导致发生突发事件，或者未采取必要的防范措施，导致发生次生、衍生事件的；

（二）迟报、谎报、瞒报、漏报有关突发事件的信息，或者通报、报送、公布虚假信息，造成后果的；

（三）未按规定及时发布突发事件警报、采取预警期的措施，导致损害发生的；

（四）未按规定及时采取措施处置突发事件或者处置不当，造成后果的；

（五）不服从上级人民政府对突发事件应急处置工作的统一领导、指挥和协调的；

（六）未及时组织开展生产自救、恢复重建等善后工作的；

（七）截留、挪用、私分或者变相私分应急救援资金、物资的；

（八）不及时归还征用的单位和个人的财产，或者对被征用财产的单位和个人不按规定给予补偿的。

第六十四条 有关单位有下列情形之一的，由所在地履行统一领导职责的人民政府责令停产停业，暂扣或者吊销许可证或者营业执照，并处五万元以上二十万元以下的罚款；构成违反治安管理行为的，由公安机关依法给予处罚：

（一）未按规定采取预防措施，导致发生严重突发事件的；

（二）未及时消除已发现的可能引发突发事件的隐患，导致发生严重突发事件的；

（三）未做好应急设备、设施日常维护、检测工作，导致发生严重突发事件或者突发事件危害扩大的；

（四）突发事件发生后，不及时组织开展应急救援工作，造成严重后果的。

前款规定的行为，其他法律、行政法规规定由人民政府有关部门依法决定处罚的，从其规定。

第六十五条 违反本法规定，编造并传播有关突发事件事态发展或者应急处置工作的虚假信息，或者明知是有关突发事件事态发展或者应急处置工作的虚假信息而进行传播的，责令改正，给予警告；造成严重后果的，依法暂停其业务活动或者吊销其执业许可证；负有直接责任的人员是国家工作人员的，还应当对其依法给予处分；构成违反治安管理行为的，由公安机关依法给予处罚。

第六十六条 单位或者个人违反本法规定，不服从所在地人民政府及其有关部门发布的决定、命令或者不配合其依法采取的措施，构成违反治安管理行为的，由公安机关依法给予处罚。

第六十七条　单位或者个人违反本法规定，导致突发事件发生或者危害扩大，给他人人身、财产造成损害的，应当依法承担民事责任。

第六十八条　违反本法规定，构成犯罪的，依法追究刑事责任。

第七章　附则

第六十九条　发生特别重大突发事件，对人民生命财产安全、国家安全、公共安全、环境安全或者社会秩序构成重大威胁，采取本法和其他有关法律、法规、规章规定的应急处置措施不能消除或者有效控制、减轻其严重社会危害，需要进入紧急状态的，由全国人民代表大会常务委员会或者国务院依照宪法和其他有关法律规定的权限和程序决定。

紧急状态期间采取的非常措施，依照有关法律规定执行或者由全国人民代表大会常务委员会另行规定。

第七十条　本法自 2007 年 11 月 1 日起施行。

图书在版编目(CIP)数据

面向突发事件应急响应的知识库模型研究 / 张艳琼著. —南京:南京大学出版社, 2023.11

ISBN 978-7-305-27319-3

Ⅰ. ①面… Ⅱ. ①张… Ⅲ. ①突发事件—应急对策—研究 Ⅳ. ①D035.34

中国国家版本馆 CIP 数据核字(2023)第 185757 号

出版发行 南京大学出版社
社　　址 南京市汉口路 22 号　　邮　　编 210093

书　　名 面向突发事件应急响应的知识库模型研究
MIANXIANG TUFA SHIJIAN YINGJI XIANGYING DE ZHISHIKU MOXING YANJIU
著　　者 张艳琼
责任编辑 黄隽翀

照　　排 南京开卷文化传媒有限公司
印　　刷 苏州市古得堡数码印刷有限公司
开　　本 787 mm×960 mm 1/16　印张 13.25　字数 288 千
版　　次 2023 年 11 月第 1 版　2023 年 11 月第 1 次印刷
ISBN 978-7-305-27319-3
定　　价 88.00 元

网　　址: http://www.njupco.com
官方微博: http://weibo.com/njupco
官方微信号: njupress
销售咨询热线: (025)83594756